看圖學八字

施賀日 著

史上最好學的八字書

前 言

八字有趣，因為簡單。

八字論命是一個非常有趣的學問，對於「人」一生命運的推論尤為精準。「五行八字命學」傳世已數千年，理論博大精深，對於「人」生命變化的神奇演繹最是叫人驚嘆。與其到處找大師算命，不如自己學會觀命。「五行八字命學」不可思議的神奇，唯有親身研究學習時才能真正的體會。

《看圖學八字》是「五行八字命學」的入門書，內容以看圖實作為主簡要易學，八字論命基礎知識非常容易上手。《看圖學八字》以上一著作《八字基本功》為基本架構，按圖講述「八字論命」的實例操作。讀者可以用自己的出生時間做練習，推論自己生命的變化，了解更內心的自己，實作非常簡單有趣。

八字論命以個人出生時間的「年、月、日、時」為基礎，轉換成以「天干地支」表示時間的八個字，再依據八字中「沖刑會合、生剋制化、寒熱燥濕」的交互關係，判斷生命在某段時間的變化狀態。最後假借「六神」闡釋說明生命在人世間種種「欲求」的面象。

《看圖學八字》之編寫，以「八字論命」的實例操作為主體，講述的是「五行八字命學」中最基礎的實務方法，內容無深入探討說明「五行八字命學」的理論。讀者如有興趣了解「五行八字命學」的基礎理論，可參閱《八字基本功》一書。

　　《看圖學八字》之編寫，參考引用諸多先賢、專家之觀念與資料，謹在此表達致敬及感謝。

　　《看圖學八字》的完成，需萬分感謝 **紅鳳鳥** 老師的教授與指導。

施賀日

目　錄

開 始

究天人之際、通生命之變。

本書《看圖學八字》共有「八字論命」五章與《歸藏萬年曆》年表 2000～2020 年，方便讀者學習排列八字命盤使用。

第一章 八字基礎：表列「八字論命」需熟記的應用變化。

第二章 八字命盤：排定「命局」之「本命、大運、流年」。

第三章 八字分析：分析「命局」之「日主、格局、環境」。

第四章 八字解讀：解讀「命局」之「階位、家庭、身體」。

第五章 八字論命：簡述「命局」之「命象」。

本書《看圖學八字》以「八字論命」的實例操作方法為主體，內容無深入探討說明「五行八字命學」的理論。讀者如有興趣了解「五行八字命學」的基礎理論，可參閱《八字基本功》一書。

讀者如能按本書各章順序閱讀練習，可較易掌握「八字論命」的實例操作方法。

基礎圖識

基礎圖識是「五行八字命學」的理論根本。

基礎圖識有「太極、河圖、洛書、五行羅盤、七曜」。

太 極

太極:「天地生命相對的本相」。

河 圖

河圖:「天地生命運行的規律」。

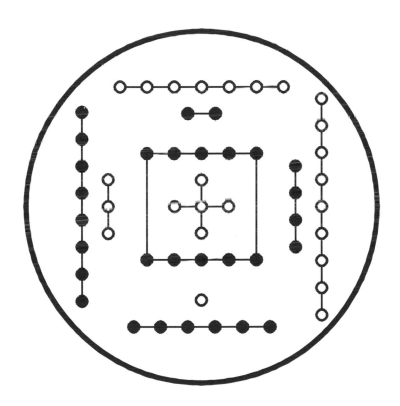

洛書

洛書：「天地生命調和的法則」。

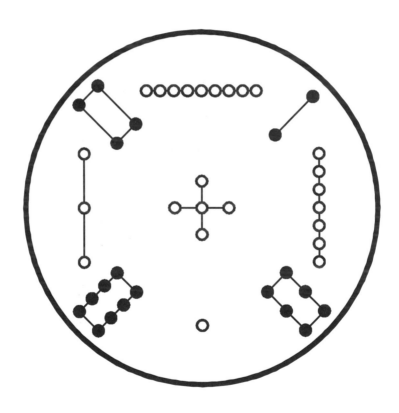

五行羅盤

五行羅盤:「五行天干地支關係圖」。

七 曜

七曜:「太陽系的日月五行星」。

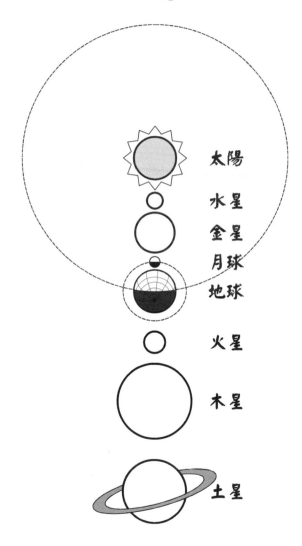

八字論命流程

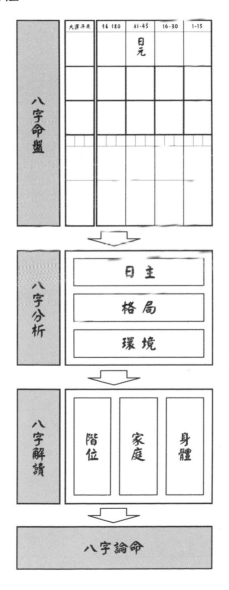

八字命盤

大運年歲	46-120	31-45	16-30	1-15
		日元		

八字分析

日主

格局

環境

八字解讀

階位　家庭　身體

八字論命

八字命盤

排定「命局」之「本命、大運、流年」。

46-120	31-45	16-30	1-15
日元			

貴 乾坤造 國曆 震曆　小姐　先生　現居地：　出生地：　年　月　日　時生

大運

八字分析

分析「命局」之「日主、格局、環境」。

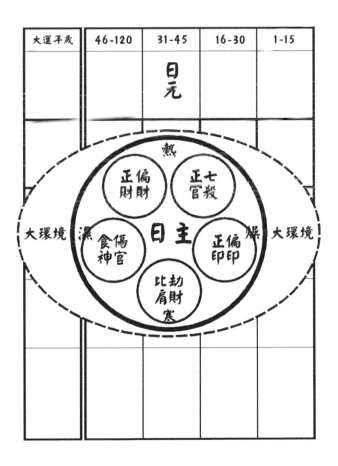

大運年歲	46-120	31-45	16-30	1-15

日元

八字解讀

解讀「命局」之「階位、家庭、身體」。

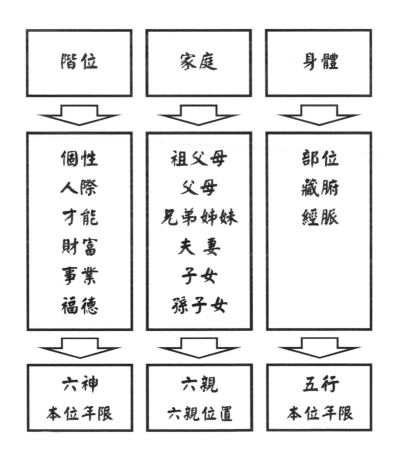

八字論命

論述「命局」之「命象」（論階位、論家庭、論身體）。

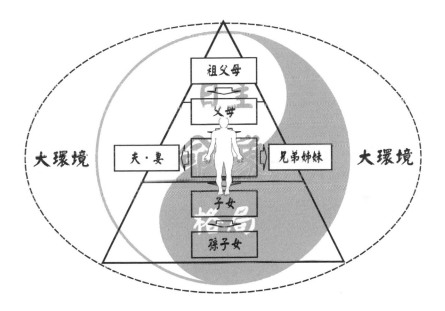

第一章

八字基礎

八字基礎

　　八字基礎，表列「八字論命」需熟記的應用變化。八字基礎是八字論命的基礎，有了正確的八字基礎，方能正確的八字論命。最基礎就是最重要的。

　　五行：木、火、土、金、水。

　　天干：甲、乙、丙、丁、戊、己、庚、辛、壬、癸。

　　地支：子、丑、寅、卯、辰、巳、午、未、申、酉、戌、亥。

　　強弱：五行在「四時月令」的旺衰。（地支藏天干）

　　六神：食神、傷官、正財、偏財、正官、七殺、正印、偏印、
　　　　　比肩、劫財。

　　生命力：陽刃、咸池、驛馬、魁罡、金神、紅豔煞、天德貴
　　　　　　人、月德貴人、天乙貴人、文昌貴人。

五 行

五行：木、火、土、金、水。

五 行	相生	相剋
木-慈生	水生木生火	金剋木剋土
火-滿願	木生火生土	水剋火剋金
土-承載	火生土生金	木剋土剋水
金-肅殺	土生金生水	火剋金剋木
水-伏藏	金生水生木	土剋水剋火

五行的定義

五行，定義宇宙生命萬物基本共同的五種「生命能量」，如是「木、火、土、金、水」，為宇宙生命萬物基本共同的原素。

木：木能量為「慈生」的生命能量，慈祥呵護令萬物成長。

火：火能量為「滿願」的生命能量，成熟就會繁榮與靡爛。

土：土能量為「承載」的生命能量，承載萬物與成就萬物。

金：金能量為「肅殺」的生命能量，以肅殺手法去蕪存菁。

水：水能量為「伏藏」的生命能量，萬物停止活動去休養。

五行之「金」又為「風」。「風」，「肅殺」力強，像刀鋒有如「金革」。

五行的變化

五行相生

木生火、火生土、土生金、金生水、水生木。

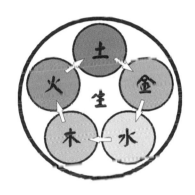

五行相剋

木剋土、土剋水、水剋火、火剋金、金剋木。

天 干

天干：甲、乙、丙、丁、戊、己、庚、辛、壬、癸。

天 干	五合	四沖	二剋
甲-陽木	甲己合化土	甲庚沖	
乙-陰木	乙庚合化金	乙辛沖	
丙-陽火	丙辛合化水	丙壬沖	丙庚剋
丁-陰火	丁壬合化木	丁癸沖	丁辛剋
戊-陽土	戊癸合化火		
己-陰土	甲己合化土		
庚-陽金	乙庚合化金	甲庚沖	丙庚剋
辛-陰金	丙辛合化水	乙辛沖	丁辛剋
壬-陽水	丁壬合化木	丙壬沖	
癸-陰水	戊癸合化火	丁癸沖	

天干的定義

天干，定義「陰陽五行」，以十天干表示。

天干	陰陽五行	天干	陰陽五行
甲	陽木	乙	陰木
丙	陽火	丁	陰火
戊	陽土	己	陰土
庚	陽金	辛	陰金
壬	陽水	癸	陰水

天干的變化

天干五合

甲己合化土、乙庚合化金、丙辛合化水、丁壬合化木、

戊癸合化火。

天干五合包含兩種變化，一為「合」，二為「化」。

「合」為天干陰陽相合，表「吸引」關係。

「化」為天干變化五行，表「轉化」關係。

天干四沖

甲庚沖、乙辛沖、丙壬沖、丁癸沖。

「沖」為五行相剋（水剋火、金剋木）且方位對立（陰對陰、陽對陽）。「戊、己」位置在中央，無對立方，所以無「沖」。

天干二剋

丙庚剋、丁辛剋。

　　「剋」為五行相剋（火剋金）且方位相鄰（陰對陰、陽對陽）。
「戊、己」位置在中央，無相鄰方，所以無「剋」。

地 支

地支：子、丑、寅、卯、辰、巳、午、未、申、酉、戌、亥。

地支	六合	三合局	三會方	六沖	三刑	六害
子-冬季	子丑合化土	申子辰合水	亥子丑會水	子午沖	子卯相刑	子未害
丑-冬季	子丑合化土	巳酉丑合金	亥子丑會水	丑未沖	丑戌未三刑	丑午害
寅-春季	寅亥合化木	寅午戌合火	寅卯辰會木	寅申沖	寅巳申三刑	寅巳害
卯-春季	卯戌合化火	亥卯未合木	寅卯辰會木	卯酉沖	子卯相刑	卯辰害
辰-春季	辰酉合化金	申子辰合水	寅卯辰會木	辰戌沖	辰辰自刑	卯辰害
巳-夏季	巳申合化水	巳酉丑合金	巳午未會火	巳亥沖	寅巳申三刑	寅巳害
午-夏季	午未合化火	寅午戌合火	巳午未會火	子午沖	午午自刑	丑午害
未-夏季	午未合化火	亥卯未合木	巳午未會火	丑未沖	丑戌未三刑	子未害
申-秋季	巳申合化水	申子辰合水	申酉戌會金	寅申沖	寅巳申三刑	申亥害
酉-秋季	辰酉合化金	巳酉丑合金	申酉戌會金	卯酉沖	酉酉自刑	酉戌害
戌-秋季	卯戌合化火	寅午戌合火	申酉戌會金	辰戌沖	丑戌未三刑	酉戌害
亥-冬季	寅亥合化木	亥卯未合木	亥子丑會水	巳亥沖	亥亥自刑	申亥害

地支的定義

地支，定義「時間」（月令、四時）和「空間」（方位），以十二地支表示。

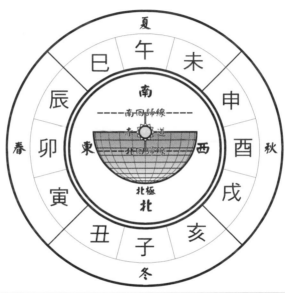

地支	月令	四時	方位	地支	月令	四時	方位
子	子	冬季	北方	午	午	夏季	南方
丑	丑	冬季	北方	未	未	夏季	南方
寅	寅	春季	東方	申	申	秋季	西方
卯	卯	春季	東方	酉	酉	秋季	西方
辰	辰	春季	東方	戌	戌	秋季	西方
巳	巳	夏季	南方	亥	亥	冬季	北方

地支的變化

地支六合

子丑合化土、寅亥合化木、卯戌合化火。

辰酉合化金、巳申合化水、午未合化火。

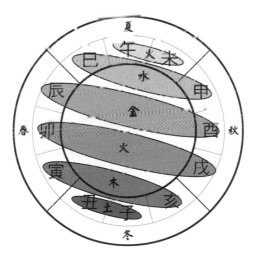

地支六合包含兩種變化，一為「合」，二為「化」。

「合」為地支陰陽相合，表「吸引」關係。

「化」為地支變化五行，表「轉化」關係。

地支三合局

申子辰合水、亥卯未合木、寅午戌合火、巳酉丑合金。

　　地支三合局為「五行消長十二階」之「長生、帝旺、墓庫」的合局變化。合局為集合三地支相應強旺的能量，合成同局之五行。

「申（長生）、子（帝旺）、辰（墓庫）」三地支，合成「水」局。

「亥（長生）、卯（帝旺）、未（墓庫）」三地支，合成「木」局。

「寅（長生）、午（帝旺）、戌（墓庫）」三地支，合成「火」局。

「巳（長生）、酉（帝旺）、丑（墓庫）」三地支，合成「金」局。

地支三會方

亥子丑會水、寅卯辰會木、巳午未會火、申酉戌會金。

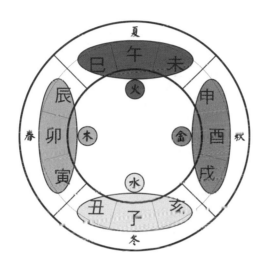

　　地支三會方為「五行消長十二階」之「臨官、帝旺、餘氣」的會方變化。會方為會聚三地支相應強旺的能量，會成同方之五行。

「亥（臨官）、子（帝旺）、丑（餘氣）」三地支，會成「水」方。

「寅（臨官）、卯（帝旺）、辰（餘氣）」三地支，會成「木」方。

「巳（臨官）、午（帝旺）、未（餘氣）」三地支，會成「火」方。

「申（臨官）、酉（帝旺）、戌（餘氣）」三地支，會成「金」方。

地支六沖

子午沖、丑未沖、寅申沖、卯酉沖、辰戌沖、巳亥沖。

「沖」為十二地支方位對立（陰對陰、陽對陽）。

地支三刑

寅巳申三刑、丑戌未三刑。

子卯相刑。

辰辰自刑、午午自刑、酉酉自刑、亥亥自刑。

地支六害

子未害、丑午害、寅巳害、卯辰害、申亥害、酉戌害。

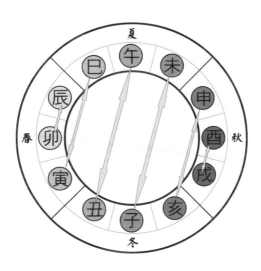

強 弱

強弱：五行在「四時月令」的旺衰。（地支藏天干）

強 弱 地支藏天干	
子 - 冬季	癸
丑 - 冬季	己癸辛
寅 - 春季	甲丙
卯 - 春季	乙
辰 - 春季	戊乙癸
巳 - 夏季	丙庚
午 - 夏季	丁
未 - 夏季	己丁乙
申 - 秋季	庚壬
酉 - 秋季	辛
戌 - 秋季	戊辛丁
亥 - 冬季	壬甲

強弱的定義

強弱，為「五行生命能量」在時間「四時月令」的「旺衰」。「五行生命能量」隨著時間的流走，有著「成、住、壞、空」的循環變化。五行能量在「四時月令」的強弱，各自有不同的展現。

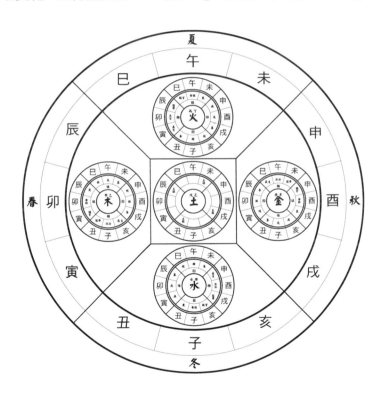

五行「四時」旺衰

五行在「四時」的旺衰，區分為「相、旺、休、囚」四階段。

相：表五行能量在「成長 - 成」的階段。

旺：表五行能量在「強旺 - 住」的階段。

休：表五行能量在「趨弱 - 壞」的階段。

囚：表五行能量在「伏藏 - 空」的階段。

五行「旺」之四時月令為「當令」。

五行「囚」之四時月令為「反令」。

五行「月令」旺衰

五行在「月令」的旺衰，細分為「長生、沐浴、冠帶、臨官、帝旺、衰、病、死、墓、絕、胎、養」十二階段，稱為「五行消長十二階」。

長生：表五行能量在「出生－成」的階段。

沐浴：表五行能量在「幼稚－成」的階段。

冠帶：表五行能量在「成長－成」的階段。

臨官：表五行能量在「強壯－住」的階段。

帝旺：表五行能量在「極旺－住」的階段。

衰　：表五行能量在「趨弱－住」的階段。

病　：表五行能量在「病危－壞」的階段。

死　：表五行能量在「死亡－壞」的階段。

墓　：表五行能量在「入墓－壞」的階段。

絕　：表五行能量在「滅絕－空」的階段。

胎　：表五行能量在「入胎－空」的階段。

養　：表五行能量在「懷養－空」的階段。

「五行消長十二階」中，只有「長生、臨官、帝旺、餘氣（衰）、墓庫」五階，具有強旺的五行能量，其餘各階只有微小五行能量。「衰」又稱為「餘氣」，意思為「帝旺」後剩餘之氣。

五行強弱意象

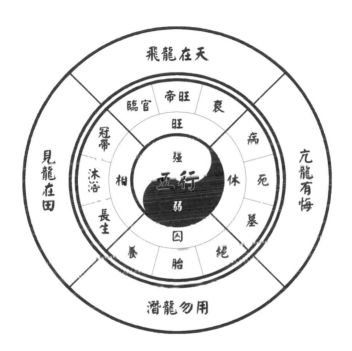

五行四時旺衰	五行消長十二階	五行強弱意象
相 （成）	長生、沐浴、冠帶	見龍在田
旺 （住）	臨官、帝旺、衰	飛龍在天
休 （壞）	病、死、墓	亢龍有悔
囚 （空）	絕、胎、養	潛龍勿用

地支藏天干

地支藏天干，用來說明「十二月令」的「五行能量強度」。

地支	子	午	卯	酉
藏天干	癸	丁	乙	辛

地支	寅		申		巳		亥	
藏天干	甲	丙	庚	壬	丙	庚	壬	甲

地支	辰			戌			丑			未		
藏天干	戊	乙	癸	戊	辛	丁	己	癸	辛	己	丁	乙

五行能量強度

月令	子	午	卯	酉
五行	癸	丁	乙	辛
能量強度	1	1	1	1

月令	寅		申		巳		亥	
五行	甲	丙	庚	壬	丙	庚	壬	甲
能量強度	0.7	0.3	0.7	0.3	0.7	0.3	0.7	0.3

月令	辰			戌			丑			未		
五行	戊	乙	癸	戊	辛	丁	己	癸	辛	己	丁	乙
能量強度	0.5	0.3	0.2	0.5	0.3	0.2	0.5	0.3	0.2	0.5	0.3	0.2

「辰戌丑未」為土庫，受「沖」開庫，轉化成其五行庫。			
五行	癸（水庫）	丁（火庫）	辛（金庫）	乙（木庫）
能量強度	1	1	1	1

六 神

六神：食神、傷官、正財、偏財、正官、七殺、正印、偏印、
　　　比肩、劫財。

六神	生我者:正印、偏印。我生者:傷官、食神。剋我者:正官、七殺。我剋者:正財、偏財。同我者:劫財、比肩。

日主\天干	甲	乙	丙	丁	戊	己	庚	辛	壬	癸
甲-陽木	比肩	劫財	食神	傷官	偏財	正財	七殺	正官	偏印	正印
乙-陰木	劫財	比肩	傷官	食神	正財	偏財	正官	七殺	正印	偏印
丙-陽火	偏印	正印	比肩	劫財	食神	傷官	偏財	正財	七殺	正官
丁-陰火	正印	偏印	劫財	比肩	傷官	食神	正財	偏財	正官	七殺
戊-陽土	七殺	正官	偏印	正印	比肩	劫財	食神	傷官	偏財	正財
己-陰土	正官	七殺	正印	偏印	劫財	比肩	傷官	食神	正財	偏財
庚-陽金	偏財	正財	七殺	正官	偏印	正印	比肩	劫財	食神	傷官
辛-陰金	正財	偏財	正官	七殺	正印	偏印	劫財	比肩	傷官	食神
壬-陽水	食神	傷官	偏財	正財	七殺	正官	偏印	正印	比肩	劫財
癸-陰水	傷官	食神	正財	偏財	正官	七殺	正印	偏印	劫財	比肩

相生 相剋	比肩生食神生正財生正官生正印生比肩　　比肩剋正財剋正印剋傷官剋正官剋比肩
	劫財生傷官生偏財生七殺生偏印生劫財　　劫財剋偏財剋偏印剋食神剋七殺剋劫財

六神的定義

六神，定義以日柱天干五行為「我（日主）」，和其它五行「生我（生）、剋我（剋）、我剋（制）、我生（化）、同我（助）」之關係成「六神」。

我日主，日主元神（元神）：「日元（日主）」。
生我者，生我之神（生神）：「正印、偏印」合稱「印綬」。
我生者，我生之神（化神）：「傷官、食神」合稱「食傷」。
剋我者，剋我之神（剋神）：「正官、七殺」合稱「官殺」。
我剋者，我剋之神（制神）：「正財、偏財」合稱「財祿」。
同我者，同我之神（助神）：「劫財、比肩」合稱「比劫」。

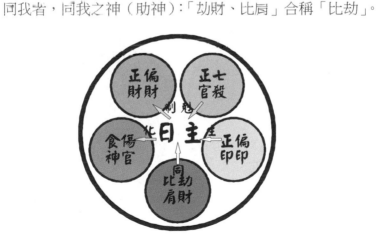

陰陽不同（陽見陰、陰見陽）者：傷官、正財、正官、正印、劫財。
陰陽相同（陽見陽、陰見陰）者：食神、偏財、七殺、偏印、比肩。

六神的變化

六神相生

比肩生食神　食神生正財　正財生正官　正官生正印　正印生比肩
劫財生傷官　傷官生偏財　偏財生七殺　七殺生偏印　偏印生劫財

六神相剋

比肩剋正財　正財剋正印　正印剋傷官　傷官剋正官　正官剋比肩
劫財剋偏財　偏財剋偏印　偏印剋食神　食神剋七殺　七殺剋劫財

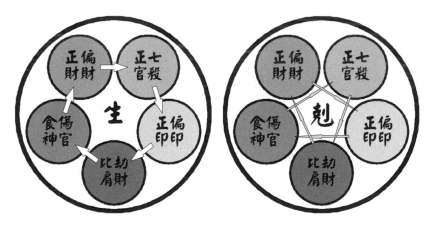

（六神相生分有正生與偏生，正生力強、偏生力弱。）
（六神相剋分有正剋與偏剋，正剋力強、偏剋力弱。）

生命力

生命力：陽刃、咸池、驛馬、魁罡、金神、紅豔煞、天德貴人、
月德貴人、天乙貴人、文昌貴人。

以日干 見地支										
日干	甲	乙	丙	丁	戊	己	庚	辛	壬	癸
陽刃	卯		午				酉		子	
紅豔煞	午	午	寅	未	辰	辰	戌	酉	子	申
天乙貴人	未 丑	申 子	酉 亥	亥 酉	丑 未	申 甲	丑 未	寅 午	卯 巳	巳 卯
文昌貴人	巳	午	申	酉	申	酉	亥	子	寅	卯

以日支 見地支												
日支	子	丑	寅	卯	辰	巳	午	未	申	酉	戌	亥
咸池	酉	午	卯	子	酉	午	卯	子	酉	午	卯	子
驛馬	寅	亥	申	巳	寅	亥	申	巳	寅	亥	申	巳

以月支 見干支												
月支	子	丑	寅	卯	辰	巳	午	未	申	酉	戌	亥
天德貴人	巳	庚	丁	申	壬	辛	亥	甲	癸	寅	丙	乙
月德貴人	壬	庚	丙	甲	壬	庚	丙	甲	壬	庚	丙	甲

魁罡	日柱				地支不見「沖、刑」 見「沖、刑」則破格
	庚辰	壬辰	庚戌	戊戌	

金神	日主	時柱			四柱須見「火」局 見「水」局則破局
	甲或己	己巳	癸酉	乙丑	

生命力的定義

命局中，具有「特定關係的天干地支組合」，會對「日主」產生特殊的內在生命能量。

陽刃：日主生命「能量強旺」。

咸池：日主生命「魅力強旺」。

驛馬：日主生命「心性不定」。

魁罡：日主生命「個性剛強」，有傷官的生命特質。

金神：日主生命「個性強悍」，有七殺的生命特質。

紅豔煞：日主生命「多情多慾」，性情浪漫異性緣佳。

天德貴人：日主生命「護身保命」。

月德貴人：日主生命「護身保命」。

天乙貴人：日主生命「護身保命」。

文昌貴人：日主生命「護身保命」。

第二章

八字命盤

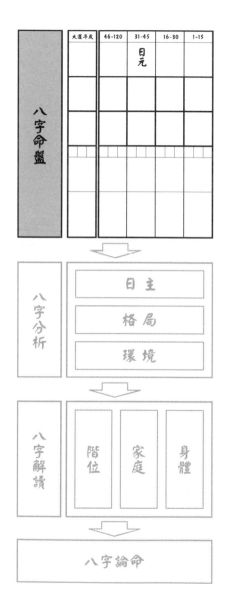

八字命盤

　　八字命盤是八字論命的依據，八字命盤主體為命主的「本命與大運」干支組合。借助完善的「八字命盤」格式，可快速、正確的排出命主命局。有了正確的八字命盤，方能正確的八字論命。

　　八字命盤的格式非常簡單，內容主要需有「基本資料、本命、大運」三組資訊。八字命盤的繪製，重點在其「正確、簡明、易讀」的內容資訊，而不在於其格式的型式。您可以使用本書的八字命盤，也可以發揮創意，繪製一張自己專屬的八字命盤。

基本資料	姓　　名
	性　　別
	出生時間
	出　生　地
	現　居　地
本命	年　干　支
	月　干　支
	日　干　支
	時　干　支
大運	大運干支
	行運年歲

46-120	31-45	16-30	1-15
日元			

貴 乾坤造 國曆農曆 年 月 日 時生

小姐 先生 現居地： 出生地：

大運

命盤說明

(8)		46-120	31-45	16-30	(1)	(一)
			日元(二)		(2)	貴(2)乾坤 (1)
					(3)	造(3)國農曆 先生 小姐
					(4)	國曆 現居地： 出生地：
					(5)	年 (4)(5)
					(6)	月 日
					(7)	時生

							(1)	(三)大運
							(2)	
							(3)	
							(4)	
							(5)	
							(6)	
							(7)	

一、基本資料

（1）姓　　名：命主姓名。

（2）性　　別：男乾、女坤。

（3）出生時間：年、月、日、時。

（4）出 生 地：用來校對出生時間。

（5）現 居 地：用來調候命局五行。

二、本命

（1）本位年限：每一柱所影響的年歲。

（2）天干六神：四柱之天干六神。

（3）本命天干：四柱之天干。

（4）本命地支：四柱之地支。

（5）地支藏干：四柱地支所藏之天干。

（6）地支六神：四柱之地支六神。

（7）年限紀要：四柱「生命特點」記錄。

（8）命局批明：命局批文說明。

三、大運

（1）行運年歲：大運所影響的年歲。

（2）天干六神：大運之天干六神。

（3）大運天干：大運之天干。

（4）大運地支：大運之地支。

（5）地支藏干：大運地支所藏之天干。

（6）地支六神：大運之地支六神。

（7）大運紀要：大運「生命特點」記錄與大運批文說明。

排定八字命盤

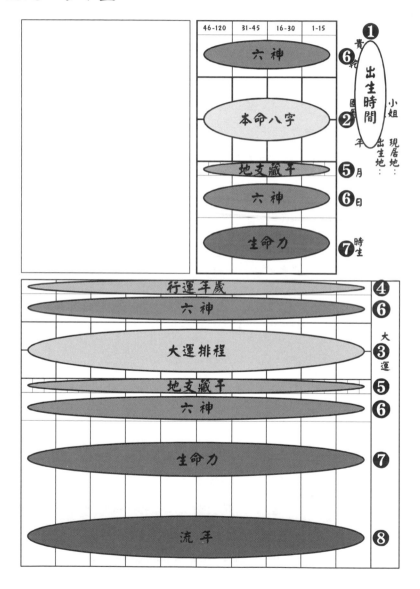

排定八字命盤步驟

❶出生時間

❷本命八字

❸大運排程

❹行運年歲

❺地支藏干

❻六　神

❼生命力

❽流　年

命例	出 生 時 間
一	男性　國曆 89 年 7 月 8 日（18 時 20 分）酉時生
二	男性　國曆 88 年 10 月 22 日（10 時 10 分）巳時生
三	女性　農曆 32 年 12 月 18 日（5 時 40 分）卯時生
四	女性　農曆 43 年 9 月 15 日（6 時 30 分）卯時生

命例 一

男性，國曆89年7月8日（18時20分）酉時生。

46-120	31-45	16-30	1-15
食神	日元	七殺	正財
乙	丁	癸	庚
酉	卯	未	辰
辛	乙	乙丁己	癸乙戊
偏財	偏印	偏印 比肩 食神	七殺 偏印 傷官
天乙貴人 文昌貴人		紅豔煞	

（右側）○○○先生　現居地：　出生地：
貴神進 乾造　國曆89年7月8日 18:20 酉時生

101	91	81	71	61	51	41	31	21	11
七殺	正官	偏財	正財	食神	傷官	比肩	劫財	偏印	正印
癸	壬	辛	庚	己	戊	丁	丙	乙	甲
巳	辰	卯	寅	丑	子	亥	戌	酉	申
庚丙	癸乙戊	乙	丙甲	辛癸己	癸	甲壬	丁辛戊	辛	壬庚
正財 劫財	七殺 偏印 傷官	偏印	劫財 正印	偏財 七殺 食神	七殺	正印 正官	比肩 偏財 傷官	偏財	正官 正財
驛馬					咸池	天乙貴人		天乙貴人 文昌貴人	天德貴人 月德貴人
庚申⇕己巳	庚戌⇕己未	庚子⇕己酉	庚寅⇕己亥	庚辰⇕己丑	庚午⇕己卯	庚申⇕己巳	庚戌⇕己未	庚子⇕己酉	庚寅⇕己亥

大運　流年

命例 二

男性，國曆 88 年 10 月 22 日（10 時 10 分）巳時生。

46 120	31-45	16-30	1-15
偏印	日元	正印	食神
乙	丁	甲	己
巳	未	戌	卯
庚	丙乙丁己	丁辛戊	乙
正財	劫財 偏印 比肩 食神	比肩 偏財 傷官	偏印
驛馬	紅艷煞		

①○○○ 先生／小姐
⑥乾造　國曆88年
②　10月　⑤22日　⑥10:10　⑦巳時生
貴　事造　現居地：　出生地：

96	86	76	66	56	46	36	26	16	6
正印	偏印	劫財	比肩	傷官	食神	正財	偏財	正官	七殺
甲	乙	丙	丁	戊	己	庚	辛	壬	癸
子	丑	寅	卯	辰	巳	午	未	申	酉
癸	辛癸己	丙甲	乙	癸乙戊	庚丙	丁	乙丁己	壬庚	辛
七殺	偏財 七殺 食神	劫財 正印	偏印	七殺 偏印 傷官	正財 劫財	比肩	偏印 比肩 食神	正官 正財	偏財
咸池		文昌貴人月德貴人		驛馬		紅艷煞		天乙貴人文昌貴人	
甲寅↓癸亥	甲辰↓癸丑	甲午↓癸卯	甲申↓癸巳	甲戌↓癸未	甲子↓癸酉	甲寅↓癸亥	甲辰↓癸丑	甲午↓癸卯	甲申↓癸巳

④⑥③大運⑤⑥⑦　流年⑧

命例 三

女性，農曆 32 年 12 月 18 日（5 時 40 分）卯時生。

46-120	31-45	16-30	1-15
正財	日元	正印	正官
辛	丙	乙	癸
卯	子	丑	未
乙	癸	辛癸己	乙丁己
正印	正官	正財 正官 傷官	正印 劫財 傷官

坤造 貴氣團圓

農曆 32 年 12 月 18 日 5:40 卯時生

○○○ 小姐

出生地：

現居地：

	99	89	79	69	59	49	39	29	19	9
大運	正印	偏印	正官	七殺	正財	偏財	傷官	食神	劫財	比肩
	乙	甲	癸	壬	辛	庚	己	戊	丁	丙
	亥	戌	酉	申	未	午	巳	辰	卯	寅
	甲	壬丁辛戊	辛	壬庚	乙丁己	丁	庚丙	癸乙戊	乙	丙甲
	偏印	七殺劫財正財食神	正財	七殺偏財	正印劫財傷官	劫財	偏財比肩	正官正印食神	正印	比肩偏印
	天乙貴人		天乙貴人 咸池	文昌貴人		陽刃 天德貴人 月德貴人				紅豔煞 驛馬

- 58 -

命例 四

女性，農曆43年9月15日（6時30分）卯時生。

坤造 農曆43年9月15日 6:30 卯時生

○○○小姐
現居地：
出生地：

46-120	31-45	16-30	1-15
正印	日元	偏財	偏財
己	庚	甲	甲
卯	子	戌	午
己	癸	丁辛戊	丁
正財	傷官	正官 劫財 偏印	正官
		紅豔煞	

92	82	72	62	52	42	32	22	12	2	大運
偏財	正財	七殺	正官	偏印	正印	比肩	劫財	食神	傷官	
甲	乙	丙	丁	戊	己	庚	辛	壬	癸	
子	丑	寅	卯	辰	巳	午	未	申	酉	
癸	辛癸己	丙戊甲	乙	戊乙癸	庚丙	丁	乙丁己	壬庚	辛	
傷官	劫財 傷官 正印	七殺 偏印 偏財	正財	偏印 正財 傷官	比肩 七殺	正官	正財 正官 正印	食神 比肩	劫財	
	天乙貴人	驛馬 天德貴人 月德貴人					天乙貴人		陽刃 咸池	

❶出生時間

人出生那一刻，即生命座標「時間、空間、人」的交會點。八字命理定義「出生時間」為「生命原點」，解讀這個「生命原點」，可見「人一生縮影」。

八字論命所使用的「生辰時間（出生時間）」為出生地的「真太陽時」時間。真太陽時又稱「日晷時」，為太陽所在位置的真正時刻。

正確的「生辰時間」推算法

生辰真太陽時 ＝（1）減（2）加減（3）加減（4）

（1）出生地的「標準時」

（2）日光節約時

（3）時區時差

（4）真太陽時均時差

※ 生辰時間在「節氣前後」和「時辰頭尾」者，請特別留心「時差」的修正。

日光節約時

請參閱萬年曆「日光節約時」日期。

時區時差

我國行政標準時為「東八時區－東經 120 度平太陽時」。時
區時差可依據「世界地圖」或「地球儀」的經度自行計算，
每一經度時差4分鐘、每一經分時差4秒鐘、東加西減。

真太陽時均時差

太陽過東經一百二十度子午圈之日中平時（正午十二時）均時差

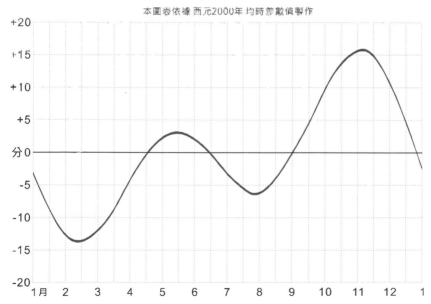

本圖表依據 西元2000年 均時差數值製作

❶出生時間（命例 一）

男性，國曆 89 年 7 月 8 日（18 時 20 分）酉時生。

46-120	31-45	16-30	1-15
日元			

貴靜乾造 集慶國曆 89 年 7 月 8 日 18:20 酉時生

○○○ 小姐 先生 現居地： 出生地：

									大運

❶出生時間（命例 二）

男性，國曆 88 年 10 月 22 日（10 時 10 分）巳時生。

46-120	31-45	16-30	1-15
日元			

○○○ 小姐
○○ 先生
貴 乾造 現居地：
出生地：
農曆
國曆 88 年 10 月 22 日 10;10 巳時生

大運

❷本命八字

　　本命八字為生命的基本盤。根據命主的出生「年、月、日」時間，可直接查詢「萬年曆」取得「年干支、月干支、日干支」，再根據命主的出生「時支」查詢「五鼠遁日起時表」取得「時干」，就可準確的排出命主的本命「四柱八字」干支。

46-120	31-45	16-30	1-15
	日元		
時干	日干	月干	年干
時支	日支	月支	年支

八字論命時間定義

年：以「立春」為歲始。　月：以「節氣」為月建。

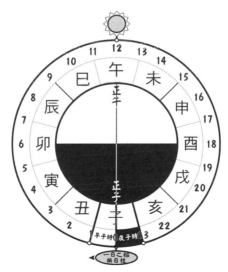

日：以「正子」為日始。　時：以「時辰」為單位。

六十甲子表

甲子	乙丑	丙寅	丁卯	戊辰	己巳	庚午	辛未	壬申	癸酉
甲戌	乙亥	丙子	丁丑	戊寅	己卯	庚辰	辛巳	壬午	癸未
甲申	乙酉	丙戌	丁亥	戊子	己丑	庚寅	辛卯	壬辰	癸巳
甲午	乙未	丙申	丁酉	戊戌	己亥	庚子	辛丑	壬寅	癸卯
甲辰	乙巳	丙午	丁未	戊申	己酉	庚戌	辛亥	壬子	癸丑
甲寅	乙卯	丙辰	丁巳	戊午	己未	庚申	辛酉	壬戌	癸亥

五虎遁年起月表

月令	正月	二月	三月	四月	五月	六月	七月	八月	九月	十月	十一月	十二月
節氣	立春	驚蟄	清明	立夏	芒種	小暑	立秋	白露	寒露	立冬	大雪	小寒
中氣	雨水	春分	穀雨	小滿	夏至	大暑	處暑	秋分	霜降	小雪	冬至	大寒
月支 / 年干	寅	卯	辰	巳	午	未	申	酉	戌	亥	子	丑
甲己	丙寅	丁卯	戊辰	己巳	庚午	辛未	壬申	癸酉	甲戌	乙亥	丙子	丁丑
乙庚	戊寅	己卯	庚辰	辛巳	壬午	癸未	甲申	乙酉	丙戌	丁亥	戊子	己丑
丙辛	庚寅	辛卯	壬辰	癸巳	甲午	乙未	丙申	丁酉	戊戌	己亥	庚子	辛丑
丁壬	壬寅	癸卯	甲辰	乙巳	丙午	丁未	戊申	己酉	庚戌	辛亥	壬子	癸丑
戊癸	甲寅	乙卯	丙辰	丁巳	戊午	己未	庚申	辛酉	壬戌	癸亥	甲子	乙丑

日

六十甲子循環（查 萬年曆）

五鼠遁日起時表

太陽時	23-1	1-3	3-5	5-7	7-9	9-11	11-13	13-15	15-17	17-19	19-21	21-23
時支 / 日干	子	丑	寅	卯	辰	巳	午	未	申	酉	戌	亥
甲己	甲子	乙丑	丙寅	丁卯	戊辰	己巳	庚午	辛未	壬申	癸酉	甲戌	乙亥
乙庚	丙子	丁丑	戊寅	己卯	庚辰	辛巳	壬午	癸未	甲申	乙酉	丙戌	丁亥
丙辛	戊子	己丑	庚寅	辛卯	壬辰	癸巳	甲午	乙未	丙申	丁酉	戊戌	己亥
丁壬	庚子	辛丑	壬寅	癸卯	甲辰	乙巳	丙午	丁未	戊申	己酉	庚戌	辛亥
戊癸	壬子	癸丑	甲寅	乙卯	丙辰	丁巳	戊午	己未	庚申	辛酉	壬戌	癸亥

❷本命八字（命例 一）

根據命主的出生「年、月、日」時問（國曆 89 年 7 月 8 日），直接查詢「萬年曆」取得「年干支（庚辰）、月干支（癸未）、日干支（丁卯）」。

年	庚辰																													
月	戊寅					己卯					庚辰					辛巳					壬午					癸未				
節氣	立春					驚蟄					清明					立夏					芒種					小暑				
	2/4 20時40分 戌時					3/5 14時42分 未時					4/4 19時31分 戌時					5/5 12時50分 午時					6/5 16時58分 申時					7/7 3時13分 寅時				
日	國曆		農曆		干支	國曆		農曆		干支	國曆		農曆		干支	國曆		農曆		干支	國曆		農曆		干支	國曆		農曆		干支
	2	4	12	29	壬辰	3	5	1	30	壬戌	4	4	2	30	壬辰	5	5	4	2	癸亥	6	5	5	4	甲午	7	7	6	6	丙寅
	2	5	1	1	癸巳	3	6	2	1	癸亥	4	5	3	1	癸巳	5	6	4	3	甲子	6	6	5	5	乙未	7	8	6	7	丁卯
	2	6	1	2	甲午	3	7	2	2	甲子	4	6	3	2	甲午	5	7	4	4	乙丑	6	7	5	6	丙申	7	9	6	8	戊辰
	2	7	1	3	乙未	3	8	2	3	乙丑	4	7	3	3	乙未	5	8	4	5	丙寅	6	8	5	7	丁酉	7	10	6	9	己巳
2	2	8	1	4	丙申	3	9	2	4	丙寅	4	8	3	4	丙申	5	9	4	6	丁卯	6	9	5	8	戊戌	7	11	6	10	庚午
0	2	9	1	5	丁酉	3	10	2	5	丁卯	4	9	3	5	丁酉	5	10	4	7	戊辰	6	10	5	9	己亥	7	12	6	11	辛未
0	2	10	1	6	戊戌	3	11	2	6	戊辰	4	10	3	6	戊戌	5	11	4	8	己巳	6	11	5	10	庚子	7	13	6	12	壬申
0	2	11	1	7	己亥	3	12	2	7	己巳	4	11	3	7	己亥	5	12	4	9	庚午	6	12	5	11	辛丑	7	14	6	13	癸酉
	2	12	1	8	庚子	3	13	2	8	庚午	4	12	3	8	庚子	5	13	4	10	辛未	6	13	5	12	壬寅	7	15	6	14	甲戌
	2	13	1	9	辛丑	3	14	2	9	辛未	4	13	3	9	辛丑	5	14	4	11	壬申	6	14	5	13	癸卯	7	16	6	15	乙亥
	2	14	1	10	壬寅	3	15	2	10	壬申	4	14	3	10	壬寅	5	15	4	12	癸酉	6	15	5	14	甲辰	7	17	6	16	丙子
	2	15	1	11	癸卯	3	16	2	11	癸酉	4	15	3	11	癸卯	5	16	4	13	甲戌	6	16	5	15	乙巳	7	18	6	17	丁丑
	2	16	1	12	甲辰	3	17	2	12	甲戌	4	16	3	12	甲辰	5	17	4	14	乙亥	6	17	5	16	丙午	7	19	6	18	戊寅
龍	2	17	1	13	乙巳	3	18	2	13	乙亥	4	17	3	13	乙巳	5	18	4	15	丙子	6	18	5	17	丁未	7	20	6	19	己卯
	2	18	1	14	丙午	3	19	2	14	丙子	4	18	3	14	丙午	5	19	4	16	丁丑	6	19	5	18	戊申	7	21	6	20	庚辰
	2	19	1	15	丁未	3	20	2	15	丁丑	4	19	3	15	丁未	5	20	4	17	戊寅	6	20	5	19	己酉	7	22	6	21	辛巳
	2	20	1	16	戊申	3	21	2	16	戊寅	4	20	3	16	戊申	5	21	4	18	己卯	6	21	5	20	庚戌	7	23	6	22	壬午
	2	21	1	17	己酉	3	22	2	17	己卯	4	21	3	17	己酉	5	22	4	19	庚辰	6	22	5	21	辛亥	7	24	6	23	癸未
	2	22	1	18	庚戌	3	23	2	18	庚辰	4	22	3	18	庚戌	5	23	4	20	辛巳	6	23	5	22	壬子	7	25	6	24	甲申
	2	23	1	19	辛亥	3	24	2	19	辛巳	4	23	3	19	辛亥	5	24	4	21	壬午	6	24	5	23	癸丑	7	26	6	25	乙酉
	2	24	1	20	壬子	3	25	2	20	壬午	4	24	3	20	壬子	5	25	4	22	癸未	6	25	5	24	甲寅	7	27	6	26	丙戌
中	2	25	1	21	癸丑	3	26	2	21	癸未	4	25	3	21	癸丑	5	26	4	23	甲申	6	26	5	25	乙卯	7	28	6	27	丁亥
華	2	26	1	22	甲寅	3	27	2	22	甲申	4	26	3	22	甲寅	5	27	4	24	乙酉	6	27	5	26	丙辰	7	29	6	28	戊子
民	2	27	1	23	乙卯	3	28	2	23	乙酉	4	27	3	23	乙卯	5	28	4	25	丙戌	6	28	5	27	丁巳	7	30	6	29	己丑
國	2	28	1	24	丙辰	3	29	2	24	丙戌	4	28	3	24	丙辰	5	29	4	26	丁亥	6	29	5	28	戊午	7	31	7	1	庚寅
八	2	29	1	25	丁巳	3	30	2	25	丁亥	4	29	3	25	丁巳	5	30	4	27	戊子	6	30	5	29	己未	8	1	7	2	辛卯
十	3	1	1	26	戊午	3	31	2	26	戊子	4	30	3	26	戊午	5	31	4	28	己丑	7	1	5	30	庚申	8	2	7	3	壬辰
九	3	2	1	27	己未	4	1	2	27	己丑	5	1	3	27	己未	6	1	4	29	庚寅	7	2	6	1	辛酉	8	3	7	4	癸巳
年	3	3	1	28	庚申	4	2	2	28	庚寅	5	2	3	28	庚申	6	2	5	1	辛卯	7	3	6	2	壬戌	8	4	7	5	甲午
	3	4	1	29	辛酉	4	3	2	29	辛卯	5	3	3	29	辛酉	6	3	5	2	壬辰	7	4	6	3	癸亥	8	5	7	6	乙未
											5	4	4	1	壬戌	6	4	5	3	癸巳	7	5	6	4	甲子	8	6	7	7	丙申
																					7	6	6	5	乙丑					
中氣	雨水					春分					穀雨					小滿					夏至					大暑				
	2/19 16時33分 申時					3/20 15時35分 申時					4/20 2時39分 丑時					5/21 1時49分 丑時					6/21 9時47分 巳時					7/22 20時42分 戌時				

再根據命主的出生「時支」(18時20分：酉)與「日干」(丁)，查詢「五鼠遁日起時表」取得「時干支」(己酉)。簡單的兩個標準步驟，準確的排出命主的本命「四柱八字」干支。

五鼠遁日起時表	太陽時	23-1	1-3	3-5	5-7	7-9	9-11	11-13	13-15	15-17	17-19	19-21	21-23
	時支 日干	子	丑	寅	卯	辰	巳	午	未	申	酉	戌	亥
	甲己	甲子	乙丑	丙寅	丁卯	戊辰	己巳	庚午	辛未	壬申	癸酉	甲戌	乙亥
	乙庚	丙子	丁丑	戊寅	己卯	庚辰	辛巳	壬午	癸未	甲申	乙酉	丙戌	丁亥
	丙辛	戊子	己丑	庚寅	辛卯	壬辰	癸巳	甲午	乙未	丙申	丁酉	戊戌	己亥
	丁壬	庚子	辛丑	壬寅	癸卯	甲辰	乙巳	丙午	丁未	戊申	己酉	庚戌	辛亥
	戊癸	壬子	癸丑	甲寅	乙卯	丙辰	丁巳	戊午	己未	庚申	辛酉	壬戌	癸亥

46-120	31-45	16-30	1-15
	日元		
乙	丁	癸	庚
酉	卯	未	辰

46-120	31-45	16-30	1-15
		日元	
己	丁	癸	庚
酉	卯	未	辰

貴
乾造 國曆 89年 7月 8日 18:20 酉時生

大運

								大運

❷本命八字（命例 二）

根據命主的出生「年、月、日」時間（國曆 88 年 10 月 22 日），直接查詢「萬年曆」取得「年干支（己卯）、月干支（甲戌）、日干支（丁未）」。

年：己卯　（生肖：兔）　中華民國八十八・八十九年　（西元 1999・2000）

壬申 立秋 8/8 7時14分 辰時			癸酉 白露 9/8 10時9分 巳時			甲戌 寒露 10/9 1時57分 丑時			乙亥 立冬 11/8 4時57分 寅時			丙子 大雪 12/7 21時47分 亥時			丁丑 小寒 1/6 9時0分 巳時		
國曆	農曆	干支	國曆	農曆	干支	國曆	農曆	干支	國曆	農曆	干支	國曆	農曆	干支	國曆	農曆	干支
8/8	6/27	壬辰	9/8	7/29	癸亥	10/9	9/1	甲午	11/8	10/1	甲子	12/7	10/30	癸巳	1/6	11/30	癸亥
8/9	6/28	癸巳	9/9	7/30	甲子	10/10	9/2	乙未	11/9	10/2	乙丑	12/8	11/1	甲午	1/7	12/1	甲子
8/10	6/29	甲午	9/10	8/1	乙丑	10/11	9/3	丙申	11/10	10/3	丙寅	12/9	11/2	乙未	1/8	12/2	乙丑
8/11	7/1	乙未	9/11	8/2	丙寅	10/12	9/4	丁酉	11/11	10/4	丁卯	12/10	11/3	丙申	1/9	12/3	丙寅
8/12	7/2	丙申	9/12	8/3	丁卯	10/13	9/5	戊戌	11/12	10/5	戊辰	12/11	11/4	丁酉	1/10	12/4	丁卯
8/13	7/3	丁酉	9/13	8/4	戊辰	10/14	9/6	己亥	11/13	10/6	己巳	12/12	11/5	戊戌	1/11	12/5	戊辰
8/14	7/4	戊戌	9/14	8/5	己巳	10/15	9/7	庚子	11/14	10/7	庚午	12/13	11/6	己亥	1/12	12/6	己巳
8/15	7/5	己亥	9/15	8/6	庚午	10/16	9/8	辛丑	11/15	10/8	辛未	12/14	11/7	庚子	1/13	12/7	庚午
8/16	7/6	庚子	9/16	8/7	辛未	10/17	9/9	壬寅	11/16	10/9	壬申	12/15	11/8	辛丑	1/14	12/8	辛未
8/17	7/7	辛丑	9/17	8/8	壬申	10/18	9/10	癸卯	11/17	10/10	癸酉	12/16	11/9	壬寅	1/15	12/9	壬申
8/18	7/8	壬寅	9/18	8/9	癸酉	10/19	9/11	甲辰	11/18	10/11	甲戌	12/17	11/10	癸卯	1/16	12/10	癸酉
8/19	7/9	癸卯	9/19	8/10	甲戌	10/20	9/12	乙巳	11/19	10/12	乙亥	12/18	11/11	甲辰	1/17	12/11	甲戌
8/20	7/10	甲辰	9/20	8/11	乙亥	10/21	9/13	丙午	11/20	10/13	丙子	12/19	11/12	乙巳	1/18	12/12	乙亥
8/21	7/11	乙巳	9/21	8/12	丙子	10/22	9/14	丁未	11/21	10/14	丁丑	12/20	11/13	丙午	1/19	12/13	丙子
8/22	7/12	丙午	9/22	8/13	丁丑	10/23	9/15	戊申	11/22	10/15	戊寅	12/21	11/14	丁未	1/20	12/14	丁丑
8/23	7/13	丁未	9/23	8/14	戊寅	10/24	9/16	己酉	11/23	10/16	己卯	12/22	11/15	戊申	1/21	12/15	戊寅
8/24	7/14	戊申	9/24	8/15	己卯	10/25	9/17	庚戌	11/24	10/17	庚辰	12/23	11/16	己酉	1/22	12/16	己卯
8/25	7/15	己酉	9/25	8/16	庚辰	10/26	9/18	辛亥	11/25	10/18	辛巳	12/24	11/17	庚戌	1/23	12/17	庚辰
8/26	7/16	庚戌	9/26	8/17	辛巳	10/27	9/19	壬子	11/26	10/19	壬午	12/25	11/18	辛亥	1/24	12/18	辛巳
8/27	7/17	辛亥	9/27	8/18	壬午	10/28	9/20	癸丑	11/27	10/20	癸未	12/26	11/19	壬子	1/25	12/19	壬午
8/28	7/18	壬子	9/28	8/19	癸未	10/29	9/21	甲寅	11/28	10/21	甲申	12/27	11/20	癸丑	1/26	12/20	癸未
8/29	7/19	癸丑	9/29	8/20	甲申	10/30	9/22	乙卯	11/29	10/22	乙酉	12/28	11/21	甲寅	1/27	12/21	甲申
8/30	7/20	甲寅	9/30	8/21	乙酉	10/31	9/23	丙辰	11/30	10/23	丙戌	12/29	11/22	乙卯	1/28	12/22	乙酉
8/31	7/21	乙卯	10/1	8/22	丙戌	11/1	9/24	丁巳	12/1	10/24	丁亥	12/30	11/23	丙辰	1/29	12/23	丙戌
9/1	7/22	丙辰	10/2	8/23	丁亥	11/2	9/25	戊午	12/2	10/25	戊子	12/31	11/24	丁巳	1/30	12/24	丁亥
9/2	7/23	丁巳	10/3	8/24	戊子	11/3	9/26	己未	12/3	10/26	己丑	1/1	11/25	戊午	1/31	12/25	戊子
9/3	7/24	戊午	10/4	8/25	己丑	11/4	9/27	庚申	12/4	10/27	庚寅	1/2	11/26	己未	2/1	12/26	己丑
9/4	7/25	己未	10/5	8/26	庚寅	11/5	9/28	辛酉	12/5	10/28	辛卯	1/3	11/27	庚申	2/2	12/27	庚寅
9/5	7/26	庚申	10/6	8/27	辛卯	11/6	9/29	壬戌	12/6	10/29	壬辰	1/4	11/28	辛酉	2/3	12/28	辛卯
9/6	7/27	辛酉	10/7	8/28	壬辰	11/7	9/30	癸亥				1/5	11/29	壬戌	2/4	12/29	壬辰
9/7	7/28	壬戌	10/8	8/29	癸巳												

中氣：處暑 8/23 21時51分 亥時　｜　秋分 9/23 19時31分 戌時　｜　霜降 10/24 4時52分 寅時　｜　小雪 11/23 2時24分 丑時　｜　冬至 12/22 15時43分 申時　｜　大寒 1/21 2時23分 丑時

再根據命主的出生「時支」（10 時 10 分：巳）與「日干」（丁），查詢「五鼠遁日起時表」取得「時干支」（乙巳）。簡單的兩個標準步驟，準確的排出命主的本命「四柱八字」干支。

五鼠遁日起時表	太陽時	23-1	1-3	3-5	5-7	7-9	9-11	11-13	13-15	15-17	17-19	19-21	21-23
	時支 日干	子	丑	寅	卯	辰	巳	午	未	申	酉	戌	亥
	甲己	甲子	乙丑	丙寅	丁卯	戊辰	己巳	庚午	辛未	壬申	癸酉	甲戌	乙亥
	乙庚	丙子	丁丑	戊寅	己卯	庚辰	辛巳	壬午	癸未	甲申	乙酉	丙戌	丁亥
	丙辛	戊子	己丑	庚寅	辛卯	壬辰	癸巳	甲午	乙未	丙申	丁酉	戊戌	己亥
	丁壬	庚子	辛丑	丁寅	癸卯	甲辰	乙巳	丙午	丁未	戊申	己酉	庚戌	辛亥
	戊癸	壬子	癸丑	甲寅	乙卯	丙辰	丁巳	戊午	己未	庚申	辛酉	壬戌	癸亥

46-120	31-45	16-30	1-15
	日元		
乙	丁	甲	己
巳	未	戌	卯

貴　造　乾

農曆
國曆 88 年 10 月 22 日 10:10 巳時生

現居地：
出生地：

46-120	31-45	16-30	1-15
	日元		
乙	丁	甲	己
巳	未	戌	卯

大運

❸大運排程

　　大運為生命的排程。每一人的「生命排程」皆不相同，在不同排程下，生命有著種種變化的展現體驗。

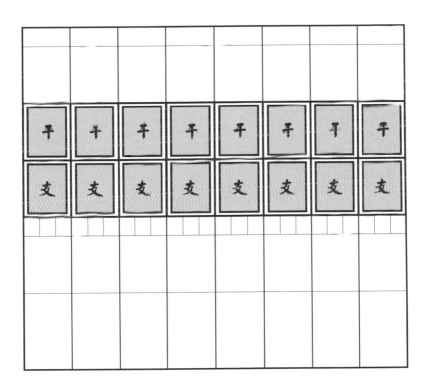

排列大運

大運干支排列從「月柱（節氣）」干支起算：

陽男、陰女「順排」節氣（六十甲子）。

陽男：年柱天干為「甲、丙、戊、庚、壬」出生年的男命。

陰女：年柱天干為「乙、丁、己、辛、癸」出生年的女命。

陰男、陽女「逆排」節氣（六十甲子）。

陰男：年柱天干為「乙、丁、己、辛、癸」出生年的男命。

陽女：年柱天干為「甲、丙、戊、庚、壬」出生年的女命。

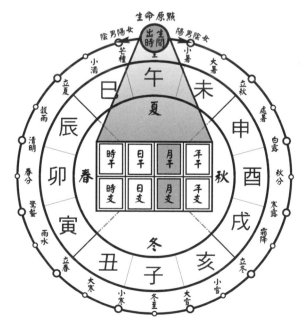

大運節氣

八字命盤第一組大運為「出生月干支」，也就是「出生時間」的「節氣干支」。

因為「出生大運」與「月柱干支」相同，八字命盤上皆從第二組大運開始排列。

第一組大運在分析命主幼年命局時相當重要。

五虎遁年起月表	月令	正月	二月	三月	四月	五月	六月	七月	八月	九月	十月	十一月	十二月
	節氣	立春	驚蟄	清明	立夏	芒種	小暑	立秋	白露	寒露	立冬	大雪	小寒
	中氣	雨水	春分	穀雨	小滿	夏至	大暑	處暑	秋分	霜降	小雪	冬至	大寒
	月支 / 年干	寅	卯	辰	巳	午	未	申	酉	戌	亥	子	丑
	甲己	丙寅	丁卯	戊辰	己巳	庚午	辛未	壬申	癸酉	甲戌	乙亥	丙子	丁丑
	乙庚	戊寅	己卯	庚辰	辛巳	壬午	癸未	甲申	乙酉	丙戌	丁亥	戊子	己丑
	丙辛	庚寅	辛卯	壬辰	癸巳	甲午	乙未	丙申	丁酉	戊戌	己亥	庚子	辛丑
	丁壬	壬寅	癸卯	甲辰	乙巳	丙午	丁未	戊申	己酉	庚戌	辛亥	壬子	癸丑
	戊癸	甲寅	乙卯	丙辰	丁巳	戊午	己未	庚申	辛酉	壬戌	癸亥	甲子	乙丑

❸大運排程（命例 一）

　　命主的年柱天干為「庚」、「陽男」，月柱干支（節氣）為「癸未」。大運干支「順排」節氣（六十甲子），得「甲申、乙酉、丙戌、丁亥、戊子、己丑、庚寅、辛未、壬辰、癸巳」。

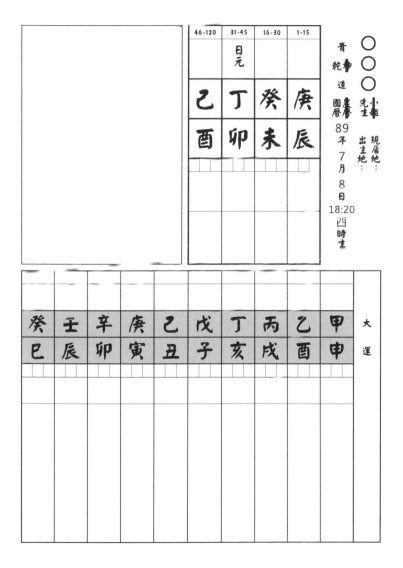

	46-120	31-45	16-30	1-15
				日元
	乙酉	丁卯	癸未	庚辰

○○○先生
○○○小姐
貴造 乾造
現居地：
出生地：
國曆 89 年 7 月 8 日 18:20 酉時生

大運								
	癸巳	壬辰	辛卯	庚寅	己丑	戊子	丁亥	丙戌	乙酉	甲申

❸大運排程（命例 二）

　　命主的年柱天干為「己」、「陰男」，月柱干支（節氣）為「甲戌」。大運干支「逆排」節氣（六十甲子），得「癸酉、壬申、辛未、庚午、己巳、戊辰、丁卯、丙寅、乙丑、甲子」。

貴事慶賣 乾造 國曆 88 年 10 月 22 日 10:10 巳時生

46-120	31-45	16-30	1-15
			日元
乙	丁	甲	己
巳	未	戌	卯

									大運
甲	乙	丙	丁	戊	己	庚	辛	壬	癸
子	丑	寅	卯	辰	巳	午	未	申	酉

❹行運年歲

　　行運歲數的時間為大運「生命排程」啟動的時間。每一人啟動「生命排程」的時間皆不相同，在不同行運歲數排程下，生命有著種種變化的展現體驗。

行運年歲	行運年歲	行運年歲	行運年歲	行運年歲	行運年歲	行運年歲	行運年歲

計算行運歲數

大運行運歲數由「出生時間」起算：

陽男陰女「順數」至「節氣日」。

陰男陽女「逆數」至「節氣日」。

計算「出生時間」至第一個「節氣日」共有幾天幾時辰，將所得「天數與時辰乘上 120」可換算得大運行運歲數。簡易人運行運歲數換算為「三天為一年、一天為四月、一時辰為十日」。

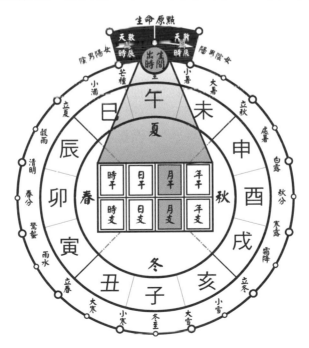

精算行運歲數

每組大運行運歲數時間皆不相同，大運行運歲數實際時間需計算每一「節氣日」至下一「節氣日」的節氣時間天數與時辰，將所得「天數與時辰乘上 120」可換算得大運行運歲數精確時間。

大運行運時間

一組大運行運時間約「十年」左右，「節氣日」後大運天干行運約「五年」，「中氣日」後大運地支行運約「五年」。但分析命局時，需天干地支整組大運一起分析，不可天干地支拆開單獨一字分析。

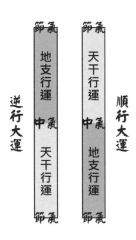

❹行運年歲（命例 一）

　　命主「陽男」，大運行運歲數由「出生時間」起算「順數」至「節氣日」。命主的生辰時間 7 月 8 日「酉」時，「順數」節氣時間「立秋」8 月 7 日「未」時，共有「29 天 10 時辰」。行運歲數換算為「三天為一年、一天為四月、一時辰為十日」，換算實得「9 年 11 月 10 日」，本命主的大運行運歲數虛歲約為「11 歲」。

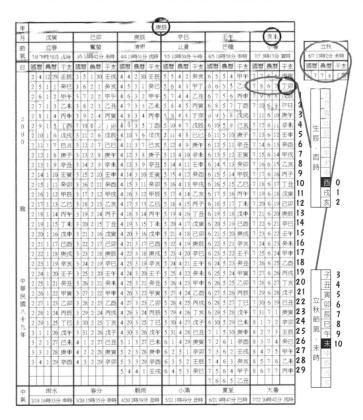

	46-120	31-45	16-30	1-15
		日元		
	己	丁	癸	庚
	酉	卯	未	辰

○○○先生

貴 乾造 庚辰

現居地：
出生地：

國曆 89 年 7 月 8 日 18:20 酉時生

	101	91	81	71	61	51	41	31	21	11
大運										
	癸	壬	辛	庚	己	戊	丁	丙	乙	甲
	巳	辰	卯	寅	丑	子	亥	戌	酉	申

- 84 -

❹行運年歲（命例 二）

　　命主「陰男」，大運行運歲數由「出生時間」起算「逆數」至「節氣日」。命主的生辰時間 10 月 22 日「巳」時，「逆數」節氣時間「寒露」10 月 9 日「丑」時，共有「12 天 16 時辰」。行運歲數換算為「三天為一年、一天為四月、一時辰為十日」，換算實得「4 年 5 月 10 日」，本命主的大運行運歲數虛歲約為「6 歲」。

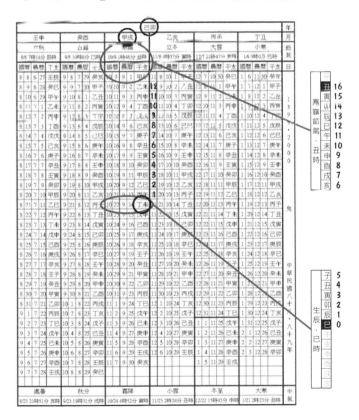

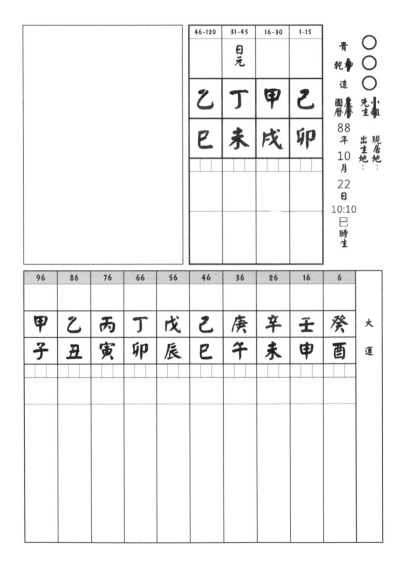

○○○ 小姐
○○○ 先生
現居地：
出生地：
貴庚 乾造 華曆 國曆 88年 10月 22日 10:10 巳時生

46-120	31-45	16-30	1-15
	日元		
乙	丁	甲	己
巳	未	戌	卯

96	86	76	66	56	46	36	26	16	6	大運
甲	乙	丙	丁	戊	己	庚	辛	壬	癸	
子	丑	寅	卯	辰	巳	午	未	申	酉	

❺地支藏干

查「地支藏天干表」可得知命盤各柱地支所藏之天干。

地支	子	午	卯	酉
藏天干	癸	丁	乙	辛

地支	寅		申		巳		亥	
藏天干	甲	丙	庚	壬	丙	庚	壬	甲

地支	辰			戌			丑			未		
藏天干	戊	乙	癸	戊	辛	丁	己	癸	辛	己	丁	乙

❺地支藏干（命例 一）

查「地支藏天干表」得命盤各柱地支所藏之天干：

46-120	31-45	16-30	1-15
	日元		
乙	丁	癸	庚
酉	卯	未	辰
辛	乙	乙丁己	癸乙戊

貴▪乾造 庚辰 國曆89年7月8日 18:20 酉時生

○○○先生

現居地：
出生地：

	101	91	81	71	61	51	41	31	21	11
大運	癸	壬	辛	庚	己	戊	丁	丙	乙	甲
	巳	辰	卯	寅	丑	子	亥	戌	酉	申
	庚 丙戊	癸乙戊	乙	丙	甲辛癸己	癸	甲	壬丁辛戊	辛	壬 庚

-88-

❺地支藏干（命例 二）

　　查「地支藏天干表」得命盤各柱地支所藏之天干：

46-120	31-45	16-30	1-15		
	日元				貴乾造　國曆88年10月22日10:10巳時生　○○○先生　現居地：　出生地：ヽ○○○小姐
乙	丁	甲	乙		
巳	未	戌	卯		
庚 丙	乙己丁	丁辛戊	乙		

96	86	76	66	56	46	36	26	16	0	大運
甲	乙	丙	丁	戊	己	庚	辛	壬	癸	
子	丑	寅	卯	辰	巳	午	未	申	酉	
癸	辛	癸己丙	甲	乙	癸乙戊	庚丙	丁	乙丁己壬	庚	辛

- 89 -

❻六 神

以「日柱天干」為「我（日主）」，查「六神表」可得知命盤
各柱天干之六神。

六 神	生我者：正印、偏印。我生者：傷官、食神。剋我者：正官、七殺。我剋者：正財、偏財。同我者：劫財、比肩。									
日主\天干	甲	乙	丙	丁	戊	己	庚	辛	壬	癸
甲·陽木	比肩	劫財	食神	傷官	偏財	正財	七殺	正官	偏印	正印
乙·陰木	劫財	比肩	傷官	食神	正財	偏財	正官	七殺	正印	偏印
丙·陽火	偏印	正印	比肩	劫財	食神	傷官	偏財	正財	七殺	正官
丁·陰火	正印	偏印	劫財	比肩	傷官	食神	正財	偏財	正官	七殺
戊·陽土	七殺	正官	偏印	正印	比肩	劫財	食神	傷官	偏財	正財
己·陰土	正官	七殺	正印	偏印	劫財	比肩	傷官	食神	正財	偏財
庚·陽金	偏財	正財	七殺	正官	偏印	正印	比肩	劫財	食神	傷官
辛·陰金	正財	偏財	正官	七殺	正印	偏印	劫財	比肩	傷官	食神
壬·陽水	食神	傷官	偏財	正財	七殺	正官	偏印	正印	比肩	劫財
癸·陰水	傷官	食神	正財	偏財	正官	七殺	正印	偏印	劫財	比肩

相生 相剋	比肩生食神生正財生正官生正印生比肩	比肩剋正財剋正印剋傷官剋正官剋比肩
	劫財生傷官生偏財生七殺生偏印生劫財	劫財剋偏財剋偏印剋食神剋七殺剋劫財

❻六 神（命例 一）

日主為「丁」，查「六神表」得：

「甲」天干「正印」、「乙」天干「偏印」、

「丙」天干「劫財」、「丁」天干「比肩」、

「戊」天干「傷官」、「己」天干「食神」、

「庚」天干「正財」、「辛」天干「偏財」、

「壬」天干「正官」、「癸」天干「七殺」。

日主\天干	甲	乙	丙	丁	戊	己	庚	辛	壬	癸
甲-陽木	比肩	劫財	食神	傷官	偏財	正財	七殺	正官	偏印	正印
乙-陰木	劫財	比肩	傷官	食神	正財	偏財	正官	七殺	正印	偏印
丙-陽火	偏印	正印	比肩	劫財	食神	傷官	偏財	正財	七殺	正官
丁-陰火	正印	偏印	劫財	比肩	傷官	食神	正財	偏財	正官	七殺
戊-陽土	七殺	正官	偏印	正印	比肩	劫財	食神	傷官	偏財	正財
己-陰土	正官	七殺	正印	偏印	劫財	比肩	傷官	食神	正財	偏財
庚-陽金	偏財	正財	七殺	正官	偏印	正印	比肩	劫財	食神	傷官
辛-陰金	正財	偏財	正官	七殺	正印	偏印	劫財	比肩	傷官	食神
壬-陽水	食神	傷官	偏財	正財	七殺	正官	偏印	正印	比肩	劫財
癸-陰水	傷官	食神	正財	偏財	正官	七殺	正印	偏印	劫財	比肩

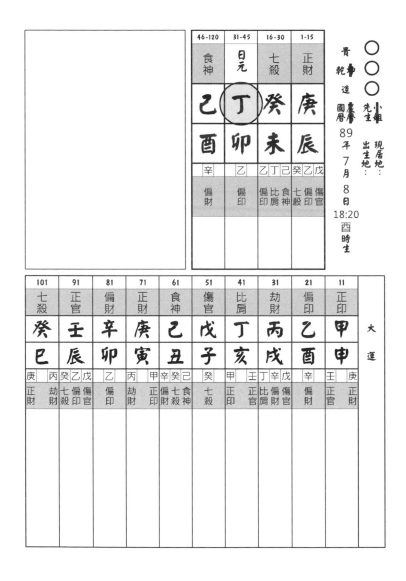

○○○先生（小姐）
現居地：
出生地：
貫辭乾造 國曆89年7月8日18:20酉時生

46-120	31-45	16-30	1-15
食神	日元	七殺	正財
乙	丁	癸	庚
酉	卯	未	辰
辛	乙	乙丁己	癸乙戊
偏財	偏印	偏印比肩食神	七殺偏印傷官

101	91	81	71	61	51	41	31	21	11	大運
七殺	正官	偏財	正財	食神	傷官	比肩	劫財	偏印	正印	
癸	壬	辛	庚	己	戊	丁	丙	乙	甲	
巳	辰	卯	寅	丑	子	亥	戌	酉	申	
庚丙	癸乙戊	乙	甲丙戊	癸辛己	癸	壬甲	戊辛丁	辛	壬庚	
正財劫財	七殺偏印傷官	偏印	正印劫財傷官	七殺偏財食神	七殺	正官正印	比肩偏財傷官	偏財	正官正財	

❻六 神 (命 例 二)

日主為「丁」，查「六神表」得：

「甲」天干「正印」、「乙」天干「偏印」、

「丙」天干「劫財」、「丁」天干「比肩」、

「戊」天干「傷官」、「己」天干「食神」、

「庚」天干「正財」、「辛」天干「偏財」、

「壬」天干「正官」、「癸」天干「七殺」。

日主\天干	甲	乙	丙	丁	戊	己	庚	辛	壬	癸
甲-陽木	比肩	劫財	食神	傷官	偏財	正財	七殺	正官	偏印	正印
乙-陰木	劫財	比肩	傷官	食神	正財	偏財	正官	七殺	正印	偏印
丙-陽火	偏印	正印	比肩	劫財	食神	傷官	偏財	正財	七殺	正官
丁-陰火	正印	偏印	劫財	比肩	傷官	食神	正財	偏財	正官	七殺
戊-陽土	七殺	正官	偏印	正印	比肩	劫財	食神	傷官	偏財	正財
己-陰土	正官	七殺	正印	偏印	劫財	比肩	傷官	食神	正財	偏財
庚-陽金	偏財	正財	七殺	正官	偏印	正印	比肩	劫財	食神	傷官
辛-陰金	正財	偏財	正官	七殺	正印	偏印	劫財	比肩	傷官	食神
壬-陽水	食神	傷官	偏財	正財	七殺	正官	偏印	正印	比肩	劫財
癸-陰水	傷官	食神	正財	偏財	正官	七殺	正印	偏印	劫財	比肩

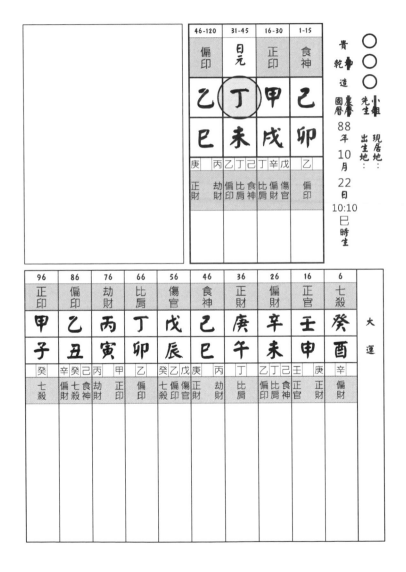

46-120	31-45	16-30	1-15
偏印	日元	正印	食神
乙	丁	甲	己
巳	未	戌	卯
庚	丙乙丁己	丁辛戊	乙
正財	劫財 偏印 比肩 食神	比肩 偏財 傷官	偏印

貴 乾造 國曆 88年 10月 22日 10:10 巳時生

○○○ 先生 小姐

現居地：
出生地：

	96	86	76	66	56	46	36	26	16	6
	正印	偏印	劫財	比肩	傷官	食神	正財	偏財	正官	七殺
大運	甲	乙	丙	丁	戊	己	庚	辛	壬	癸
	子	丑	寅	卯	辰	巳	午	未	申	酉
	癸	辛癸己	丙甲	乙	癸乙戊	庚丙	丁	乙丁己	壬庚	辛
	七殺	偏財 七殺 食神	劫財 正印	偏印	七殺 偏印 傷官	正財 劫財	比肩	偏印 比肩 食神	正官 正財	偏財

❼生命力

查「生命力表」可得知命盤各柱所內藏之「生命力」。

以日干 見地支										
日干	甲	乙	丙	丁	戊	己	庚	辛	壬	癸
陽刃	卯		午				酉		子	
紅艷煞	午	午	寅	未	辰	辰	戌	酉	子	申
大乙貴人	未	申	酉	亥	丑	子	丑	寅	卯	巳
	丑	子	亥	酉	未	申	未	午	巳	卯
文昌貴人	巳	午	申	酉	申	酉	亥	子	寅	卯

以日支 見地支												
日支	子	丑	寅	卯	辰	巳	午	未	申	酉	戌	亥
咸池	酉	午	卯	子	酉	午	卯	子	酉	午	卯	子
驛馬	寅	亥	申	巳	寅	亥	申	巳	寅	亥	申	巳

以月支 見干支												
月支	子	丑	寅	卯	辰	巳	午	未	申	酉	戌	亥
天德貴人	巳	庚	丁	申	壬	辛	亥	甲	癸	寅	丙	乙
月德貴人	壬	庚	丙	甲	壬	庚	丙	甲	壬	庚	丙	甲

魁罡	日柱				地支不見「沖、刑」見「沖、刑」則破格
	庚辰	壬辰	庚戌	戊戌	

金神	日主	時柱			四柱須見「火」局見「水」局則破局
	甲或己	己巳	癸酉	乙丑	

❼生命力（命例 一）

日干為「丁」、日支為「卯」、月支為「未」，查「生命力表」
得命盤各柱所內藏之「生命力」：

以日干 見地支										
日干	甲	乙	丙	丁	戊	己	庚	辛	壬	癸
陽刃	卯		午					酉		子
紅豔煞	午	午	寅	未	辰	辰	戌	酉	子	申
天乙貴人	未	申	酉	亥	丑	子	丑	寅	卯	巳
	丑	子	亥	酉	未	申	未	午	巳	卯
文昌貴人	巳	午	申	酉	申	酉	亥	子	寅	卯

以日支 見地支											
日支	子	丑	寅	卯	辰	巳	午	未	申	酉	戌	亥
咸池	酉	午	卯	子	酉	午	卯	子	酉	午	卯	子
驛馬	寅	亥	申	巳	寅	亥	申	巳	寅	亥	申	巳

以月支 見干支											
月支	子	丑	寅	卯	辰	巳	午	未	申	酉	戌	亥
天德貴人	巳	庚	丁	申	壬	辛	亥	甲	癸	寅	丙	乙
月德貴人	壬	庚	丙	甲	壬	庚	丙	甲	壬	庚	丙	甲

魁罡	日柱				地支不見「沖、刑」
	庚辰	壬辰	庚戌	戊戌	見「沖、刑」則破格

金神	日主	時柱			四柱須見「火」局
	甲 或 己	己巳	癸酉	乙丑	見「水」局則破局

46-120	31-45	16-30	1-15
食神	日元	七殺	正財
乙	丁	癸	庚
酉	卯	未	辰
辛	乙	乙丁己	癸乙戊
偏財	偏印	偏印 比肩 食神	十殺 偏印 傷官
文昌貴人 天乙貴人		紅豔煞	

○○○ 小姐
○○○ 先生

貴 乾造 國曆 89年 7月 8日 18:20 酉時牛

現居地：
出生地：

	101	91	81	71	61	51	41	31	21	11
	乚殺	正官	偏財	正財	食神	傷官	比肩	劫財	偏印	正印
大運	癸	壬	辛	庚	己	戊	丁	丙	乙	甲
	巳	辰	卯	寅	丑	子	亥	戌	酉	申
	庚 丙	癸 乙 戊	乙	戊 甲 丙	辛 癸 己	癸	甲 壬	戊 辛 丁	辛	壬 庚
	正財 劫財	七殺 偏印 傷官	偏印	傷官 正印 劫財	偏財 七殺 食神	七殺	正印 正官	傷官 偏財 比肩	偏財	正官 正財
	驛馬					咸池	天乙貴人		天乙貴人 文昌貴人	天德貴人 月德貴人

- 97 -

❼生命力（命例 二）

日干為「丁」、日支為「未」、月支為「戌」，查「生命力表」
得命盤各柱所內藏之「生命力」：

以日干 見地支											
日干	甲	乙	丙	丁	戊	己	庚	辛	壬	癸	
陽刃	卯		午				酉		子		
紅豔煞	午	午	寅	未	辰	辰	戌	酉	子	申	
天乙貴人	未	申	酉	亥	丑	子	丑	寅	卯	巳	
	丑	子	亥	酉	未	申	未	午	巳	卯	
文昌貴人	巳	午	申	酉	申	酉	亥	子	寅	卯	

以日支 見地支											
日支	子	丑	寅	卯	辰	巳	午	未	申	酉	戌	亥
咸池	酉	午	卯	子	酉	午	卯	子	酉	午	卯	子
驛馬	寅	亥	申	巳	寅	亥	申	巳	寅	亥	申	巳

以月支 見干支											
月支	子	丑	寅	卯	辰	巳	午	未	申	酉	戌	亥
天德貴人	巳	庚	丁	申	壬	辛	亥	甲	癸	寅	丙	乙
月德貴人	壬	庚	丙	甲	壬	庚	丙	甲	壬	庚	丙	甲

魁罡	日柱				地支不見「沖、刑」 見「沖、刑」則破格
	庚 辰	壬 辰	庚 戌	戊 戌	

金神	日主	時柱			四柱須見「火」局 見「水」局則破局
	甲 或 己	己 巳	癸 酉	乙 丑	

- 98 -

○○○ 小姐
○○○ 先生

現居地：
出生地：

貴靜造 農曆 國曆 88年 10月 22日 10:10 巳時生

46-120	31-45	16-30	1-15
偏印	日元	正印	食神
乙	丁	甲	己
巳	未	戌	卯
庚 丙	乙丁己	丁辛戊	乙
正財 劫財	偏印 食神	偏財 偏官	偏印
驛馬	紅艷煞		

										大運
96	86	76	66	56	46	36	26	16	6	
正印	偏印	劫財	比肩	傷官	食神	正財	偏財	正官	七殺	
甲	乙	丙	丁	戊	己	庚	辛	壬	癸	
子	丑	寅	卯	辰	巳	午	未	申	酉	
癸	辛癸己	丙甲	乙	癸戊	庚丙	丁	乙丁己	壬庚	辛	
七殺	偏財 七殺 食神	劫財 正印	偏印	七殺 偏印 傷官	正財 劫財	比肩	偏印 比肩 食神	正官 正財	偏財	
咸池		文昌貴人月德貴人		驛馬		紅艷煞		天乙貴人文昌貴人		

❽流 年

　　流年為生命的過程。時間如流水，每一人的「生命」隨著時間的流走，會有著種種不同的過程狀態。每一年的「年干支」就是當年的「流年干支」，例如 2010 年（民國 99 年）為「庚寅」年，流年干支就是「庚寅」。

　　如果要知道每一年的流年干支為何，可直接查詢「萬年曆」取得，或用「六十甲子流年表」直接查得「流年干支」。如果要知道命主某年歲的流年干支，可用命主出生「年柱干支」順排六十甲子，算出其某年歲之「流年干支」，男女相同。

	1984甲子	1985乙丑	1986丙寅	1987丁卯	1988戊辰	1989己巳	1990庚午	1991辛未	1992壬申	1993癸酉
	1994甲戌	1995乙亥	1996丙子	1997丁丑	1998戊寅	1999己卯	2000庚辰	2001辛巳	2002壬午	2003癸未
流年	2004甲申	2005乙酉	2006丙戌	2007丁亥	2008戊子	2009己丑	2010庚寅	2011辛卯	2012壬辰	2013癸巳
	2014甲午	2015乙未	2016丙申	2017丁酉	2018戊戌	2019己亥	2020庚子	2021辛丑	2022壬寅	2023癸卯
	2024甲辰	2025乙巳	2026丙午	2027丁未	2028戊申	2029己酉	2030庚戌	2031辛亥	2032壬子	2033癸丑
	2034甲寅	2035乙卯	2036丙辰	2037丁巳	2038戊午	2039己未	2040庚申	2041辛酉	2042壬戌	2043癸亥

❽流 年（命例 一）

命主「庚辰」午生。

11歲大運「甲申」，流年「庚寅」至「己亥」。

21歲大運「乙酉」，流年「庚子」至「己酉」。

31歲大運「丙戌」，流年「庚戌」至「己未」。

41歲大運「丁亥」，流年「庚申」至「己巳」。

51歲大運「戊子」，流年「庚午」至「己酉」。

61歲大運「己丑」，流年「庚辰」至「己丑」。

71歲大運「庚寅」，流年「庚寅」至「己亥」。

...

	1984 甲子	1985 乙丑	1986 丙寅	1987 丁卯	1988 戊辰	1989 己巳	1990 庚午	1991 辛未	1992 壬申	1993 癸酉
	1994 甲戌	1995 乙亥	1996 丙子	1997 丁丑	1998 戊寅	1999 己卯	2000 庚辰**1**	2001 辛巳	2002 壬午	2003 癸未
流年	2004 甲申	2005 乙酉	2006 丙戌	2007 丁亥	2008 戊子	2009 己丑	2010 庚寅**11**	2011 辛卯	2012 壬辰	2013 癸巳
	2014 甲午	2015 乙未	2016 丙申	2017 丁酉	2018 戊戌	2019 己亥	2020 庚子**21**	2021 辛丑	2022 壬寅	2023 癸卯
	2024 甲辰	2025 乙巳	2026 丙午	2027 丁未	2028 戊申	2029 己酉	2030 庚戌**31**	2031 辛亥	2032 壬子	2033 癸丑
	2034 甲寅	2035 乙卯	2036 丙辰	2037 丁巳	2038 戊午	2039 己未	2040 庚申**41**	2041 辛酉	2042 壬戌	2043 癸亥

貴靜先生

乾造

國曆89年7月8日18:20 酉時生

現居地：
出生地：

46-120	31-45	16-30	1-15
食神	日元	七殺	正財
己	丁	癸	庚
酉	卯	未	辰
辛	乙	乙丁己	癸乙戊
偏財	偏印	偏印 比肩 食神	七殺 偏印 傷官
天乙貴人		文昌貴人 紅艷煞	

大運

101	91	81	71	61	51	41	31	21	11
七殺	正官	偏財	正財	食神	傷官	比肩	劫財	偏印	正印
癸	壬	辛	庚	乙	戊	丁	丙	乙	甲
巳	辰	卯	寅	丑	子	亥	戌	酉	申
庚丙	癸乙戊	乙	丙甲	辛癸己	癸	甲壬	丁辛戊	辛	壬庚
正財 劫財	七殺 偏印 傷官	偏印	劫財 正印	偏財 七殺 食神	七殺	正印 正官	比肩 偏財 傷官	偏財	正官 正財
驛馬					咸池	天乙貴人		天乙貴人 文昌貴人	天德貴人 月德貴人

流年

101	91	81	71	61	51	41	31	21	11
庚申⇨己巳	庚戌⇨己未	庚子⇨己酉	庚寅⇨己亥	庚辰⇨己丑	庚午⇨己卯	庚申⇨己巳	庚戌⇨己未	庚子⇨己酉	庚寅⇨己亥

❽流 年（命例 二）

命主「己卯」年生。

6 歲大運「癸酉」，流年「甲申」至「癸巳」。

16 歲大運「壬申」，流年「甲午」至「癸卯」。

26 歲大運「辛未」，流年「甲辰」至「癸丑」。

36 歲大運「庚午」，流年「甲寅」至「癸亥」。

46 歲大運「己巳」，流年「甲子」至「癸酉」。

56 歲大運「戊辰」，流年「甲戌」至「癸未」。

66 歲大運「丁卯」，流年「甲申」至「癸巳」。

...

	1984 甲子	1985 乙丑	1986 丙寅	1987 丁卯	1988 戊辰	1989 己巳	1990 庚午	1991 辛未	1992 壬申	1993 癸酉
	1994 甲戌	1995 乙亥	1996 丙子	1997 丁丑	1998 戊寅	1999 己卯 1	2000 庚辰	2001 辛巳	2002 壬午	2003 癸未
流年	2004 甲申 6	2005 乙酉	2006 丙戌	2007 丁亥	2008 戊子	2009 己丑	2010 庚寅	2011 辛卯	2012 壬辰	2013 癸巳
	2014 甲午 16	2015 乙未	2016 丙申	2017 丁酉	2018 戊戌	2019 己亥	2020 庚子	2021 辛丑	2022 壬寅	2023 癸卯
	2024 甲辰 26	2025 乙巳	2026 丙午	2027 丁未	2028 戊申	2029 己酉	2030 庚戌	2031 辛亥	2032 壬子	2033 癸丑
	2034 甲寅 36	2035 乙卯	2036 丙辰	2037 丁巳	2038 戊午	2039 己未	2040 庚申	2041 辛酉	2042 壬戌	2043 癸亥

○○○先生
小姐

現居地：
出生地：

貴 乾造 庚辰
國曆 88 年 10 月 22 日 10:10 巳時生

46-120	31-45	16-30	1-15
偏印	日元	正印	食神
乙	丁	甲	己
巳	未	戌	卯
庚　丙	乙丁己	丁辛戊	乙
正財　劫財	偏印比肩食神	比肩偏財傷官	偏印
驛馬		紅艷煞	

	96	86	76	66	56	46	36	26	16	6
	正印	偏印	劫財	比肩	傷官	食神	正財	偏財	正官	七殺
大運	甲	乙	丙	丁	戊	己	庚	辛	壬	癸
	子	丑	寅	卯	辰	巳	午	未	申	酉
	癸	辛	癸戊	丙	甲	乙	癸乙戊	庚	丁	乙丁己	壬 庚	辛
	七殺	偏財七殺食神	劫財正印	偏印	七殺偏印傷官	正財劫財	比肩	偏印比肩食神	正官正財	偏財
	咸池		文昌貴人月德貴人		驛馬			紅艷煞		天乙貴人文昌貴人
流年	甲寅⇕癸亥	甲辰⇕癸丑	甲午⇕癸卯	甲申⇕癸巳	甲戌⇕癸未	甲子⇕癸酉	甲寅⇕癸亥	甲辰⇕癸丑	甲午⇕癸卯	甲申⇕癸巳

第三章

八字分析

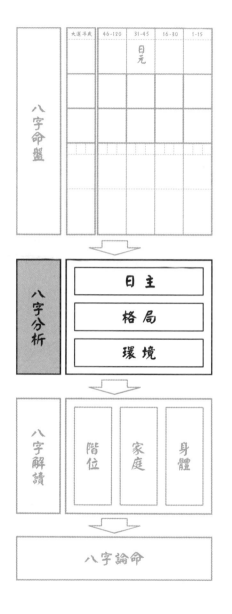

八字分析

　　八字分析是八字論命的方法，八字分析主體為分析「命局」之「日主、格局、環境」。

　　日主：「生命本質」（生命內在的能量）。

　　格局：「生命特質」（生命外在的欲求）。

　　環境：「生命品質」（生命欲求的滿願）。

　　借助完善的「八字命盤」格式，可快速、正確的分析命主命局。有了正確的八字分析，方能正確的八字論命。

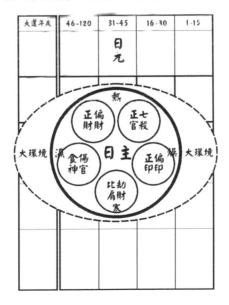

八字本位年限

八字論命以「八字本命」加上「大運年歲」為命局，八字「本位年限」為論命時間的「生命主題」（焦點）。

八字四柱「本位年限」各有所主，年柱主少年時期為 1 至 15 歲，月柱主青年時期為 16 至 30 歲，日柱主青中年時期為 31 至 45 歲，時柱主中老年時期 46 至 120 歲。（人生命的天年為 120 年）

八字「本位年限」與「大運年歲」時間皆以「虛歲」計算。（出生日即一歲）

大運年歲	46-120	31-45	16-30	1-15
		日元		
大運行運年歲	時柱主 46-120 歲	日柱主 31-45 歲	月柱主 16-30 歲	年柱主 1-15 歲

八字調色盤

　　八字命局如一調色盤，五行如顏料。命局五行不同、比例不同，展現出的命運就不同。如同色盤顏色不同、比例不同，混合出的色彩就不同。生命之多變化如色彩之多變化，也如我們生活的這個世界－多采多姿。

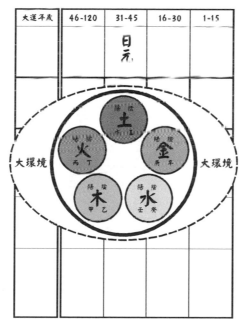

天干，天在干涉。天干決定五行能量的「有無」。

地支，地在支配。地支決定五行能量的「強弱」。

干支，天干地支。干支決定五行能量的「清濁」。

八字命象

　　八字命象，為「命局」某一時間期間的「生命現象」。命象是由八字命局中的「日主、格局、環境」所交互呈現的「生命本相」。每個人的生命本相，都是一個相互對立的太極命象圖。生命永遠在變化，每一時間期間的「生命現象」皆不相同。

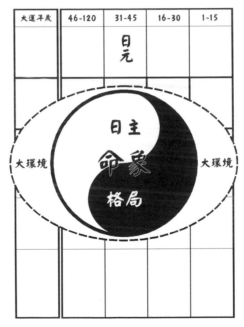

大運年歲	46-120	31-45	16-30	1-15

日主：「生命本質」（生命內在的能量）

格局：「生命特質」（生命外在的欲求）

環境：「生命品質」（生命欲求的滿願）

八字命象解析

　　藉由八字命象圖中所展現的「日主、格局、環境」生命現象資訊，識天地生命調和的法則，觀命局〈格局六神「調停」、日主格局「平衡」、環境氣候「中和」〉來解析生命的變化。

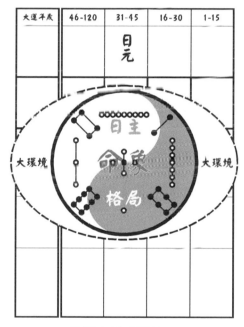

大運年歲	46-120	31-45	16-30	1-15

格局六神「調停」

日主格局「平衡」

環境氣候「中和」

八字生命曲線

　　八字論命最大的變數：「時間」。「時間」變，「五行強弱」就變；「五行強弱」變，「生命命象」就變。生命每一時間點的「五行強弱」都不同，牽動著「生命命象」的變化。集合生命每一關鍵時間點（大運行運年歲），可展現出每一生命的「生命曲線」。

　　命局的八字本命為「生命的主體」，大運年歲為「生命的排程」，本位年限為「生命的主題」。日主表「生命內在的能量」〈強、弱〉、格局表「生命外在的欲求」〈財（財富）、權（權勢）、名（名位）、色（享樂）、我（自我）〉、環境表「生命欲求的滿願」〈高、低〉。每個命造因五行變化之不同，而產生種種的命運變化，生命的「富貴貧賤」也因此有所不同。

　　五行在生命的意義上，代表著各種的生命能量。八字論命，將各種的生命能量假借「六神」代之，闡述說明生命變化的現象。

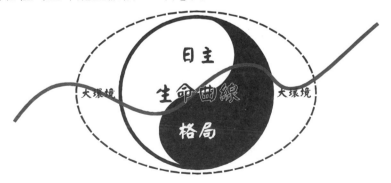

八字生命能量

八字命局的「生命能量」：

「本命・大運」為八字命局主體，為「整數生命能量」。

「流年・流月・流日・流時」為八字命局客體，為「小數
生命能量」。

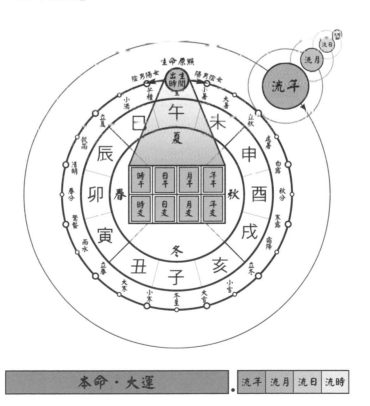

八字生命應期

八字命局，綜合「本命‧大運」與「流年‧流月‧流日‧流時」分析「生命應期」。

極大值

生命「高峰」時，生命應期找命局中生命能量的「極大值」。

極小值

生命「低谷」時，生命應期找命局中生命能量的「極小值」。

命例一

男性，國曆 89 年 7 月 8 日（18 時 20 分）酉時生。

貴軸 乾造 國曆 89 年 7 月 8 日 18.20 酉時生
○○○ 先生
規居地：
出生地：

46-120	31-45	16-30	1-15
食神	日元	七殺	正財
乙	丁	癸	庚
酉	卯	未	辰
辛	乙	乙丁己	癸乙戊
偏財	偏印	偏印 比肩 食神	七殺 偏印 傷官
文昌貴人 天乙貴人		紅艷煞	

大運

101	91	81	71	61	51	41	31	21	11	
七殺	正官	偏財	正財	食神	傷官	比肩	劫財	偏印	正印	
癸	壬	辛	庚	己	戊	丁	丙	乙	甲	大運
巳	辰	卯	寅	丑	子	亥	戌	酉	申	
庚丙	癸乙戊	乙	甲	辛癸己	癸	甲壬	丁辛戊	辛	壬庚	
正財 劫財	七殺 偏印 傷官	偏印	劫財	偏財 七殺 食神	七殺	正印 正官	比肩 偏財 傷官	偏財	正官 正財	
驛馬				咸池		天乙貴人		天乙貴人 文昌貴人	天德貴人 月德貴人	
庚申⇩己巳	庚戌⇩己未	庚子⇩己酉	庚寅⇩己亥	庚辰⇩己丑	庚午⇩己卯	庚申⇩己巳	庚戌⇩己未	庚子⇩己酉	庚寅⇩己亥	流年

命例二

男性，國曆 88 年 10 月 22 日（10 時 10 分）巳時生。

○○○ 先生 / 小姐
現居地：
出生地：
貴 乾造 國曆 88 年 10 月 22 日 10:10 巳時生

46-120	31-45	16-30	1-15
偏印	日元	正印	食神
乙	丁	甲	己
巳	未	戌	卯
庚	丙 乙 丁 己	丁 辛 戊	乙
正財	劫財 偏印 比肩 食神	比肩 偏財 傷官	偏印
驛馬	紅艷煞		

大運 / 流年

96	86	76	66	56	46	36	26	16	6
正印	偏印	劫財	比肩	傷官	食神	正財	偏財	正官	七殺
甲	乙	丙	丁	戊	己	庚	辛	壬	癸
子	丑	寅	卯	辰	巳	午	未	申	酉
癸	辛 癸 己	丙 甲	乙	癸 乙 戊	庚 丙	丁	乙 丁 己	壬 庚	辛
七殺	偏財 七殺 食神	劫財 正印	偏印	七殺 偏印 傷官	正財 劫財	比肩	偏印 比肩 食神	正官 正財	偏財
咸池		文昌貴人 月德貴人			驛馬		紅艷煞		天乙貴人 文昌貴人
甲寅⇕癸亥	甲辰⇕癸丑	甲午⇕癸卯	甲申⇕癸巳	甲戌⇕癸未	甲子⇕癸酉	甲寅⇕癸亥	甲辰⇕癸丑	甲午⇕癸卯	甲申⇕癸巳

八字分析「日主」

日主,「生命本質」(生命內在的能量)。八字命局中,以日柱天干為「我(日主、日元)」,為命局之中心。

一、干支「沖刑會合」

二、命局「生命本質」

三、命局「生命變質」

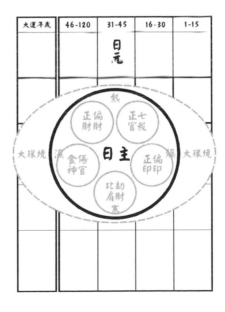

大運年歲	46-120	31-45	16-30	1-15

一、干支「沖刑會合」

　　四柱「天干與地支」的排列組合不同，命局會有各種不同的「沖刑會合」變化。

命局干支「沖刑會合」的變化

　　（1）天干與天干間有「合、沖、剋」的變化關係。

　　（2）地支與地支間有「合、會、沖、刑、害」的變化關係。

　　（3）天干與地支間有「拱、夾」的變化關係。

　　命局五行經過干支「沖刑會合」的變化程序，會轉化成「新命局五行」組合。

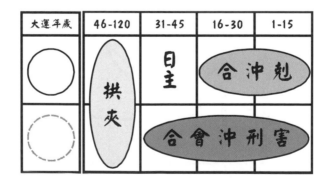

大運年歲	46-120	31-45	16-30	1-15
○	拱夾	日主	合沖剋	
○			合會沖刑害	

（1）天干「合沖剋」（天干與天干間的變化關係）

天干五合

甲己合化土、乙庚合化金、丙辛合化水、丁壬合化木、

戊癸合化火。

天干五合包含兩種變化，一為「合」，二為「化」。

「合」表「吸引」的力量，在命局中的影響力為「香甜黏」。

「化」表「轉化」的力量，在命局中會轉化成新「五行」。

天干四沖

甲庚沖、乙辛沖、壬丙沖、癸丁沖。

「沖」表「對立」的力量，在命局中的影響力為「直接衝擊」。

天干二剋

丙庚剋、丁辛剋。

「剋」表「排斥」的力量，在命局中的影響力為「強制壓迫」。

天干變化規則

（1）天干合化後轉化成新「陽干五行」。

（2）天干合化後轉化之新五行如為「反令」者，則只論合
　　　不論化。

（3）日主只論合不論化。

（4）日主在「日主極弱、化氣極強」的條件下方可論化，
　　　成「化氣命局」。

（5）天干如「合沖剋」一體，則五行力量無法發揮，只論
　　　合不論化，稱為「打糊」。

（２）地支「合會沖刑害」（地支與地支間的變化關係）

地支六合

子丑合化土、寅亥合化木、卯戌合化火。

辰酉合化金、巳申合化水、午未合化火。

地支六合包含兩種變化，一為「合」，二為「化」。

「合」表「吸引」的力量，在命局中的影響力為「香甜黏」。

「化」表「轉化」的力量，在命局中會轉化成新「五行」。

地支三合局

申子辰合水、亥卯未合木、寅午戌合火、巳酉丑合金。

「合局」表「吸引」的力量，在命局中的影響力為「香甜黏」。

「合局」表「轉化」的力量，在命局中會轉化成新「五行」。

地支三會方

亥子丑會水、寅卯辰會木、巳午未會火、申酉戌會金。

「會方」表「吸引」的力量，在命局中的影響力為「香甜黏」。

「會方」表「轉化」的力量，在命局中會轉化成新「五行」。

地支六沖

子午沖、丑未沖、寅申沖、卯酉沖、辰戌沖、巳亥沖

「沖」表「對立」的力量，在命局中的影響力為「直接衝擊」。

地支三刑

寅巳申三刑、丑戌未三刑、子卯相刑

辰辰自刑、午午自刑、酉酉自刑、亥亥自刑

「刑」表「折磨」的力量，在命局中的影響力為「心與身」的折磨。「心」的折磨為「愛別離、怨瞋懟、求不得」。「身」的折磨為身體有「常期無故的病痛」與「慢性無明的病症」。

地支六害

子未害、丑午害、寅巳害、卯辰害、申亥害、酉戌害

「害」表「傷害」的力量，在命局中的影響力比較輕微。

命局中有「合會」者，見「害」影響力較大。

命局中有「沖刑」者，見「害」影響力較小。

地支變化規則

（1）地支合化後轉化成新「能量強旺之五行」。

（2）地支合化後轉化之新五行如為「反令」者，則只論合
不論化。

（3）地支合會後轉化成新「能量強旺之五行」，不再作自刑
論。

（4）辰戌丑未為土庫，受「沖」開庫，轉化成其五行庫。

（5）地支如「合會沖刑」一體，則五行力量無法發揮，只
論合不論化，稱為「打糊」。

（з）干支「拱夾」（天干與地支間的變化關係）

拱夾的定義

八字中暗藏之地支。

「年柱、月柱」可為拱夾。

「日柱、時柱」可為拱夾。

「月柱‧日柱」不為拱夾。

大運可加入與「年柱」或「時柱」為拱夾。

拱夾的效驗

拱夾，屬命局暗藏的生命力，有拱夾「財祿」、「貴人」、「咸池」和「驛馬」等。

拱夾僅用於斷事，不做「五行」論。

拱的條件

「年柱、月柱」或「日柱、時柱」，有「相同天干」且地支為「三合」缺一者，所缺之地支可視為八字中暗藏之一地支，稱之為「拱」。但，如拱出之地支在原命局已有相同者，則所拱出之地支不做重複論斷。

夾的條件

「年柱、月柱」或「日柱、時柱」，有「相同天干」且地支為「三鄰」缺中者，所缺之地支可視為八字中暗藏之一地支，稱之為「夾」。但，如夾出之地支在原命局已有相同者，則所夾出之地支不做重複論斷。

命例一：干支「沖刑會合」

貴 乾造 國曆 89年7月8日 18:20 酉時生

○○○
○○○ 先生

現居地：
出生地：

46-120	31-45	16-30	1-15
食神	日元	七殺	正財
乙	丁	癸	庚
酉	卯	未	辰
辛	乙	乙 丁 己	癸 乙 戊
偏財	偏印	偏印 比肩 食神	七殺 偏印 傷官
天乙貴人	文昌貴人	紅艷煞	

大運 / 流年

101	91	81	71	61	51	41	31	21	11	
七殺	正官	偏財	正財	食神	傷官	比肩	劫財	偏印	正印	
癸	壬	辛	庚	己	戊	丁	丙	乙	甲	大運
巳	辰	卯	寅	丑	子	亥	戌	酉	申	
庚 丙	癸 乙 戊	乙	丙 甲	辛 癸 己	癸	甲 壬	丁 辛 戊	辛	壬 庚	
正財 劫財	七殺 偏印 傷官	偏印	劫財 正印	偏財 七殺 食神	七殺	正印 正官	比肩 偏財 傷官	偏財	正官 正財	
驛馬					咸池	天乙貴人	天乙貴人	天乙貴人 文昌貴人	天德貴人 月德貴人	
庚申 ⇔ 己巳	庚戌 ⇔ 己未	庚子 ⇔ 己酉	庚寅 ⇔ 己亥	庚辰 ⇔ 己丑	庚午 ⇔ 己卯	庚申 ⇔ 己巳	庚戌 ⇔ 己未	庚子 ⇔ 己酉	庚寅 ⇔ 己亥	流年

本命造行 11 歲甲申大運時的命局變化：

11	46-120	31-45	16-30	1-15
正印	食神	日元沖	七殺	正財
甲(合)	乙	丁	癸(沖)	庚
申	酉	卯	未	辰
壬 庚	辛	乙	乙 丁 己	癸 乙 戊
正官 正財	偏財	偏印	偏印 比肩 食神	七殺 偏印 傷官
	天乙貴人 文昌貴人		紅豔煞	

天干：丁癸沖、甲庚沖、甲己合（因甲同時沖庚合己，所以甲己只論合，無法化成土。）

地支：卯酉沖。

命例二：干支「沖刑會合」

貴造乾造　國曆88年10月22日10:10巳時生　現居地：　出生地：　○○○先生・小姐

46-120	31-45	16-30	1-15
偏印	日元	正印 傷官	食神
乙	丁	甲（合化土）	乙（合化火）
巳	未	戌	卯
庚	乙丁己	丁辛戊	乙
正財	偏印 比肩 食神	比肩 偏財 傷官	偏印
驛馬	紅豔煞		

大運

96	86	76	66	56	46	36	26	16	6
正印	偏印	劫財	比肩	傷官	食神	正財	偏財	正官	七殺
甲	乙	丙	丁	戊	己	庚	辛	壬	癸
子	丑	寅	卯	辰	巳	午	未	申	酉
癸	辛	癸己甲	丙	乙	癸乙戊	丁	乙丁己	壬	辛
七殺	偏財 七殺 食神	劫財 正印 食神	正印	偏印	七殺 偏印 傷官	比肩	偏印 比肩 食神	正官 正財	偏財
咸池		文昌貴人 月德貴人		驛馬			紅豔煞		天乙貴人 文昌貴人

流年

96	86	76	66	56	46	36	26	16	6
甲寅 ⇩ 癸亥	甲辰 ⇩ 癸丑	甲午 ⇩ 癸卯	甲申 ⇩ 癸巳	甲戌 ⇩ 癸未	甲子 ⇩ 癸酉	甲寅 ⇩ 癸亥	甲辰 ⇩ 癸丑	甲午 ⇩ 癸卯	甲申 ⇩ 癸巳

本命造行 36 歲大運時的命局變化：

36	46-120	31-45	16-30	1-15
正財	偏印	日元	正印	食神
庚	乙	丁	甲	己
午	巳	未	戌	卯
丁	庚	丙丁己	丁辛戊	乙
比肩	正財	劫偏比 財印肩	比偏傷 肩財官	偏印
	驛馬	紅艷煞		

天干：甲己合、甲庚沖、乙庚合（因庚同時沖甲合乙，所以原甲己變成只論合，無法化成土；乙庚只論合，無法化成金。）

地支：卯戌合化火、巳午未三會火方。

二、命局「生命本質」

命局「天干與地支」的排列組合不同，日主會有各種不同的「生命本質」變化。

命局日主「生命本質」的展現

（1）日主五行：日主如是「天干」的生命能量。

（2）日主強弱：日主五行強旺本質「顯明」、日主五行衰弱本質「隱暗」。

（3）日主清濁：日主五行清純本質「銳利」、日主五行混濁本質「鈍拙」。

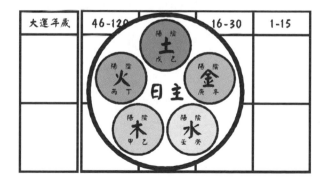

（1）日主五行

日主「甲陽木」，如是「大樹」，俱「慈生」的生命能量。

日主「乙陰木」，如是「小草」，俱「慈生」的生命能量。

日主「丙陽火」，如是「太陽」，俱「滿願」的生命能量。

日主「丁陰火」，如是「燭火」，俱「滿願」的生命能量。

日主「戊陽土」，如是「高山」，俱「承載」的生命能量。

日主「己陰土」，如是「平原」，俱「承載」的生命能量。

日主「庚陽金」，如是「強風」，俱「肅殺」的生命能量。

日主「辛陰金」，如是「微風」，俱「肅殺」的生命能量。

日主「壬陽水」，如是「大水」，俱「伏藏」的生命能量。

日主「癸陰水」，如是「小雨」，俱「伏藏」的生命能量。

（2）日主強弱

月令	子	午	卯	酉
五行	癸	丁	乙	辛
能量強度	1	1	1	1

月令	寅		申		巳		亥	
五行	甲	丙	庚	壬	丙	庚	壬	甲
能量強度	0.7	0.3	0.7	0.3	0.7	0.3	0.7	0.3

月令	辰			戌			丑			未		
五行	戊	乙	癸	戊	辛	丁	己	癸	辛	己	丁	乙
能量強度	0.5	0.3	0.2	0.5	0.3	0.2	0.5	0.3	0.2	0.5	0.3	0.2

「辰戌丑未」為土庫，受「沖」開庫，轉化成其五行庫。			
五行	癸（水庫）	丁（火庫）	辛（金庫）	乙（木庫）
能量強度	1	1	1	1

（3）日主清濁

六十甲子中，只有十二組天干地支的排列組合，五行能量「強旺清純」。

強旺：天透地藏。

清純：陰陽分明。

甲寅（0.7 甲）、乙卯（1 乙）丙寅（0.3 丙）、丁未（0.3 丁）、戊辰（0.5 戊）、戊戌（0.5 戊）、己丑（0.5 己）、己未（0.5 己）、庚申（0.7 庚）、辛酉（1 辛）、壬申（0.3 壬）、癸丑（0.3 癸）。

五行能量強旺清純表									
甲子	乙丑	**丙寅**	丁卯	**戊辰**	己巳	庚午	辛未	**壬申**	癸酉
甲戌	乙亥	丙子	丁丑	戊寅	己卯	庚辰	辛巳	壬午	癸未
甲申	乙酉	丙戌	丁亥	戊子	**己丑**	庚寅	辛卯	壬辰	癸巳
甲午	乙未	丙申	丁酉	**戊戌**	己亥	庚子	辛丑	壬寅	癸卯
甲辰	乙巳	丙午	**丁未**	戊申	己酉	庚戌	辛亥	壬子	**癸丑**
甲寅	**乙卯**	丙辰	丁巳	戊午	**己未**	**庚申**	**辛酉**	壬戌	癸亥

「乙卯、辛酉」五行能量最「強旺清純」可稱之為「水晶柱」。

「丙午、壬子」五行能量「強旺」，但陰陽混雜，五行能量為「混濁」。

命例一：命局「生命本質」

	46-120	31-45	16-30	1-15	
	食神	日元	七殺	正財	
	乙	丁	癸	庚	
	酉	卯	未	辰	
	辛	乙	乙丁己	癸乙戊	
	偏財	偏印	偏印 比肩 食神	七殺 偏印 傷官	
	大乙貴人	文昌貴人	紅豔煞		

○○○先生 小姐　貴靜馨馨　乾造　國曆 89年7月8日 18:20 酉時生　現居地：　出生地：

大運

101	91	81	71	61	51	41	31	21	11
七殺	正官	偏財	正財	食神	傷官	比肩	劫財	偏印	正印
癸	壬	辛	庚	己	戊	丁	丙	乙	甲
巳	辰	卯	寅	丑	子	亥	戌	酉	申
庚丙	癸乙戊	乙	甲丙	癸辛己	癸	甲壬	丁辛戊	辛	壬庚
正財 劫財	七殺 偏印 傷官	偏印	劫財 正印	七殺 偏財 食神	七殺	正印 正官	比肩 偏財 傷官	偏財	正官 正財
驛馬					咸池	天乙貴人		天乙貴人 文昌貴人	天德貴人 月德貴人

流年

101	91	81	71	61	51	41	31	21	11
庚申⇩己巳	庚戌⇩己未	庚子⇩己酉	庚寅⇩己亥	庚辰⇩己丑	庚午⇩己卯	庚申⇩己巳	庚戌⇩己未	庚子⇩己酉	庚寅⇩己亥

本命造行 11 歲甲申大運時的命局變化：

11	46-120	31-45	16-30	1-15
正印	食神	日元(丁申)	七殺	正財
甲(合)	乙	丁	癸	庚
申	酉	卯(申)	未	辰
壬 庚	辛	乙	乙 丁 巳 0.3	癸 乙 戊
正官 正財	偏財	偏印	偏印 比肩 食神 / 七殺 偏印 傷官	
	天乙貴人 文昌貴人		紅豔煞	

日主丁（丁卯）

1. 日主五行：丁陰火。

2. 日主強弱：1.3 弱。

3. 日主清濁：混濁。

命例二：命局「生命本質」

	46-120	31-45	16-30	1-15	
	偏印	日元 丁	正印 傷官	傷官 食神	貴 乾造 道 ○○○ 先生
	乙	丁 陰火	甲 戌	乙 卯	國曆 88 年 10 月 22 日 10:10 巳時生
	巳	未			現居地： 出生地：
	庚 丙	丁 乙	丁 辛 戌	乙	
	正財 劫財	比肩 食神	比肩 偏財 偏印	比肩	
	驛馬	紅豔煞			

96	86	76	66	56	46	36	26	16	6	大運
正印	偏印	劫財	比肩	傷官	食神	正財	偏財	正官	七殺	
甲	乙	丙	丁	戊	己	庚	辛	壬	癸	
子	丑	寅	卯	辰	巳	午	未	申	酉	
癸	辛	癸 己 丙	甲	乙	癸 乙 戊	庚	丙	丁	乙 丁 己	壬 庚	辛
七殺	偏財 七殺 食神	劫財 正印	偏印	七殺 偏印 傷官	比肩	正財	偏印 比肩 食神	正印 正財	偏財	
咸池		文昌貴人月德貴人甲午		驛馬		紅豔煞		天乙貴人文昌貴人甲申		
甲寅 ⇩ 癸亥	甲辰 ⇩ 癸丑	甲午 ⇩ 癸卯	甲申 ⇩ 癸巳	甲戌 ⇩ 癸未	甲子 ⇩ 癸酉	甲寅 ⇩ 癸亥	甲辰 ⇩ 癸丑	甲午 ⇩ 癸卯	甲申 ⇩ 癸巳	流年

- 137 -

本命造行 36 歲大運時的命局變化：

36	46-120	31-45	16-30	1-15
正財	偏印	日元	正印	食神
庚 合	乙	丁	甲 合	乙
壬	巳	未	戌 化火	卯
丁	庚丙	乙丁己	丁辛戊	乙
比肩	正財 劫偏比 財印肩	食比偏 神肩財	比偏正 肩印官	偏印
	驛馬	紅艷煞		

日主丁（丁未）

1. 日主五行：丁陰火。

2. 日主強弱：6 過旺。

3. 日主清濁：混濁。

三、命局「生命變質」

日主五行「過強、過弱、合化」，日主會有各種不同的「生命變質」變化。

命局日主「生命變質」的變化

（1）日主五行「過強」成「專旺」命局。

（2）日主五行「過弱」成「從旺」命局。

（3）日主五行「合化」成「化氣」命局。

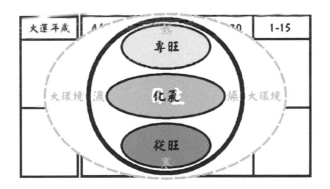

（1）專旺命局

八字命局「日主五行過強」，以日主「專旺」論命局。

專旺命局可細分五名稱

曲直（木）、炎上（火）、稼穡（土）、從革（金）、潤下（水）

專旺命局的條件

日主五行「天透地藏」，命局日主五行皆旺，無「沖剋泄」。

如：日主「丙火」天透地藏，命局「火」旺，無「水土」。

論專旺「炎上」命局。

專旺命局的特色

專旺命局，可極致發揮專旺六神之「生命特質」。

（2）從旺命局

八字命局「日主五行過弱」，以日主「從旺」論命局。

從旺命局可細分六名稱

從食神、從傷官、從正財、從偏財、從正官、從七殺

從旺命局的條件

日主五行無「地藏」，命局「沖剋泄」皆旺，無「生助」。

　　如：日主「癸水」無地藏，命局「丙火」旺，無「金水」。

　　論從旺「從正財」命局。

從旺命局的特色

從旺命局，可極致發揮從旺六神之「生命特質」。

(₃) 化氣命局

八字命局「日主五行合化」，以日主「化氣」論命局。

化氣命局可細分五名稱

化木、化火、化土、化金、化水

化氣命局的條件

（1）日主五行與月干或時干成「天干五合」。

（2）日主五行無「地藏」、無「生助」。（日主極弱）

（3）日主化氣之新五行強旺。（化氣極強）

則日主化氣成「新五行」；否則日主只論合不論化。

　　如：日主「丙火」與月干或時干「辛金」成「天干五合」。

　　日主「丙火」無「地藏」、無「生助」。（日主極弱）

　　「水」天透地藏，命局「水」旺。（化氣極強）

　　日主化氣成「水」，論化氣「化水」命局。

化氣格局的特色

化氣命局，可極致發揮化氣六神之「生命特質」。

八字分析「格局」

格局,「生命特質」(生命外在的欲求)。八字命局中,五行生命能量達到一定程度時,會形成生命的「欲求」力量,進而成為生命的主題,這種「生命主題」稱為生命的「格局」。

一、五行「生剋制化」

二、邷局「生命特質」

三、命局「生命特點」

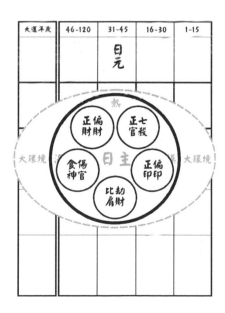

一、五行「生剋制化」

八字命局中，以日柱天干為「我（日主、日元）」，為命局之中心。命局以五行「生剋制化」立六神，以六神（五行）「能量強旺」定格局。

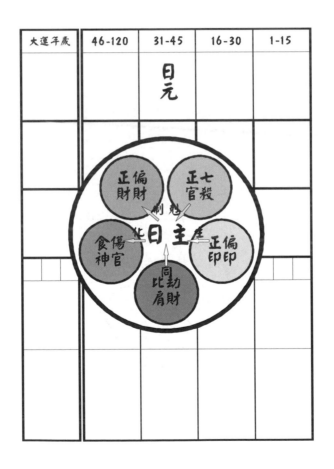

- 144 -

立六神

命局以五行「生剋制化」立六神。

生剋制化	陰陽不同	陰陽相同
生（生我者）	正印	偏印
剋（剋我者）	正官	七殺
制（我剋者）	正財	偏財
化（我生者）	傷官	食神
同（同我者）	劫財	比肩

日干\天干	甲	乙	丙	丁	戊	己	庚	辛	壬	癸
甲-陽木	比肩	劫財	食神	傷官	偏財	正財	七殺	正官	偏印	正印
乙-陰木	劫財	比肩	傷官	食神	正財	偏財	正官	七殺	正印	偏印
丙-陽火	偏印	正印	比肩	劫財	食神	傷官	偏財	正財	七殺	正官
丁-陰火	正印	偏印	劫財	比肩	傷官	食神	正財	偏財	正官	七殺
戊-陽土	七殺	正官	偏印	正印	比肩	劫財	食神	傷官	偏財	正財
己-陰土	正官	七殺	正印	偏印	劫財	比肩	傷官	食神	正財	偏財
庚-陽金	偏財	正財	七殺	正官	偏印	正印	比肩	劫財	食神	傷官
辛-陰金	正財	偏財	正官	七殺	正印	偏印	劫財	比肩	傷官	食神
壬-陽水	食神	傷官	偏財	正財	七殺	正官	偏印	正印	比肩	劫財
癸-陰水	傷官	食神	正財	偏財	正官	七殺	正印	偏印	劫財	比肩

定格局

命局以六神（五行）「能量強旺」定格局。

命局「天干」決定六神（五行）能量的「有無」，命局「地支」決定六神（五行）能量的「強弱」。命局六神（五行）「能量強旺」者，成「格局」。本位年限之格局為「主格局」，是此段時間的「生命主題」焦點。

命局成「格局」的條件

（1）天透地藏。

（2）天干雙透。

（3）地支合會。

格局天透生命特質「外顯」，格局地藏生命特質「內藏」。

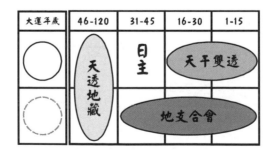

命例一：五行「生剋制化」

○○○ 小姐
○○○ 先生
貫寶 乾道 國曆
現居地：
出生地：
89年7月8日 18:20 酉時生

46-120	31-45	16-30	1-15
食神	日元	七殺	正財
乙	丁	癸	庚
酉	卯	未	辰
辛	乙	乙丁己	癸乙戊
偏財	偏印	偏印比肩食神	七殺偏印傷官
天乙貴人	文昌貴人	紅艷煞	

	101	91	81	71	61	51	41	31	21	11
大運	七殺	正官	偏財	正財	食神	傷官	比肩	劫財	偏印	正印
	癸	壬	辛	庚	己	戊	丁	丙	乙	甲
	巳	辰	卯	寅	丑	子	亥	戌	酉	申
	庚丙	癸乙戊	乙	甲	癸辛己	癸	甲壬	丁辛戊	辛	壬庚
	正財劫財	七殺偏印傷官	偏印	正印	七殺偏財食神	七殺	正印正官	比肩偏財傷官	偏財	正官正財
	驛馬				咸池	天乙貴人		天乙貴人	天乙貴人文昌貴人	天德貴人月德貴人
流年	庚申⇩己巳	庚戌⇩己未	庚子⇩己酉	庚寅⇩己亥	庚辰⇩己丑	庚午⇩己卯	庚申⇩己巳	庚戌⇩己未	庚子⇩己酉	庚寅⇩己亥

本命造行 11 歲甲申大運時的命局變化：

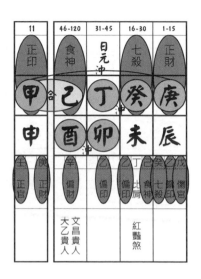

日主\天干	甲	乙	丙	丁	戊	己	庚	辛	壬	癸
丁-陰火	正印	偏印	劫財	比肩	傷官	食神	正財	偏財	正官	七殺

命局格局：正偏財格、官殺格、食傷格、正偏印格。

（1）天透地藏：正偏財、七殺正官、食神傷官、正偏印。

（2）天干雙透：無。

（3）地支合會：無。

命例二：五行「生剋制化」

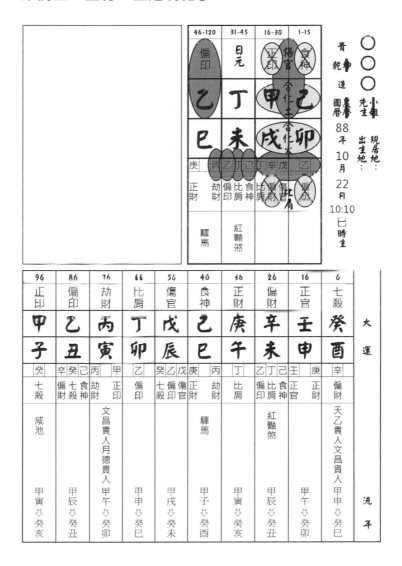

46-120	31-45	16-30	1-15	
偏印	日元	傷官 正印	食神	○○○ 先生
乙	丁	甲	己	貴 乾造 國曆 88年
巳	未	戌	卯	10月 22日 10:10 巳時生
庚	丙乙己	丁辛戊	乙	現居地：
正財	劫財 偏印 食神	比肩 偏官 傷官	偏印 比肩	出生地：
	驛馬	紅艷煞		

96	86	76	66	56	46	36	26	16	6	
正印	偏印	劫財	比肩	傷官	食神	正財	偏財	正官	七殺	大運
甲	乙	丙	丁	戊	己	庚	辛	壬	癸	
子	丑	寅	卯	辰	巳	午	未	申	酉	
癸	辛	癸己戊	丙甲	乙	癸乙戊	丙	丁乙己	壬庚	辛	
七殺	偏財 七殺	食神 劫財 正印	劫財 正印	偏印	七殺 偏印 傷官	比肩	偏印 比肩 食神	正官 正財	偏財	
咸池		文昌貴人月德貴人		驛馬		紅艷煞		天乙貴人文昌貴人		
甲寅⇩癸亥	甲辰⇩癸丑	甲午⇩癸卯	甲申⇩癸巳	甲戌⇩癸未	甲子⇩癸酉	甲寅⇩癸亥	甲辰⇩癸丑	甲午⇩癸卯	甲申⇩癸巳	流年

本命造行 36 歲庚午大運時的命局變化：

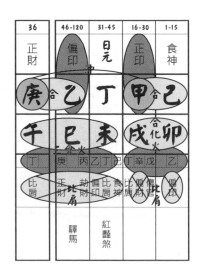

36	46-120	31-45	16-30	1-15
正財	偏印	日元	正印	食神
庚 合 乙		丁	甲 己	
午	巳	未	戌 卯	
丁	庚 丙	乙 丁 己	丁 辛 戊	乙
比肩	正財 比肩	劫財 比肩 食神	偏印 偏財 傷官	偏印
	驛馬	紅豔煞		

日主\天干	甲	乙	丙	丁	戊	己	庚	辛	壬	癸
丁-陰火	正印	偏印	劫財	比肩	傷官	食神	正財	偏財	正官	七殺

命局格局：正偏印格、比肩格。

（1）天透地藏：無。

（2）天干雙透：正印、偏印。

（3）地支合會：比肩。

二、命局「生命特質」

命局中，格局「天干與地支」的排列組合不同，格局「生命能量」亦不同。格局「生命能量」不同，格局「生命特質」亦會有不同的展現變化。

命局格局「生命特質」的展現

（1）格局六神：格局如是「六神」的生命特質。

（2）格局強弱：格局六神強旺特質「顯明」、格局六神衰弱特質「隱暗」。

（3）格局清濁：格局六神清純特質「銳利」、格局六神混濁特質「鈍拙」。

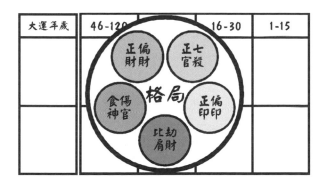

（1）格局六神

格局「比肩格」，俱「交友廣闊」的生命特質。

格局「劫財格」，俱「交際融通」的生命特質。

格局「食神格」，俱「才華洋溢」的生命特質。

格局「傷官格」，俱「聰明好學」的生命特質。

格局「正財格」，俱「勤儉務實」的生命特質。

格局「偏財格」，俱「思維靈活」的生命特質。

格局「正官格」，俱「保守包容」的生命特質。

格局「七殺格」，俱「奮鬥毅力」的生命特質。

格局「正印格」，俱「慈悲潔淨」的生命特質。

格局「偏印格」，俱「節儉發明」的生命特質。

（2）格局强弱

月令	子	午	卯	酉
五行	癸	丁	乙	辛
能量強度	1	1	1	1

月令	寅		申		巳		亥	
五行	甲	丙	庚	壬	丙	庚	壬	甲
能量強度	0.7	0.3	0.7	0.3	0.7	0.3	0.7	0.3

月令	辰			戌			丑			未		
五行	戊	乙	癸	戊	辛	丁	己	癸	辛	己	丁	乙
能量強度	0.5	0.3	0.2	0.5	0.3	0.2	0.5	0.3	0.2	0.5	0.3	0.2

「辰戌丑未」為土庫，受「沖」開庫，轉化成其五行庫。

五行	癸（水庫）	丁（火庫）	辛（金庫）	乙（木庫）
能量強度	1	1	1	1

（3）格局清濁

六十甲子中，只有十二組天干地支的排列組合，五行能量「強旺清純」。

強旺：天透地藏。

清純：陰陽分明。

甲寅（0.7 甲）、乙卯（1 乙）丙寅（0.3 丙）、丁未（0.3 丁）、戊辰（0.5 戊）、戊戌（0.5 戊）、己丑（0.5 己）、己未（0.5 己）、庚申（0.7 庚）、辛酉（1 辛）、壬申（0.3 壬）、癸丑（0.3 癸）。

五行能量強旺清純表	甲子	乙丑	丙寅	丁卯	戊辰	己巳	庚午	辛未	壬申	癸酉
	甲戌	乙亥	丙子	丁丑	戊寅	己卯	庚辰	辛巳	壬午	癸未
	甲申	乙酉	丙戌	丁亥	戊子	己丑	庚寅	辛卯	壬辰	癸巳
	甲午	乙未	丙申	丁酉	戊戌	己亥	庚子	辛丑	壬寅	癸卯
	甲辰	乙巳	丙午	丁未	戊申	己酉	庚戌	辛亥	壬子	癸丑
	甲寅	乙卯	丙辰	丁巳	戊午	己未	庚申	辛酉	壬戌	癸亥

「乙卯、辛酉」五行能量最「強旺清純」可稱之為「水晶柱」。

「丙午、壬子」五行能量「強旺」，但陰陽混雜，五行能量為「混濁」。

- 154 -

格局六神「調停」

命局「調停」者，格局六神呈現「平和」狀態。

命局「內戰」者，格局六神呈現「爭戰」狀態。

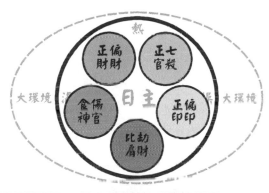

格　局	狀　態	命　語	現　象
食傷　生　財星		食傷生財	財華雙致
財星　生　官殺		財官雙美	財祿雙全
官殺　生　印綬	格局六神	官印相生	福祿雙全
財星　生　官殺　生　印	調　停	財官印全	財福祿全
食神　剋　七殺		食神制殺	優雅王者
正印　剋　傷官		傷官配印	改革王者
七殺　剋　比劫		生殺兩停	權貴王者
比劫　剋　財星		財逢兄弟	散失錢財
傷官　剋　正官	格局六神	傷官見官	傲慢刺蝟
偏印　剋　食神	內　戰	食神逢梟	孤寂貧寒
正財　剋　正印		財印雙傷	思緒紊亂

日主格局「平衡」

命局「平衡」者，日主格局呈現「強弱相等」狀態。

命局「失衡」者，日主格局呈現「強弱偏執」狀態。

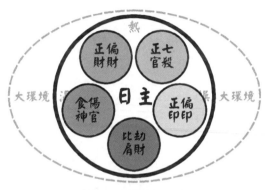

日 主	格 局	狀 態	命 語	現 象
強	食神　強	平衡	食神洩秀	展現才華
	傷官　強	平衡	傷官洩秀	展現才華
	正財　強	平衡	身旺任財	錢財富足
	偏財　強	平衡	身旺任財	錢財富足
	正官　強	平衡	身旺任官	輕鬆悠閒
	七殺　強	平衡	身旺任殺	獨霸天下
	正印　強	不平衡	印旺身旺	孤寂貧寒
	偏印　強	不平衡	印旺身旺	孤寂貧寒
	比肩　強	不平衡	比劫身旺	孤寂貧寒
	劫財　強	不平衡	比劫身旺	孤寂貧寒

日　主	格　局	狀　態	命　語	現　象
弱	食神　強	不平衡	食傷過重	帶血輸出
	傷官　強	不平衡	食傷過重	帶血輸出
	正財　強	不平衡	財多身弱	忙死累死
	偏財　強	不平衡	財多身弱	忙死累死
	正官　強	不平衡	官強身弱	無福消受
	七殺　強	不平衡	殺強身弱	身弱多病
	正印　強	平衡	印旺身弱	眾人愛護
	偏印　強	平衡	印旺身弱	眾人愛護
	比肩　強	平衡	比劫幫身	眾人愛護
	劫財　強	平衡	比劫幫身	眾人愛護

日　主	格　局	狀　態	命　語	現　象
強	食神　弱	平衡	身旺喜泄	才華小現
	傷官　弱	平衡	身旺喜泄	才華小現
	正財　弱	不平衡	身旺財淺	強迫掠奪
	偏財　弱	不平衡	身旺財淺	投機掠奪
	正官　弱	不平衡	身旺官淺	懶死閒死
	七殺　弱	不平衡	身旺殺淺	衝突犯暴
	正印　弱	不平衡	身旺印弱	依賴照顧
	偏印　弱	不平衡	身旺印弱	依賴照顧
	比肩　弱	不平衡	身旺比弱	依賴照顧
	劫財　弱	不平衡	身旺劫弱	依賴照顧

日　主	格　局	狀　態	命　語	現　象
弱	弱	平衡	小草春風	日子可過

格局六神的變化

命局格局六神「太過強旺」，會有六神特質陰陽反向展現變化現象。

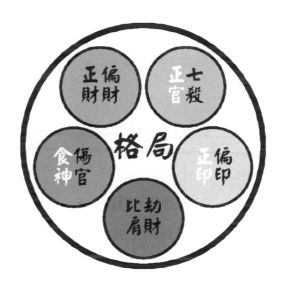

（1）「食神」過強作「傷官」論。

（2）「正官」過強作「七殺」論。

（3）「正印」過強作「偏印」論。

「正財、偏財」與「比肩、劫財」不作反向變化論。

命局五行「生剋太過」現象

命局五行「生剋制化」會因五行「強弱」的不同，形成五行「生剋太過」現象，有「生我-反剋、剋我-過剋、剋我-反生、我剋-反剋、我生-反剋、我生-正剋」的現象。

生：生我-反剋　　命語：印綬過旺

木賴水生，水多木漂。

火賴木生，木多火窒。

土賴火生，火多土焦。

金賴土生，土多金埋。

水賴金生，金多水濁。

剋：剋我-過剋　　命語：殺強身弱

木弱逢金，必為砍折。

火弱逢水，必為熄滅。

土衰遇木，必遭傾陷。

金衰遇火，必見銷鎔。

水弱逢土，必為淤塞。

剋：剋我-反生　　命語：身旺任殺

木旺得金，方成棟樑。

火旺得水，方成相濟。

土旺得木，方能疏通。

金旺得火，方成器皿。

水旺得土，方成池沼。

制：我剋-反剋　　命語：財多身弱

木能剋土，土重木折。

火能剋金，金多火熄。

土能剋水，水多土蕩。

金能剋木，木堅金缺。

水能剋火，火旺水乾。

化：我生-反剋　　命語：食傷過重

木能生火，火多木焚。

火能生土，土多火晦。

土能生金，金多土虛。

金能生水，水多金沉。

水能生木，木盛水縮。

化：我生-正剋　　命語：身旺喜泄

強木得火，方化其頑。

強火得土，方止其燄。

強土得金，方制其害。

強金得水，方挫其鋒。

強水得木，方泄其勢。

「木」日主

生：木賴水生，水多木漂。

剋：木弱逢金，必為砍折。木旺得金，方成棟樑。

制：木能剋土，土重木折。

化：木能生火，火多木焚。強木得火，方化其頑。

「火」日主

生：火賴木生，木多火窒。

剋：火弱逢水，必為熄滅。火旺得水，方成相濟。

制：火能剋金，金多火熄。

化：火能生土，土多火晦。強火得土，方止其燄。

「土」日主

生：土賴火生，火多土焦。

剋：土衰遇木，必遭傾陷。土旺得木，方能疏通。

制：土能剋水，水多土蕩。

化：土能生金，金多土虛。強土得金，方制其害。

「金」日主

生：金賴土生，土多金埋。

剋：金衰遇火，必見銷鎔。金旺得火，方成器皿。

制：金能剋木，木堅金缺。

化：金能生水，水多金沉。強金得水，方挫其鋒。

「水」日主

生：水賴金生，金多水濁。

剋：水弱逢土，必為淤塞。水旺得土，方成池沼。

制：水能剋火，火旺水乾。

化：水能生木，木盛水縮。強水得木，方泄其勢。

命例一：命局「生命特質」

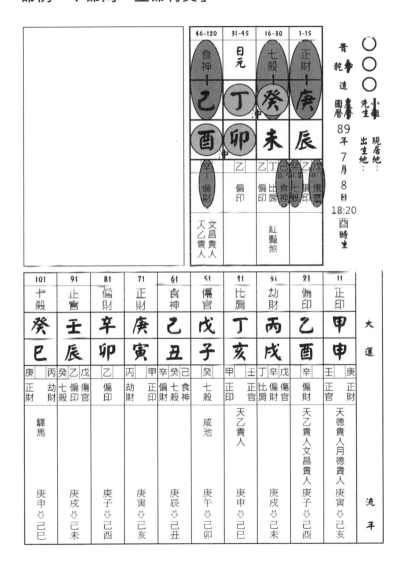

46-120	31-45	16-30	1-15		
食神↑	日元	七殺↓	正財↑	貴乾造農曆	○○○先生 小組
乙	丁	癸	庚	國曆89年7月8日18:20酉時生	現居地：出生地：
酉	卯	未	辰		
辛↑偏財	乙偏印	乙丁己偏比食印肩神	癸乙戊七偏傷殺印官		
文昌貴人天乙貴人		紅豔煞			

101	91	81	71	61	51	11	31	21	11		
七殺	正官	偏財	正財	食神	偏官	比肩	劫財	偏印	正印	大運	
癸	壬	辛	庚	己	戊	丁	丙	乙	甲		
巳	辰	卯	寅	丑	子	亥	戌	酉	申		
庚丙正劫財財	癸乙戊七偏傷殺印官	乙偏印	甲乙戊正偏傷財印官	丙甲劫正財印	辛癸己偏七食財殺神	甲壬正正印官	丁辛戊比偏傷肩財官	辛偏財	壬庚正正官財		
驛馬				咸池		天乙貴人		天乙貴人文昌貴人	天德貴人月德貴人		
庚申↺己巳	庚戌↺己未	庚子↺己酉	庚寅↺己亥	庚辰↺己丑	庚午↺己卯	庚申↺己巳	庚戌↺己未	庚子↺己酉	庚寅↺己亥	流年	

- 165 -

本命造行 11 歲甲申大運時的命局變化：

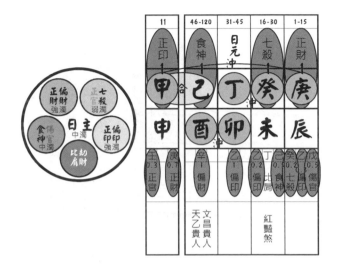

格局：

正偏財格（2.7 強、混濁）。官殺格（1.5 弱、混濁）。

食傷格（2 強、混濁）。正偏印格（2.5 強、混濁）。

格局六神：調停。 食傷生財、財生官殺、官殺生印。

日主格局：平衡。 日主弱濁，格局強旺，印生日主。

命例二：命局「生命特質」

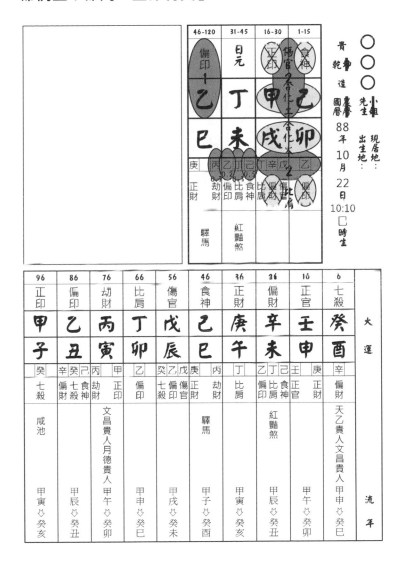

本命造行 36 歲庚午大運時的命局變化：

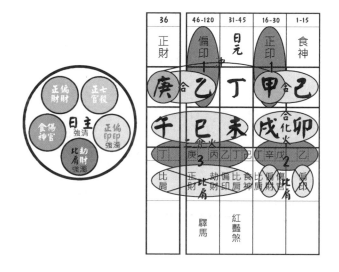

格局：

　正偏印格（2 強、混濁）。

　比肩格（5 過旺、混濁）。

格局六神：調停。正偏印格、比肩格。

日主格局：失衡。日主獨旺，正偏印格生日主，比肩格助日
主。

三、命局「生命特點」

　　命局中，具有「特定關係的天干地支組合」，會對「日主」
產生特殊的內在生命能量。

1. **香甜黏**

2. **滿願力**

3. **生命力**

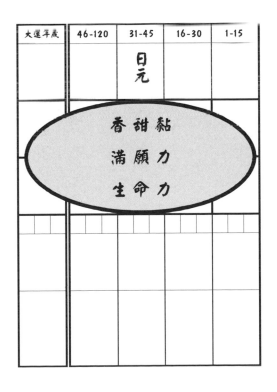

1. 香甜黏

人氣指數「香、甜、黏」。

(1)「合會」命局

命局有「天干五合、地支六合、三合局、三會方」者。

表個性「香、甜、黏」，人氣指數高，人緣好。

(2)「沖剋刑害」命局

命局有「天干四沖、天干二剋、地支六沖、地支三刑、地支六害」者。

表個性「臭刺破」，人氣指數低，人緣差。

(3)「沖刑會合」命局

命局地支「沖刑會合」俱全者。

命局稱為「剁」，又名「災難磁鐵」。

（4）「伏吟-反吟」命局

命局「伏吟-反吟」視「本位年限」年歲，生命處於各種不同的狀態。天干「戊、己」沒有反吟。

命局「本命四柱干支與大運干支相同」者為「伏吟」。
　如：甲子見甲子，稱為「伏吟」（干支完全相同）。

命局「本命四柱干支與大運干支相沖」者為「反吟」。
　如：甲子見庚午，稱為「反吟」（干支完全相沖）。

（5）「四柱震動」命局

命局四柱天干地支皆受「合會沖剋刑害」影響者。

命局稱為「四柱震動」，又分「本命四柱震動」與「行運四柱震動」。

2. 滿願力

(1) 四長生

四長生者，日主生命具有「大滿願力」。

命局中地支「寅、申、巳、亥」俱全，謂之「四長生」。

(2) 四帝旺

四帝旺者，日主生命具有「大滿願力」。

命局中地支「子、午、卯、酉」俱全，謂之「四帝旺」。

(3) 四墓庫

四墓庫者，日主生命具有「大滿願力」。

命局中地支「辰、戌、丑、未」俱全，謂之「四墓庫」。

3. 生命力

（1）陽刃

陽刃者，日主生命「能量強旺」。

陽刃為陽干五行之「帝旺」，古名簡寫成「羊刃」。

戊土居中央，無地支五行之「帝旺」，故無陽刃。

日柱天干	甲	丙	庚	壬
四柱地支	卯	午	酉	子

（2）咸池

咸池者，日主生命「魅力強旺」。

咸池為地支三合局五行之「沐浴」。

咸池為「桃花」的古名，稱呼較文雅。

日柱地支	亥	卯	未	巳	酉	丑	寅	午	戌	申	子	辰
年月時支		子			午			卯			酉	

（3）驛馬

驛馬者，日主生命「心性不定」。

驛馬為地支三合局五行之「病」。

日柱地支	申	子	辰	寅	午	戌	亥	卯	未	巳	酉	丑
年月時支		寅			申			巳			亥	

（4）魁罡

魁罡者，日主生命「個性剛強」，有傷官的生命特質。

日柱	庚辰、壬辰、戊戌、庚戌
條件	地支不見沖刑，見「沖、刑」者為破格。
	可和「年月時」柱並看，是否有雙魁罡。

（5）金神

金神者，日主生命「個性強悍」，有七殺的生命特質。

日柱	甲 或 己
時柱	己巳、癸酉、乙丑
條件	四柱須見「丙、丁、巳、午」火局。

（6）紅豔煞

紅豔煞者，日主生命「多情多慾」，性情氣質浪漫風流，異性緣佳。

日柱天干	甲	乙	丙	丁	戊	己	庚	辛	壬	癸
四柱地支	午	午	寅	未	辰	辰	戌	酉	子	申

(7) 天德貴人

天德貴人者，日主生命「護身保命」。

天德貴人能無代價的解難保身，是多生多世種下的無代價助人、救人、善因果報。天德貴人是自己種下的無私善因。

月柱地支	子	丑	寅	卯	辰	巳	午	未	申	酉	戌	亥
日柱干支	己	庚	丁	申	壬	辛	亥	甲	癸	寅	丙	乙

(8) 月德貴人

月德貴人者，日主生命「護身保命」。

月德貴人能無代價的解難保身，是多生多世種下的無代價助人、救人、善因果報。月德貴人是祖先們種下的無私善因。

月柱地支	子	丑	寅	卯	辰	巳	午	未	申	酉	戌	亥
日柱干支	壬	庚	丙	甲	壬	庚	丙	甲	壬	庚	丙	甲

（9）天乙貴人

天乙貴人者，日主生命「護身保命」。

天乙貴人有代價的在事業上幫助，亦可解難保身，也是多生多世種下的助人、救人、善因果報，只是當初曾要求代價，故有此受報。

日柱天干	甲	乙	丙	丁	戊	己	庚	辛	壬	癸
年月時支	未	甲	酉	亥	丑	子	丑	寅	卯	巳
	丑	子	亥	酉	未	申	未	午	巳	卯

（10）文昌貴人

文昌貴人者，日主生命「護身保命」。

文昌貴人有尊卑、高下的代價在學業上幫助，亦可解難保身，也是多生多世在師徒生涯上，諄諄教誨及幫助學生的助人、救人、善因果報，只是當初曾要求尊卑、高下的形相代價，故有此受報。

日柱天干	甲	乙	丙	丁	戊	己	庚	辛	壬	癸
年月時支	巳	午	申	酉	申	酉	亥	子	寅	卯

生命力表

天干	甲	乙	丙	丁	戊	己	庚	辛	壬	癸	以日柱天干 見年月時支
陽刃	卯		午				酉		子		
紅豔煞	午	午	寅	未	辰	辰	戌	酉	子	申	
天乙貴人	未	申	酉	亥	丑	子	丑	寅	卯	巳	
	丑	子	亥	酉	未	申	未	午	巳	卯	
文昌貴人	巳	午	申	酉	申	酉	亥	子	寅	卯	

地支	子	丑	寅	卯	辰	巳	午	未	申	酉	戌	亥
	以日柱地支 見年月時支											
咸池	酉	午	卯	子	酉	午	卯	子	酉	午	卯	子
驛馬	寅	亥	申	巳	寅	亥	申	巳	寅	亥	申	巳
	以月柱地支 見日柱干支											
天德貴人	巳	庚	丁	申	壬	辛	亥	甲	癸	寅	丙	乙
月德貴人	壬	庚	丙	甲	壬	庚	丙	甲	壬	庚	丙	甲

魁罡	日柱				地支不見沖刑 見「沖、刑」者為破格
	庚辰	壬辰	庚戌	戊戌	

金神	日柱	時柱			四柱須見「火」局
	甲或己	乙丑	己巳	癸酉	

命例一：命局「生命特點」

46-120	31-45	16-30	1-15
食神	日元	七殺	正財
乙	丁	癸	庚
酉	卯	未	辰
辛	乙	乙 己 丁	癸 乙 戊
偏財	偏印	偏印 比肩 食神	七殺 偏印 傷官
文昌貴人 大乙貴人		紅艷煞	

○○○先生　○小姐

現居地：
出生地：

貴輩乾造農曆　國曆89年7月8日18:20酉時生

大運	101	91	81	71	61	51	41	31	21	11
	七殺	正官	偏財	正財	食神	傷官	比肩	劫財	偏印	正印
	癸	壬	辛	庚	己	戊	丁	丙	乙	甲
	巳	辰	卯	寅	丑	子	亥	戌	酉	申
	庚 丙	癸 乙 戊	乙	甲	辛 癸 己	癸	甲 壬	丁 辛 戊	辛	壬 庚
	正財 劫財	七殺 偏印 傷官	偏印	正印	偏財 七殺 食神	七殺	正印 正官	比肩 偏財 傷官	偏財	正官 正財
	驛馬					咸池	天乙貴人		天乙貴人 文昌貴人	天德貴人 月德貴人
流年	庚申 ⇧ 己巳	庚戌 ⇧ 己未	庚子 ⇧ 己酉	庚寅 ⇧ 己亥	庚辰 ⇧ 己丑	庚午 ⇧ 己卯	庚申 ⇧ 己巳	庚戌 ⇧ 己未	庚子 ⇧ 己酉	庚寅 ⇧ 己亥

本命造行 11 歲甲申大運時的命局變化：

11	46-120	31-45	16-30	1-15
正印	食神	日元沖	七殺	正財
甲合	乙	丁	癸沖	庚
申	酉	卯沖	未	辰
壬 庚	辛	乙	乙丁己	癸乙戊
正官 正財	正財	偏印	偏比食印肩神	七偏傷殺印官
	天乙貴人 文昌貴人		紅豔煞	

1. 香甜黏：丁癸沖、卯酉沖、甲庚沖、甲己合。

2. 滿願力：無。

3. 生命力：紅豔煞、天乙貴人、文昌貴人。

命例二：命局「生命特點」

貫▪
乾造
國曆88年10月22日10:10巳時生
○○○先生
現居地：
出生地：

46-120	31-45	16-30	1-15
偏印	日元	正印	食神
乙	丁	甲（合）	己
巳	未	戌（合）	卯
庚	丙乙	丁辛戊	乙
正財	劫財／偏印比肩食神	比肩偏財傷官	偏印
	驛馬		紅艷煞

大運

	96	86	76	66	56	46	36	26	16	6
十神	正印	偏印	劫財	比肩	傷官	食神	正財	偏財	正官	七殺
天干	甲	乙	丙	丁	戊	己	庚	辛	壬	癸
地支	子	丑	寅	卯	辰	巳	午	未	申	酉
藏干	癸	辛癸己	丙甲	乙	癸乙戊	庚丙	丁	乙丁己	壬庚	辛
十神	七殺	偏財七殺食神	劫財正印	偏印	七殺偏印傷官	正財劫財	比肩	偏印比肩食神	正官正財	偏財
神煞	咸池		文昌貴人月德貴人			驛馬		紅艷煞		天乙貴人文昌貴人
流年	甲寅⇩癸亥	甲辰⇩癸丑	甲午⇩癸卯	甲申⇩癸巳	甲戌⇩癸未	甲子⇩癸酉	甲寅⇩癸亥	甲辰⇩癸丑	甲午⇩癸卯	甲申⇩癸巳

本命造行 36 歲庚午大運時的命局變化：

1. 香甜黏：甲己合、甲庚沖、乙庚合、卯戌合、巳午未三會。

2. 滿願力：無。

3. 生命力：紅豔煞、驛馬。

八字分析「環境」

環境,「生命品質」(生命欲求的滿願)。八字命局中,環境氣候在四季「寒熱燥濕」的變化。

一、氣候「寒熱燥濕」

二、命局「生命品質」

三、命局「生命調質」

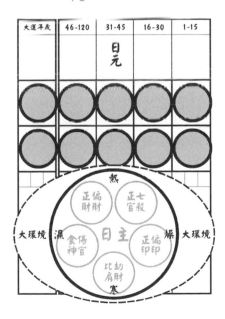

大運年歲	46-120	31-45	16-30	1-15
			日元	

環境的定義

八字命局有「寒、熱、燥、濕」四環境。

潮濕（濕）：春季「寅、卯、辰」環境氣候「潮濕」。

炎熱（熱）：夏季「巳、午、未」環境氣候「炎熱」。

乾燥（燥）：秋季「申、酉、戌」環境氣候「乾燥」。

寒冷（寒）：冬季「亥、子、丑」環境氣候「寒冷」。

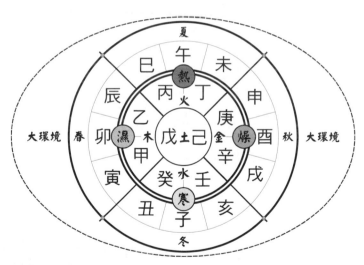

四時	春季			夏季			秋季			冬季		
月令	寅	卯	辰	巳	午	未	申	酉	戌	亥	子	丑
氣候	潮濕			炎熱			乾燥			寒冷		

一、氣候「寒熱燥濕」

八字命局中，以日柱天干為「我（日主、日元）」，為命局之中心。命局以氣候「寒熱燥濕」辨寒熱。命局五行配置不同，氣候「寒熱燥濕」的變化亦會不同。

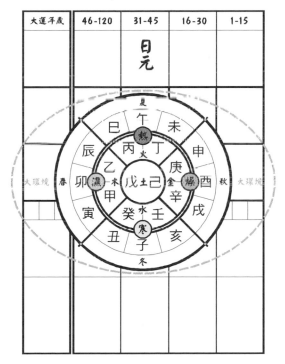

大運年歲	46-120	31-45	16-30	1-15

春季「寅、卯、辰」環境氣候「潮濕」
夏季「巳、午、未」環境氣候「炎熱」
秋季「申、酉、戌」環境氣候「乾燥」
冬季「亥、子、丑」環境氣候「寒冷」

「寒熱燥濕」強度

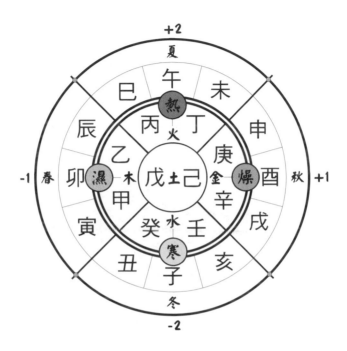

天干	甲	乙	丙	丁	戊	己	庚	辛	壬	癸
寒熱燥濕 強度	-1		+2		0		+1		-2	

地支	寅	卯	辰	巳	午	未	申	酉	戌	亥	子	丑
寒熱燥濕 強度	-1			+2			+1			-2		

二、命局「生命品質」

環境氣候「中和」

命局環境，氣候寒熱燥濕「中和」者，呈現「溫潤」狀態，生命滿願度高。

命局環境，氣候寒熱燥濕「失調」者，呈現「偏執」狀態，生命滿願度低。

命局環境氣候「寒熱」中和為「溫」，「燥濕」中和為「潤」。

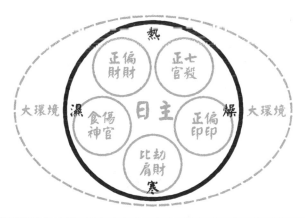

命局環境氣候	生命品質現象
中和溫潤	生命欲求「滿願」
過熱過燥	生命欲求「忙碌」
過寒過濕	生命欲求「孤寂」

三、命局「生命調質」

大環境的「調候」

命局環境氣候以「中和」為要。如命局環境氣候先天「失調」，則後天環境的選擇可給與命局「生命調質」為「調候」的關鍵。但後天環境的選擇，也是要看生命的因緣。

命局大環境有「社會大環境」與「地理大環境」。

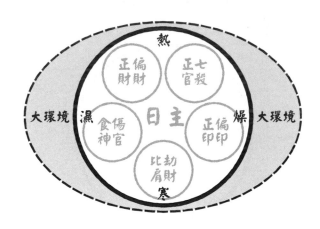

社會大環境

社會大環境的「調候」，常以「大集合」的能量出現。

社會大環境常見「歡樂大集合‧災難大集合」、「富貴大集合‧貧賤大集合」、「幸運大集合‧倒楣大集合」、「滿願大集合‧苦勞大集合」、「學習大集合‧渾沌大集合」…等等，對命局總體影響力變化較大。

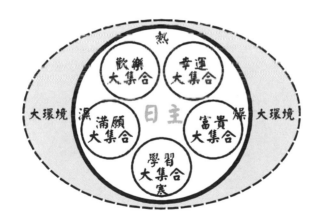

地理大環境

地理大環境的「調候」，常以「大自然」的能量出現。

台灣位置處於亞洲大陸東南太平洋地區，大約是在東經120~122度，北緯22~25度左右。北回歸線通過西部的嘉義及東部的花蓮，北回歸線以北是屬於「亞熱帶」季風氣候，以南是屬於「熱帶」季風氣候。台灣年平均溫度約在攝氏22度，整體氣候屬「高溫多濕」型態。

台灣地理大環境的「調候」為「癸巳」能量。

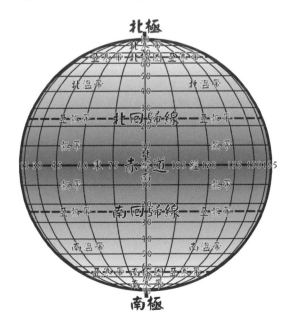

命例一：命局「生命品質」

○○○ 小姐
○○○ 先生
貴 乾造

現居地：
出生地：

國曆 89 年 7 月 8 日 18:20 酉時生

46-120	31-45	16-30	1-15
食神	日元	七殺	正財
乙	丁	癸	庚
酉	卯	未	辰
辛	乙	乙丁己	癸乙戊
偏財	偏印	偏印比肩食神	七殺偏印傷官
天乙貴人	文昌貴人	紅艷煞	

大運

101	91	81	71	61	51	41	31	21	11
七殺	正官	偏財	正財	食神	傷官	比肩	劫財	偏印	正印
癸	壬	辛	庚	己	戊	丁	丙	乙	甲
巳	辰	卯	寅	丑	子	亥	戌	酉	申
庚丙	癸乙戊	乙	丙甲	辛癸己	癸	甲壬	丁辛戊	辛	壬庚
正財劫財	七殺偏印傷官	偏印	劫財正印	偏財七殺食神	七殺	正印正官	比肩偏財傷官	偏財	正官正財
驛馬					咸池	天乙貴人		天乙貴人文昌貴人	天德貴人月德貴人

流年

101	91	81	71	61	51	41	31	21	11
庚申⇨己巳	庚戌⇨己未	庚子⇨己酉	庚寅⇨己亥	庚辰⇨己丑	庚午⇨己卯	庚申⇨己巳	庚戌⇨己未	庚子⇨己酉	庚寅⇨己亥

本命造行 11 歲甲申大運時的命局變化：

11	46-120	31-45	16-30	1-15
正印	食神	日元	七殺	正財
甲	乙 ⁰	丁 ⁺²	癸 ⁻²	庚 ⁺¹
申 ⁺¹	酉 ⁺¹	卯	未 ⁺²	辰
壬庚	辛	乙	乙丁己	癸乙戊
正官 正財	偏財	偏印	偏印 比肩 食神	七殺 偏印 傷官
天乙貴人	文昌貴人		紅豔煞	

天干強度：庚+1、癸-2、丁+2、己 0、甲-1。

地支強度：辰-1、未+2、卯-1、酉+1、申+1。

命局環境氣候「寒熱燥濕」強度：+2。

命局環境氣候為「溫熱」。

生命品質現象為「滿願」。

命例二：命局「生命品質」

貴乾造　○○○先生・小姐　現居地：　出生地：　國曆88年10月22日10:10巳時生

46-120	31-45	16-30	1-15
偏印	日元	正印	食神
乙	丁	甲	乙
巳	未	戌	卯
庚	丙	乙丁己	丁辛戊	乙
正財	劫財	偏印 比肩 食神	比肩 偏財 傷官	偏印
驛馬	紅豔煞		

大運

	96	86	76	66	56	46	36	26	16	6
	正印	偏印	劫財	比肩	傷官	食神	正財	偏財	正官	七殺
	甲	乙	丙	丁	戊	己	庚	辛	壬	癸
	子	丑	寅	卯	辰	巳	午	未	申	酉
	癸	辛癸己	甲丙	乙	乙癸戊	庚丙	丁	乙己丁	壬庚	辛
	七殺	偏財 七殺 食神	劫財 正印	偏印	偏印 七殺 傷官	正財 劫財	比肩	偏印 食神 比肩	正官 正財	偏財
	咸池		文昌貴人 月德貴人		驛馬		紅豔煞		天乙貴人 文昌貴人	
流年	甲寅⇩癸亥	甲辰⇩癸丑	甲午⇩癸卯	甲申⇩癸巳	甲戌⇩癸未	甲子⇩癸酉	甲寅⇩癸亥	甲辰⇩癸丑	甲午⇩癸卯	甲申⇩癸巳

本命造行 36 歲庚午大運時的命局變化：

36	46-120	31-45	16-30	1-15
正財	偏印	日元	正印	食神
庚 (+1)	乙 (-1)	丁 (+2)	甲 (-1)	己 (0)
午	巳	未	戌	卯
丁	庚 丙	乙 丁 己	丁 辛 戊	乙
比肩	正財 劫財	偏印 比肩 食神	比肩 偏財 傷官	偏印
	驛馬	紅豔煞		

天干強度：己 0、甲-1、丁+2、乙-1、庚+1。

地支強度：卯-1、戌+1、未+2、巳+2、午+2。

命局環境氣候「寒熱燥濕」強度：+7。

命局環境氣候為「燥熱」。

生命品質現象為「忙碌」。

第四章

八字解讀

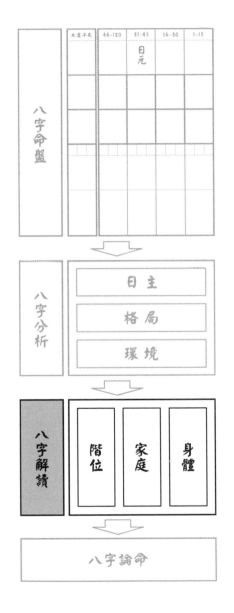

八字解讀

八字解讀是八字論命的核心，八字解讀主體為解讀「命局」之「階位、家庭、身體」。

階位：個性、人際、才能、財富、事業、福德。
家庭：祖父母、父母、兄弟姊妹、夫‧妻、子女、孫子女。
身體：部位、臟腑、經脈。

借助完善的「八字命盤」格式，可快速、正確的解讀命主命局。有了正確的八字解讀，方能正確的八字論命。

生命滿願場

生命滿願場：「人在世間的應許地」。

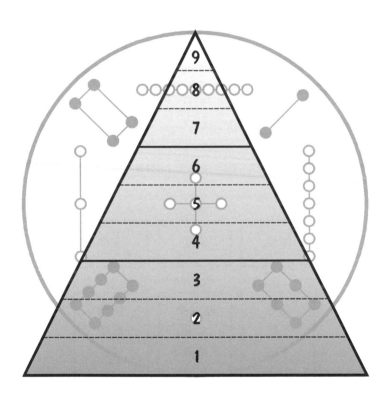

生命滿願度

「生命滿願度」，為人在世間「生命欲求」的滿願程度。每一生命的滿願點都不一樣，生命滿願度越高，滿願等級越高。八字論命中每一生命皆為一太極，只是每人生命福報大小不一樣，生命福報大者太極較大，生命福報小者太極較小。但是無論每人生命福報大小如何，每一生命皆有其滿願處。

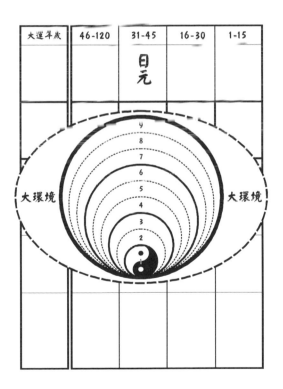

命例一

男性，國曆 89 年 7 月 8 日（18 時 20 分）酉時生。

46-120	31-45	16-30	1-15
食神	日元	七殺	正財
乙	丁	癸	庚
酉	卯	未	辰
辛	乙	乙丁己	癸乙戊
偏財	偏印	偏印 比肩 食神	七殺 偏印 傷官
文昌貴人 天乙貴人		紅艷煞	

○○○先生
現居地：
出生地：
貴 乾造 國曆 89 年 7 月 8 日 18:20 酉時生

	101	91	81	71	61	51	41	31	21	11
	七殺	正官	偏財	正財	食神	傷官	比肩	劫財	偏印	正印
大運	癸	壬	辛	庚	己	戊	丁	丙	乙	甲
	巳	辰	卯	寅	丑	子	亥	戌	酉	申
	庚丙	癸乙戊	乙	丙甲	辛癸己	癸	甲壬	辛丁戊	辛	壬庚
	正財 劫財	七殺 偏印 傷官	偏印	劫財 正印	偏財 七殺 食神	七殺	正印 正官	偏財 比肩 傷官	偏財	正官 正財
	驛馬					咸池	天乙貴人		天乙貴人 文昌貴人	天德貴人 月德貴人
流年	庚申⇩己巳	庚戌⇩己未	庚子⇩己酉	庚寅⇩己亥	庚辰⇩己丑	庚午⇩己卯	庚申⇩己巳	庚戌⇩己未	庚子⇩己酉	庚寅⇩己亥

命例二

男性，國曆 88 年 10 月 22 日（10 時 10 分）巳時生。

○○○ 先生 小姐
現居地：
出生地：

貴神 乾造 農曆 國曆 88 年 10 月 22 日 10:10 巳時生

46-120	31-45	16-30	1-15
偏印	日元	正印	食神
乙	丁	甲	己
巳	未	戌	卯
庚 丙	乙 丁 己	丁 辛 戊	乙
正財 劫財	偏印 比肩 食神	比肩 偏財 傷官	偏印
驛馬	紅艷煞		

大運／流年

	96	86	76	66	56	46	36	26	16	6
	正印	偏印	劫財	比肩	傷官	食神	正財	偏財	正官	七殺
大運	甲	乙	丙	丁	戊	己	庚	辛	壬	癸
	子	丑	寅	卯	辰	巳	午	未	申	酉
	癸	辛 癸 己	丙 甲	乙	癸 乙 戊	庚 丙	丁	乙 丁 己	壬 庚	辛
	七殺	偏財 七殺 食神	劫財 正印	偏印	七殺 偏印 傷官	正財 劫財	比肩	偏印 比肩 食神	正官 正財	偏財
	咸池		文昌貴人 月德貴人			驛馬		紅艷煞	天乙貴人 文昌貴人	
流年	甲寅 ⇩ 癸亥	甲辰 ⇩ 癸丑	甲午 ⇩ 癸卯	甲申 ⇩ 癸巳	甲戌 ⇩ 癸未	甲子 ⇩ 癸酉	甲寅 ⇩ 癸亥	甲辰 ⇩ 癸丑	甲午 ⇩ 癸卯	甲申 ⇩ 癸巳

八字解讀「階位」

　　每個生命皆有其「生命階位」。分析八字命局的「生命本質（內在能量）、生命特質（外在欲求）與生命品質（滿願度）」，可解讀八字命主生命階位的「個性、人際、才能、財富、事業、福德」。

❶個性　❷人際　❸才能

❹財富　❺事業　❻福德

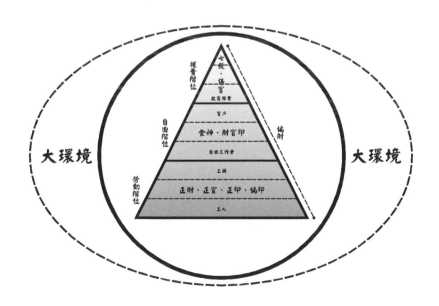

生命階位

生命階位，人在世間生命滿願場的應許地。

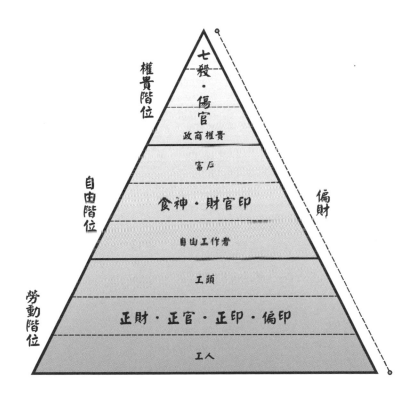

生命階位分「權貴階位三階、自由階位三階、勞動階位三階」
共九位階。

權貴階位

權貴階位，屬政商權貴者生命階位，為「七殺格、傷官格」的生命滿願場。

自由階位

自由階位，屬自由工作者生命階位，為「食神格、財官印格」的生命滿願場。

勞動階位

勞動階位，屬勞動工作者生命階位，為「正財格、正官格、正印格、偏印格」的生命滿願場。

全階位者

全階位者，遊走各生命階位，為「偏財格」的生命滿願場。

生命主題

生命主題有「個性、人際、才能、財富、事業、福德」。

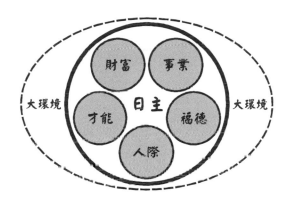

格局六神與生命主題之關係

命局格局六神所對應的生命主題,「男命、女命」相同。

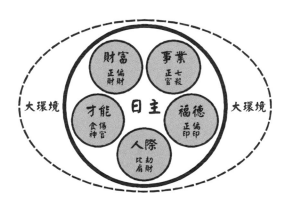

命例一：

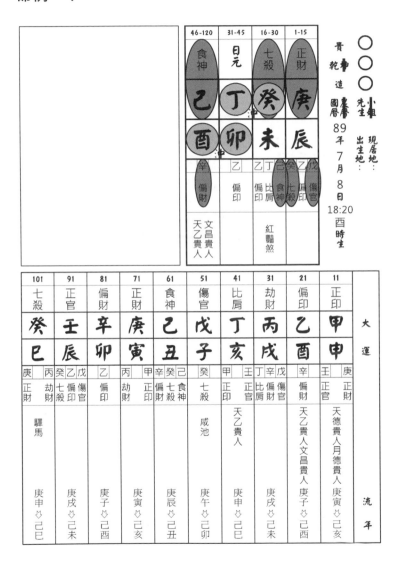

○○○ 小姐
○○○ 先生
貴命乾造
連農曆
國曆 89 年 7 月 8 日
18:20 酉時生
現居地：
出生地：

46-120	31-45	16-30	1-15
食神	日元	七殺	正財
乙	丁	癸	庚
酉	卯	未	辰
辛	乙	乙丁己	癸乙戊
偏財	偏印	偏印 比肩 食神	七殺 偏印 傷官
文昌貴人 天乙貴人		紅豔煞	

101	91	81	71	61	51	41	31	21	11	大運
七殺	正官	偏財	正財	食神	傷官	比肩	劫財	偏印	正印	
癸	壬	辛	庚	己	戊	丁	丙	乙	甲	
巳	辰	卯	寅	丑	子	亥	戌	酉	申	
庚丙	癸乙戊	乙	甲	癸辛己	癸	甲壬	丁辛戊	辛	壬庚	
正財 劫財	七殺 偏印 傷官	偏印	正印	七殺 偏財 食神	七殺	正印 正官	比肩 偏財 傷官	偏財	正官 正財	
驛馬					咸池		天乙貴人	天乙貴人 文昌貴人	天德貴人 月德貴人	
庚申⇩己巳	庚戌⇩己未	庚子⇩己酉	庚寅⇩己亥	庚辰⇩己丑	庚午⇩己卯	庚申⇩己巳	庚戌⇩己未	庚子⇩己酉	庚寅⇩己亥	流年

本命造行 11 歲甲申大運時的階位命象：

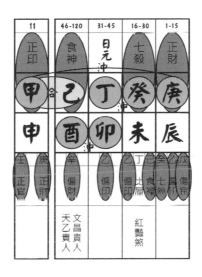

命象日主：丁「火」。

（1）月柱地支「未」藏一丁「火」。日主中弱。

命象格局：正偏財格、官殺格、食傷格、正偏印格。

（1）天透地藏：正偏財、七殺正官、食神傷官、正偏印。

（2）天干雙透：無。

（3）地支合會：無。

❶個性

八字解讀「個性」（性格、性情），觀命局「日主」與「格局」。

命局「生命本質」的展現

命局日主「丁」為「陰火」，形象如是「燭火」，俱「滿願」的生命能量。日主五行「中弱、混濁」，本質「隱暗、鈍拙」。

命局「生命特質」的展現

命局格局「正偏財格、官殺格、食傷格、正偏印格」展現多重格局。1 至 15 歲時以「正偏財格」為本位格局，格局六神特質「顯明、鈍拙」。

本命造行「11 歲甲申」大運時，「正偏印格」與「正偏財格」形成「財、印」雙傷格局。但月柱「官殺格」可居中調停形成「財、殺、印」順生格局。又時柱「食傷格」再加入形成「食、財、殺、印」多重順生格局。格局再配上日主「丁火」本命盤展現五行俱足命局。

命局「生命特點」的展現

命局「丁癸沖、甲庚沖，甲己合」。

命局「卯酉沖」。

命局「紅豔煞、天乙貴人、文昌貴人」。

命局「沖」多者（天干四沖、地支六沖），表個性「刺」人氣指數低，人緣差，喜沖犯他人，不好相處，有如刺蝟。

日主強者沖犯他人時，只有我沖人非人沖我，愈沖愈吐。日主弱者被人沖犯時，常現夭折、暴斃、意外而亡等。沖犯力如同爆炸物，用之不當時，常易遭災惹禍，用之得當也能有成。

如命局有「天干四沖、地支六沖」天地雙沖，為最極致之「刺」，稱為「蠍子沖」。日主強，沖別人。日主弱，被人沖。

命局「合沖」一體者，生命經常展現福禍同來的狀況，稱為「燙口麻糬」。

紅豔煞者，日主生命「多情多慾」，性情氣質浪漫風流，異性緣佳。

天乙貴人者，日主生命「護身保命」。

文昌貴人者，日主生命「護身保命」。

❷人際（朋友、人脈、人際關係）

八字解讀「人際」，觀命局「比肩、劫財」。命局「比肩、劫財」表人脈廣，人際關係可有效的發揮。

本命造行「11歲甲申」大運時，無「比肩、劫財」助日主，但有「正偏印格」生日主，且命局五行俱足為順生格局，人際關係不錯。但命局「沖」多，並有「合沖」一體的狀況，人際關係多變化。

❸才能（才華、能力、智力、學問、學業）

八字解讀「才能」，觀命局「食神、傷官」。年月柱有「傷官」天透地藏者，讀書的能力較好，但如受「沖、刑」則無法發揮。

本命造行「11歲甲申」大運時，因「甲庚沖、甲己合」時柱「食傷格」合沖無法發揮力量。16至20歲時以「七殺帶正官格」為本位格局，命主好強較有企圖心拼鬥力，有助學業表現。

❹財富（自發財富、繼承財富）

八字解讀「財富」，觀命局「正財、偏財」。

八字解讀「破財」，觀命局「劫財、比肩」。八字本命大運，見「劫財、比肩」較易破財，地藏「陽刃」更加倍力量。

本命造行「11歲甲申」大運時，因「甲庚沖、甲己合」年柱「正偏財格」合沖無法發揮力量。11至15歲時以「正偏財格」為本位格局，命主「正偏財格」受沖，財務較辛苦。

❺事業（職業、官祿、權勢）

八字解讀「事業」，觀命局「正官、七殺」。

七殺、傷官者，事業心較強。七殺太好強，較有企圖心，需要「剋」之力，才能收斂放任的習性。

本命造行「11歲甲申」大運時，16至20歲時以「七殺帶正官格」為本位格局，命主好強較有企圖心拼鬥力，因「丁癸沖」命主較能收斂放任的習性，有助學業表現（求學的年紀應較無事業的問題）。

❻福德（福報、德行、名位、名聲、名氣）

八字解讀「福德」，觀命局「正印、偏印」。

食神為福報最大者（財福雙致）。正印為福報大者（又稱次食神）。偏印為福報最小者，偏印者福報被凍結。（又稱為梟－貓頭鷹）。食神逢梟（偏印）為乾熬之苦，但乾熬有助於修行與心靈的提昇。

本命造行「11歲甲申」大運時，「正偏印格」加入本命格局，形成「食、財、殺、印」多重順生格局。格局再配上日主「丁火」命盤展現五行俱足命局。雖然命局沖合滿盤，也是有福報的命局。

命例二：

○○○ 小姐/先生

貴造 乾/坤 國曆/農曆 88年10月22日 10:10 巳時生

現居地：

出生地：

46-120	31-45	16-30	1-15
偏印	日元	正印 傷官	食神
乙	丁	甲 (合化土)	乙
巳	未	戌 (合化火)	卯
庚 丙	乙 丁 己	丁 辛 戊	乙
正財 劫財	偏印 比肩 食神	[illegible]	比肩
驛馬	紅豔煞		

96	86	76	66	56	46	36	26	16	6	
正印	偏印	劫財	比肩	傷官	食神	正財	偏財	正官	七殺	
甲	乙	丙	丁	戊	己	庚	辛	壬	癸	大運
子	丑	寅	卯	辰	巳	午	未	申	酉	
癸	辛 癸 己	丙 甲	乙	癸 乙 戊	庚 丙	丁	乙 丁 己	壬 庚	辛	
七殺	偏財 七殺 食神	劫財 正印	偏印	七殺 偏印 傷官	正財 劫財	比肩	偏印 比肩 食神	正官 正財	偏財	
咸池		文昌貴人月德貴人			驛馬		紅豔煞		天乙貴人文昌貴人	
甲寅⇩癸亥	甲辰⇩癸丑	甲午⇩癸卯	甲申⇩癸巳	甲戌⇩癸未	甲子⇩癸酉	甲寅⇩癸亥	甲辰⇩癸丑	甲午⇩癸卯	甲申⇩癸巳	流年

本命造行 36 歲庚午大運時的階位命象：

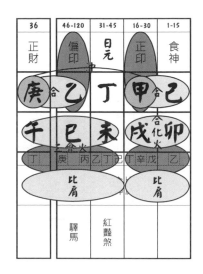

命象日主：丁「火」。

（1）地支「合化火、三會火」。日主過旺。

命象格局：正偏印格、比肩格。

（1）天透地藏：無。

（2）天干雙透：正印、偏印。

（3）地支合會：比肩。

❶個性

八字解讀「個性」（性格、性情），觀命局「日主」與「格局」。

命局「生命本質」的展現

命局日主「丁」為「陰火」，形象如是「燭火」，俱「滿願」的生命能量。日主五行「過旺、混濁」，本質「顯明、鈍拙」。

命局「生命特質」的展現

命局格局「比肩格」獨旺。31 至 45 歲時以「正印格」為本位格局，「正印」與時柱「偏印」形成「正偏印格」，格局六神特質「隱暗、鈍拙」。

本命造行「36 歲庚午」大運時，「比肩格」獨旺加上「正偏印格」生日主，命局無其它剋泄格局輔予平衡，嚴重失衡，命盤展現「丁火」獨旺命局。

命局「生命特點」的展現

命局「甲己合、甲庚沖、乙庚合」。

命局「卯戌合化火、巳午未三會火」。

命局「紅豔煞、驛馬」。

命局「合會」多者（天干五合、地支六合、三合局、三會方），表個性「香、甜、黏」，人氣指數高，人緣好。本命局為天合地合「蝴蝶合」，命主人緣極佳。但日主獨旺，個性較為自我。

命局「合會」多者，雖人緣好，但一遇「沖剋刑」時，影響範圍會較大，往往會把六親朋友一干人等糾結其中而無法脫離。命局「合沖」一體者，生命經常展現福禍同來的狀況，稱為「燙口麻糬」。

紅豔煞者，日主生命「多情多慾」，性情氣質浪漫風流，異性緣佳。

驛馬者，日主生命「心性不定」。

❷人際（朋友、人脈、人際關係）

八字解讀「人際」，觀命局「比肩、劫財」。命局「比肩、劫財」表人脈廣，人際關係可有效的發揮。

本命造行「36 歲庚午」大運時，「比肩」格局過旺助日主，本位格局「正偏印格」生日主，日主獨旺。人際關係相當好，生活以朋友為重。但個性較為自我，容易形成孤寂自我的生活。命局有「合沖」一體的狀況，人際關係多變化。

❸才能（才華、能力、智力、學問、學業）

八字解讀「才能」，觀命局「食神、傷官」。年月柱有「傷官」天透地藏者，讀書的能力較好，但如受「沖、刑」則無法發揮。

本命造行「36 歲庚午」大運時，天干「甲己合、甲庚沖、乙庚合」，地支「卯戌合化火、巳午未三會火」，命主靠「香、甜、黏」的力量就可以有很好的表現。

❹財富（自發財富、繼承財富）

八字解讀「財富」，觀命局「正財、偏財」。

八字解讀「破財」，觀命局「劫財、比肩」。八字本命大運，見「劫財、比肩」較易破財，地藏「陽刃」更加倍力量。

本命造行「36歲庚午」大運時，僅大運天干「正財」無法成格，命主「比肩」過旺又無財，為身旺無財命局，財務較辛苦。

❺事業（職業、官祿、權勢）

八字解讀「事業」，觀命局「正官、七殺」。

七殺、傷官者，事業心較強。七殺太好強，較有企圖心，需要「剋」之力，才能收斂放任的習性。

本命造行「36歲庚午」大運時，天干「甲己合、甲庚沖、乙庚合」，地支「卯戌合化火、巳午未三會火」，命主靠「香、甜、黏」的力量就可以有很好的事業表現。但命主表現較自我，無企圖心與拼鬥力。

❻福德（福報、德行、名位、名聲、名氣）

八字解讀「福德」，觀命局「正印、偏印」。

食神為福報最大者（財福雙致）。正印為福報大者（又稱次食神）。偏印為福報最小者，偏印者福報被凍結。（又稱為梟－貓頭鷹）。食神逢梟（偏印）為乾熬之苦，但乾熬有助於修行與心靈的提昇。

本命造行「36 歲庚午」大運時，命局格局「正偏印格」與「比肩格」獨旺。「偏印」較強日主又旺，且命局有「合沖」一體的狀況，為較無福報的命局。

八字解讀「家庭」

　　每個生命皆有其「生命家庭」。分析八字命局的「生命本質（內在能量）、生命特質（外在欲求）與生命品質（滿願度）」，可解讀八字命主生命家庭的六親「祖父母、父母、兄弟姊妹、夫・妻、子女、孫子女」。

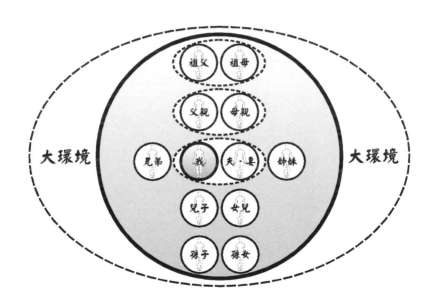

家庭六親

六親有「祖父母、父母、兄弟姊妹、夫‧妻、子女、孫子女」。

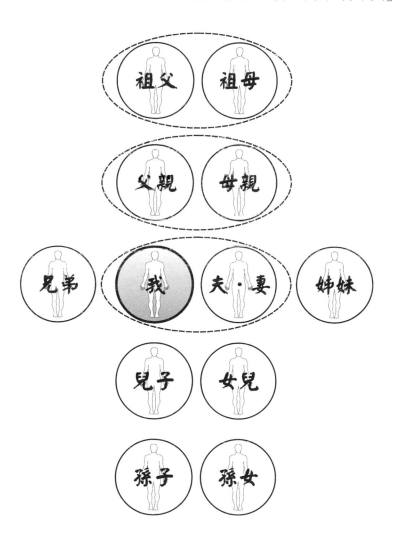

六親位置

命盤上「六親」所對應的「位置」,「男命、女命」不同。

男命

46-120	31-45	16-30	1-15
	日元		
子女位	我	父位	祖父位
子女位	兄弟姊妹位 妻位	母位	祖母位

男命

女命

46-120	31-45	16-30	1-15
	日元		
子女位	我	父位	祖父位
子女位	兄弟姊妹位	夫位 母位	祖母位

女命

六親與六神

命局「六親」所對應的「六神」,「男命、女命」不同。

男命六親	
比肩	兄弟
劫財	姊妹、兒媳
食神	女婿、孫子
傷官	祖母、孫女
正財	妻子
偏財	父親
正官	女兒
七殺	兒子
正印	母親、外孫女
偏印	祖父、外孫子

女命六親	
比肩	姊妹
劫財	兄弟
食神	祖母、女兒
傷官	兒子、
正財	父親、外孫子
偏財	外孫女
正官	丈夫
七殺	兒媳
正印	祖父、女婿孫子
偏印	母親、孫女

由「天干五合」發展出「六親」所對應的「六神」

以「甲」說明:甲己合,己是甲的正財(妻子),甲是己的
正官(丈夫)。己土(妻子)生庚辛金(兒女),庚是甲的七殺(兒
子),辛是甲的正官(女兒);庚是己的傷官(兒子),辛是己的
食神(女兒)。癸水(母親)生甲木,癸是甲的正印(母親)。戊
癸合,戊是癸(母親)的正官(丈夫),戊是甲的偏財(父親)。

六親與六神關係圖（男命）

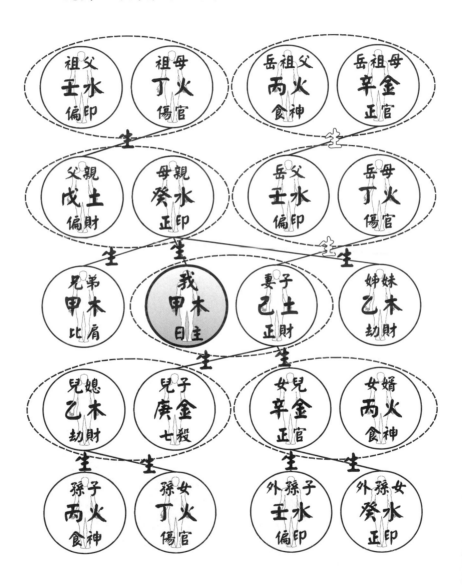

六親與六神關係圖（女命）

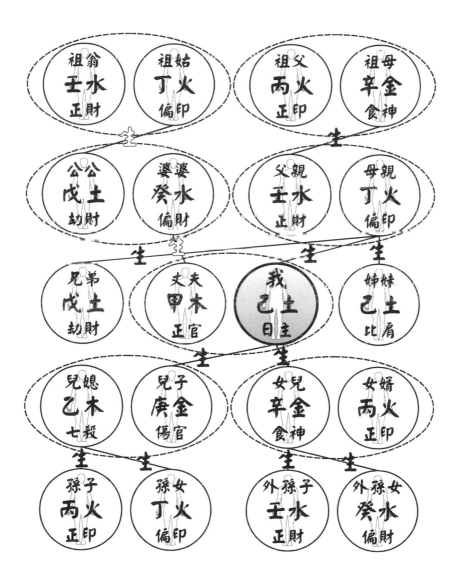

命例一：

貫靜乾造 農曆
國曆 89 年 7月 8日 18:20 酉時生

○○○ 先生　小組
現居地：
出生地：

46-120	31-45	16-30	1-15
食神	日元	七殺	正財
乙	丁	癸	庚
酉	卯	未	辰
辛	乙	乙 丁 己	癸 乙 戊
偏財	偏印	偏印 比肩 食神	七殺 偏印 傷官
天乙貴人 文昌貴人		紅艷煞	

101	91	81	71	61	51	41	31	21	11	
七殺	正官	偏財	正財	食神	傷官	比肩	劫財	偏印	正印	大運
癸	壬	辛	庚	己	戊	丁	丙	乙	甲	
巳	辰	卯	寅	丑	子	亥	戌	酉	申	
庚 丙	癸 乙 戊	乙	丙 甲	癸 己	癸	甲 壬	辛 丁 戊	辛	壬 庚	
正財 劫財	七殺 偏印 傷官	偏印	劫財 正印	七殺 食神	七殺	正印 正官	偏財 比肩 傷官	偏財	正官 正財	
驛馬					咸池	天乙貴人		天乙貴人 文昌貴人	天德貴人 月德貴人	
庚申⇔己巳	庚戌⇔己未	庚子⇔己酉	庚寅⇔己亥	庚辰⇔己丑	庚午⇔己卯	庚申⇔己巳	庚戌⇔己未	庚子⇔己酉	庚寅⇔己亥	流年

本命造行 11 歲甲申大運時的家庭命象：

11	46-120	31-45	16-30	1-15
正印母親績	食神後子	日元沖	七殺兒子	正財妻子
甲 合	乙	丁	癸	庚
子女位	子女位	我 妻位	父位 母位	祖父位 祖母位
申	酉 沖	卯	未	辰
壬 庚	辛	乙	乙丁己	癸乙戊
正官 女兒 / 正財 妻子	偏財 父親 文昌 貴人 大乙貴人	偏印 祖父	偏印 祖父 / 食神 孫子 / 比肩 兄弟 / 七殺 兒子 / 紅艷煞	傷官 / 偏印 祖父

命局六親：

（1）日主中弱。

（2）本命，日主與父位沖。

（3）本命，妻位與子女位沖。

（4）甲申大運，祖父位沖與子女位合。

命局「六親」關係的展現

本命年干「正財」，表出生時家庭富裕。

本命，日主與父位沖，表命主與父親關係備受考驗。

本命，妻位與子女位沖，表未來命主與妻子和子女關係備受考驗。

甲申大運，祖父位沖，子女位合，又合又沖。命局天沖地沖幾乎滿盤皆沖，家庭關係面臨大考驗。

命局「婚姻」的展現

（1）甲申大運，年干「庚」為「正財」為「妻子」。

（2）甲申大運，地支「卯酉」沖，沖動「妻位」。

（3）甲申大運，流年中若見「子（桃花）」時為婚期。

男命「正財」為妻為財富，女命「正官、七殺」為夫。婚姻一則靠緣份牽成，一則被外力逼迫而成。命局合多婚姻較幸福美滿，命局沖多婚姻關係備受考驗。桃花逢合，愛情熱度高，結婚力度超強。人在運勢強時，即使桃花力量強，愛情熱度高，也會因挑三揀四，不易成婚。人在運勢弱時，即使桃花力量弱，愛情熱度低，也會因無力挑剔，容易成婚。

命例二：

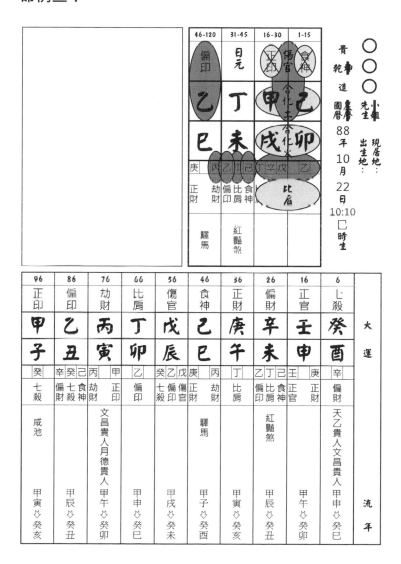

○○○先生 小姐

貴乾造　圜曆 88 年 10 月 22 日 10:10 □時生

現居地：
出生地：

命盤（四柱）

46-120	31-45	16-30	1-15
偏印	日元	正印／傷官	食神
乙	丁	甲	乙
巳	未	戌	卯
庚 丙 戊	乙 己 丁	丁 辛 戊	乙
正財 劫財 傷官	偏印 食神 比肩	比肩 偏財 傷官	比肩
驛馬	紅艷煞		

（甲化土，乙化火）

大運 · 流年

	96	86	76	66	56	46	36	26	16	6
十神	正印	偏印	劫財	比肩	傷官	食神	正財	偏財	正官	七殺
天干	甲	乙	丙	丁	戊	己	庚	辛	壬	癸
地支	子	丑	寅	卯	辰	巳	午	未	申	酉
藏干	癸	辛 癸 己	戊 丙 甲	乙	癸 乙 戊	丙	丁	乙 己 丁	壬 庚	辛
藏干十神	七殺	偏財 七殺 食神	食神 劫財 正印	偏印	七殺 偏印 傷官	劫財	比肩	偏印 比肩 食神	正官 正財	偏財
神煞	咸池		文昌貴人 月德貴人		驛馬		紅艷煞			天乙貴人 文昌貴人
流年	甲寅⇔癸亥	甲辰⇔癸丑	甲午⇔癸卯	甲申⇔癸巳	甲戌⇔癸未	甲子⇔癸酉	甲寅⇔癸亥	甲辰⇔癸丑	甲午⇔癸卯	甲申⇔癸巳

本命造行 36 歲庚午大運時的家庭命象：

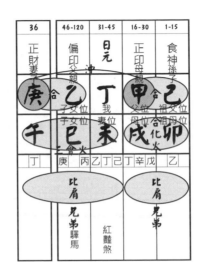

命局六親：

（1）日主過旺。

（2）本命，父位與祖父位合。

（3）本命，母位與祖母位合。

（4）庚午大運，父位沖與子女位合。

（5）庚午大運，妻位與子女位合。

命局「六親」關係的展現

本命年干「食神」，表幼年時生活享受。

本命，父位與祖父位合，母位與祖母位合，家庭和樂。

庚午大運，父位沖加上「比劫過多」，與父無緣。

庚午大運，妻位與子女位合，婚姻較幸福美滿。

命局「婚姻」的展現

（1）庚午大運，天干「庚」為「正財」為「妻子」。

（2）庚午大運，地支「巳午未」三合火，合動「妻位」。

（3）庚午大運，流年中若見「子（桃花）」時為婚期。

男命「正財」為妻為財富，女命「正官、七殺」為夫。婚姻一則靠緣份牽成，一則被外力逼迫而成。命局合多婚姻較幸福美滿，命局沖多婚姻關係備受考驗。桃花逢合，愛情熱度高，結婚力度超強。人在運勢強時，即使桃花力量強，愛情熱度高，也會因挑三揀四，不易成婚。人在運勢弱時，即使桃花力量弱，愛情熱度低，也會因無力挑剔，容易成婚。

八字解讀「身體」

　　每個生命皆有其「生命身體」。分析八字命局的「生命本質（內在能量）、生命特質（外在欲求）與生命品質（滿願度）」，可解讀八字命主生命身體的系統「部位、臟腑、經脈」。

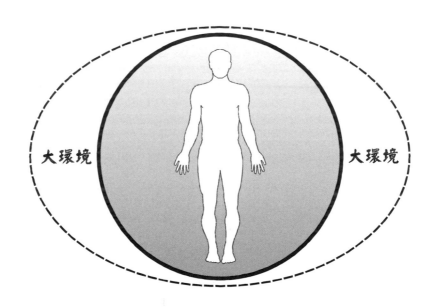

身體系統

身體系統有「部位、臟腑、經脈」。

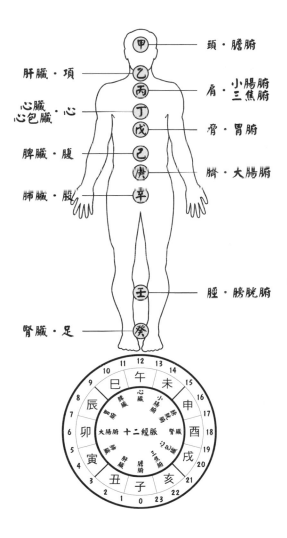

身體位置

命盤上身體所對應的位置,「男命、女命」相同。

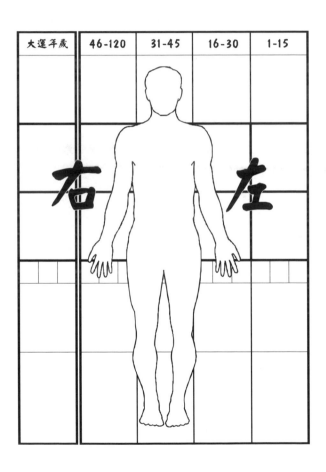

五行與身體「臟腑、生理系統」的關係

五行	六臟	六腑	生理系統
木	肝臟	膽腑	代謝系統
火	心臟、心包臟	小腸腑、三焦腑	循環系統
土	脾臟	胃腑	消化系統
金	肺臟	大腸腑	呼吸系統
水	腎臟	膀胱腑	泌尿系統

代謝系統：肝臟‧膽囊、胰臟……等。

循環系統：心臟、動脈‧微血管、靜脈……等。

消化系統：咽、喉、食道‧胃、小腸‧大腸、肛門……等。

呼吸系統：氣管、支氣管、肺臟……等。

泌尿系統：腎臟、攝護腺、子宮、卵巢、輸尿管、膀胱、尿
道……等。

天干與身體「部位、臟腑」的關係

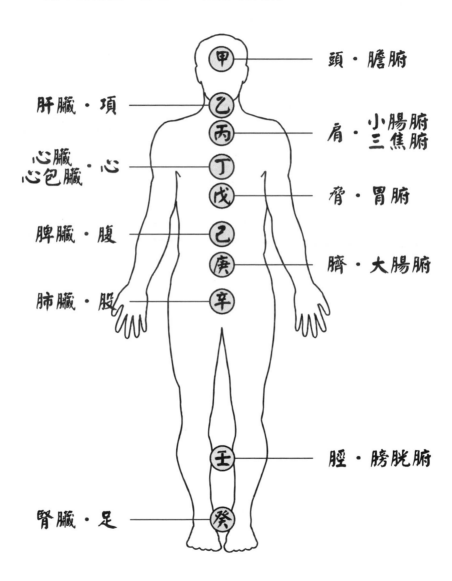

頭・膽腑

肝臟・項

肩・小腸腑 三焦腑

心臟 心包臟 ・心

脅・胃腑

脾臟・腹

臍・大腸腑

肺臟・股

脛・膀胱腑

腎臟・足

五行	天干	部位	臟腑
木	甲	頭	膽腑
	乙	項	肝臟
火	丙	肩	小腸腑、三焦腑
	丁	心	心臟、心包臟
土	戊	脅	胃腑
	己	腹	脾臟
金	庚	臍	大腸腑
	辛	股	肺臟
水	壬	脛	膀胱腑
	癸	足	腎臟

地支與身體「部位、臟腑、經脈」的關係

五行	地支	部　位	臟腑	經脈
水	子	耳部、膀胱、泌尿系統	膽腑	足少陽膽經
土	丑	腹部、脾臟	肝臟	足厥陰肝經
木	寅	膽、毛髮、血脈、兩手	肺臟	手太陰肺經
	卯	十指、肝臟	大腸腑	手陽明大腸經
土	辰	皮膚、肩膀、胸部	胃腑	足陽明胃經
火	巳	面部、咽喉、牙齒、肛門、尾柢	脾臟	足太陰脾經
	午	精神、眼目	心臟	手少陰心經
土	未	胃、胸膈、脊樑	小腸腑	手太陽小腸經
金	申	肺、大腸、經絡	膀胱腑	足太陽膀胱經
	酉	精、血、小腸	腎臟	足少陰腎經
土	戌	命門、腿、踝、足	心包臟	手厥陰心包經
水	亥	頭、腎	三焦腑	手少陽三焦經

疾 厄

　　由八字命局中觀個人先天疾厄，不論日主格局的強弱，五行一方過強亢或過衰弱皆是有病變。八字命局中只能預見個人先天性的疾病，無法預見後天性的疾病。後天性的病源，大多與個人生活習慣、居住環境和工作職業有關。

　　疾厄的傷害力量，依發生在「本位年限、大運、流年」的時間點遞減。

　　沖：嚴重傷害。

　　剋：重大傷害。

　　刑：折磨傷害。

　　害：輕微傷害。

　　合：若造成五行一方過強亢或過衰弱，皆會有病變。

　　會：若造成五行一方過強亢或過衰弱，皆會有病變。

五行	天干	五行衰弱 （受沖剋刑害）	五行強亢 （不受沖剋刑害）
木	甲	頭痛、腦神經	神經、頭痛、筋骨衰弱
木	乙	肝弱、筋骨	肝硬化
火	丙	小腸、咽喉、眼疾	敗血、近視、耳弱
火	丁	心臟衰竭	
土	戊	胃衰弱、消化系統不良	胃酸過多消化系統不良
土	己	下腹、脾、腸	
金	庚	大腸、大腦	鼻疾，支氣管弱，肺弱
金	辛	胸、肺、支氣管、氣喘	
水	壬	生殖科	便祕、痔、痰症
水	癸	泌尿系統不良、 尿酸痛風、尿失禁	

五行過旺或過衰之疾病

木：肝臟、膽腑。屬「代謝系統」。

過旺或過衰，較易患「肝，膽、頭、頸、四肢、關節、筋骨、筋脈、眼、神經」等方面的疾病。

火：心臟、心包臟、小腸腑、三焦腑。屬「循環系統」。

過旺或過衰，較易患「小腸、心臟、肩、血液、經血、臉部、牙齒、腹部、舌部」等方面的疾病。

土：脾臟、胃腑。屬「消化系統」。

過旺或過衰，較易患「脾、胃、肋、背、胸、肺、肚」等方面的疾病。

金：肺臟、大腸腑。屬「呼吸系統」。

過旺或過衰，較易患「大腸、肺、臍、咳痰、肝、皮膚、痔瘡、鼻氣管」等方面的疾病。

水：腎臟、膀胱腑。屬「泌尿系統」。

過旺或過衰，較易患「腦、腎、膀胱、脛、足、頭、耳、腰部、肝、泌尿、陰部、子宮、疝氣」等方面的疾病。

命局多水，表智慧聰明，性腺發達。

命例一：

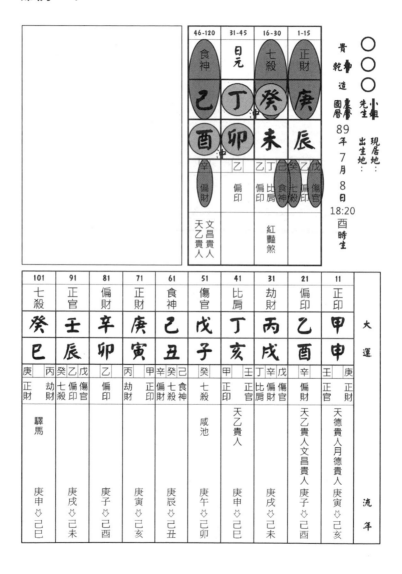

○○○ 小姐
○○○ 先生

貴乾造 造事業

現居地：
出生地：

國曆 89年 7月 8日 18:20 酉時生

46-120	31-45	16-30	1-15
食神	日元	七殺	正財
乙	丁	癸	庚
酉	卯	未	辰
辛	乙	乙丁己	癸乙戊
偏財	偏印	偏印 比肩 食神	七殺 偏印 傷官
天乙貴人	文昌貴人		
		紅艷煞	

	101	91	81	71	61	51	41	31	21	11
	七殺	正官	偏財	正財	食神	傷官	比肩	劫財	偏印	正印
大運	癸	壬	辛	庚	己	戊	丁	丙	乙	甲
	巳	辰	卯	寅	丑	子	亥	戌	酉	申
	庚 丙	癸乙戊	乙	丙甲戊	辛癸己	癸	甲壬	丁辛戊	辛	壬 庚
	正財 劫財	七殺 偏印 傷官	偏印	劫財 正印 傷官	偏財 七殺 食神	七殺	正印 正官	比肩 偏財 傷官	偏財	正官 正財
	驛馬					咸池	天乙貴人		天乙貴人 文昌貴人	天德貴人 月德貴人
流年	庚申 ⇩ 己巳	庚戌 ⇩ 己未	庚子 ⇩ 己酉	庚寅 ⇩ 己亥	庚辰 ⇩ 己丑	庚午 ⇩ 己卯	庚申 ⇩ 己巳	庚戌 ⇩ 己未	庚子 ⇩ 己酉	庚寅 ⇩ 己亥

本命造行 11 歲甲申大運時的身體命象：

11	46-120	31-45	16-30	1-15
膽腑　頭	脾臟　腹	日元沖	腎臟　足	大腸腑　臍
甲 合 乙	丁	癸	庚	
申	酉 卯	未	辰	
膀胱腑	肺、大腸、經絡	腎臟　精、血、小腸	十指、大腸腑　肝臟	胃腑　胸膈、脊梁　小腸腑　皮膚、肩胛、胸部　胃腑

命局身體：

（1）日主中弱。

（2）本命天干，丁癸沖。

（3）本命地支，卯酉沖。

（4）甲申大運時，甲沖庚。

（5）甲申大運時，庚沖甲己合。

命局「身體」的展現

（1）日主中弱，命主身體較難承受太過的沖剋。

（2）本命天干，丁癸沖，丁主「心臟衰竭」，癸主「泌尿系統不良、尿酸痛風、尿失禁」，受沖時易發生病變。

（3）本命地支，卯酉沖，卯主「十指、肝臟、大腸腑」，酉主「精、血、小腸、腎臟」，受沖時易發生病變。

（4）甲申大運時，甲沖庚，甲主「頭痛、腦神經」，庚主「大腸、大腦」，受沖時易發生病變。

（5）甲申大運時，庚沖甲己合，庚主「大腸、大腦」，甲主「頭痛、腦神經」，己主「下腹、脾、腸」，受沖時易發生病變。

命例二：

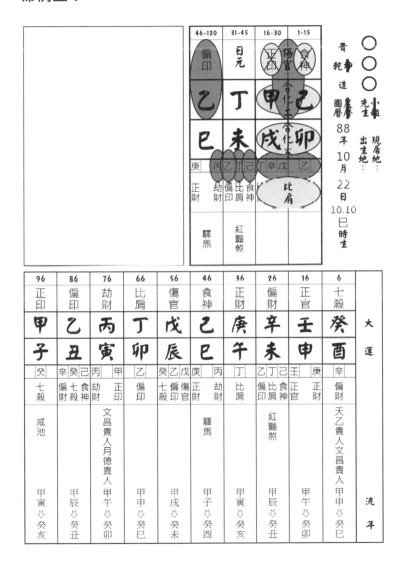

本命造行 36 歲庚午大運時的身體命象：

命局身體：

（1）日主過旺。

（2）庚午大運時，庚沖甲己合。

（3）庚午大運時，甲沖乙庚合。

（4）庚午大運時，命局「火」過旺。

命局「身體」的展現

（1）日主過旺，命主身體較易承受太過的沖剋。

（2）庚午大運時，庚沖甲己合，庚主「大腸、大腦」，甲主「頭痛、腦神經」，己主「下腹、脾、腸」，受沖時易發生病變。

（3）庚午大運時，甲沖乙庚合，甲主「頭痛、腦神經」，乙主「肝弱、筋骨」，庚主「大腸、大腦」，受沖時易發生病變。

（4）庚午大運時，命局「火」過旺，較易患「小腸、心臟、肩、血液、經血、臉部、牙齒、腹部、舌部」等方面的疾病。火主「心臟、心包臟、小腸腑、三焦腑」，屬「循環系統」。

八字論命

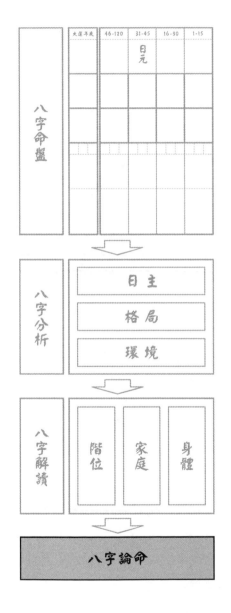

八字命盤

	大運年歲	46-120	31-45	16-30	1-15
			日元		

八字分析

日 主

格 局

環 境

八字解讀

階位　家庭　身體

八字論命

八字論命

八字論命是學習八字命學的目的，八字論命簡述觀「命局」之「命象」，論「階位、家庭、身體」。

論階位：個性、人際、才能、財富、事業、福德。

論家庭：祖父母、父母、兄弟姊妹、夫‧妻、子女、孫子女。

論身體：部位、臟腑、經脈。

借助完善的「八字命盤」格式，可快速、正確的分析、解讀命主命局。有了正確的八字分析、解讀，方能正確的八字論命。

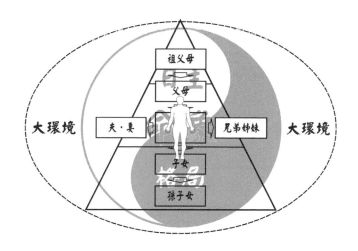

八字論命簡述

「實證」是探索命理最佳的方法。

論命首重「命盤」的確認,「命盤」確認有三:

(1) 主:命局與命主「個性氣質」的驗證。(觀花種)

(2) 人:命局與命主「六親關係」的驗證。

(3) 事:命局與命主「重大事件」的驗證。

命局與命主的「主、人、事」相符合,命盤方可確定無誤。命盤確定無誤後,再根據「命局」之「命象」,論述命主的「階位、家庭、身體」現象,方能正確的論命。

八字論命分析、解讀中,影響「生命」的力量有「天時」「地利」與「人和」三者。

天時,就是生命所處的時間。天時為影響「生命」最大的力量。時間未到,生命力量約制待發;時間一到,生命力量展現發揮。天時是大自然在掌管,生命無法選擇與改變,唯有順天應命,把握時機。

地利，就是生命所處的空間。地利為影響「生命」次大的力量。環境不合，生命力量約制待發；環境適合，生命力量展現發揮。先天環境生命無法選擇，後天環境生命選擇也要看因緣。

　　人和，就是個人生命的「自由意志」。個人生命的「自由意志」強弱，對「生命」會產生一定的影響力。「自由意志」有向上提昇的正向力量，也有向下沉淪的反向力量，可由個人生命自由取決。

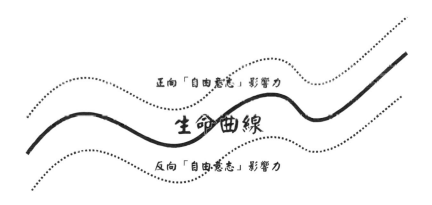

論命實務，融合了「命理學、心理學、生命學、社會學、天文學、地理學」等，多方面領域知識的綜合應用。

論命者，

須對「五行」有完整的堅實基礎；

再對「六神」有深入的體認了解；

並對「生命」有相當的正識歷練，

有了相當的生命歷練，方能正確的知命論運。

《看圖學八字》之編寫，以「八字論命」的實例操作為主體，內容無深入探討說明「五行八字命學」的理論。讀者如有興趣了解「五行八字命學」的基礎理論，可參閱《八字基本功》一書。初學命理，可多方參閱研究古今名師論命解盤，終能觀徹五行，知命論運。

歸藏萬年曆

關於《歸藏萬年曆》

時間就是力量，最基礎就是最重要的。

命理學以「生辰時間」為論命最重要的一個依據，本書《歸藏萬年曆》的編寫，提供論命者一個正確的論命時間依據。

《歸藏萬年曆》起自西元一九○○年迄至西元二一○○年，共二百零一年。曆法採「干支紀年」法，以「立春寅月」為歲始，以「節氣」為月令，循環記載國曆和農曆的「年、月、日」干支。「節氣」時間以「中原時區標準時、東經一百二十度經線」為準，採「定氣法」推算。「節氣」的日期和時間標示於日期表的上方，「中氣」則標示於下方。節氣和中氣的日期以「國曆」標示，並詳列「時、分、時辰」時間。時間以「分」為最小單位，秒數捨棄不進位，以防止實未到時，卻因進秒位而錯置節氣時間。查閱時只要使用「五鼠遁日起時表」取得「時干」後，就可輕易準確的排出「四柱八字」干支。

《歸藏萬年曆》之編寫，以「中央氣象局天文站」及「台北市立天文科學教育館」發行之天文日曆為標準，並參考引用諸多先賢、專家之觀念與資料，謹在此表達致敬及感謝。

《歸藏萬年曆》有別於一般萬年曆，採用橫閱方式編排，易於閱讀查詢。記載年表實有「二百零一年、四千八百二十四節氣、七萬三千四百一十三日」，紀曆詳實精確。可簡易快速地提供論命者一組正確的「四柱八字」干支，實為一本最有價值的萬年曆工具書。

施賀日

如何使用《歸藏萬年曆》

《歸藏萬年曆》的編排說明

（1）《歸藏萬年曆》採用橫閱方式編排，易於閱讀查詢。

（2）年表以「二十四節氣」為一年週期，始於「立春」終於「大寒」。

（3）年表的頁邊直排列出「西元紀年、生肖、國曆紀年」易於查閱所需紀年。

（4）年表的編排按「年干支、月干支、節氣、日期表、中氣」順序直列。

（5）年表直列就得「年、月、日」干支，快速準確絕不錯置年、月干支。

（6）節氣和中氣按「國曆日期、時、分、時辰」順序標示。

（7）日期表按「國曆月日、農曆月日、日干支」順序橫列。

（8）日期表第一行為各月令的「節氣日期」，易於計算行運歲數。

（9）農曆「閏月」在其月份數字下加一橫線，以為區別易於判讀。

（10）日光節約時間其月份為粗體並頁下加註，以為區別易於判讀。

使用《歸藏萬年曆》快速定「八字」

橫查出生年月日；直列年月日干支；五鼠遁日得時干；正好四柱共八字。

大運排列從月柱；行運歲數由日起；順數到底再加一；逆數到頂是節氣。

（1）根據出生者的「年、月、日」時間，由年表橫向取得生日所屬的「日干支」，再向上直列得「月干支、年干支」，最後查「五鼠遁日起時表」取得「時干」。

（2）大運排列從「月柱」干支，陽男陰女「順排」、陰男陽女「逆排」六十甲子。

（3）行運歲數由「生日」起算，陽男陰女「順數」、陰男陽女「逆數」至節氣日。

（4）簡易大運行運歲數換算：三天為一年、一天為四月、一時辰為十日。

46-120	31-45	16-30	1-15
	日元		

貴乾坤造

農曆 國曆

先生 小姐

現居地：

出生地：

年 月 日 時生

大運

六十甲子表

甲子	乙丑	丙寅	丁卯	戊辰	己巳	庚午	辛未	壬申	癸酉
甲戌	乙亥	丙子	丁丑	戊寅	己卯	庚辰	辛巳	壬午	癸未
甲申	乙酉	丙戌	丁亥	戊子	己丑	庚寅	辛卯	壬辰	癸巳
甲午	乙未	丙申	丁酉	戊戌	己亥	庚子	辛丑	壬寅	癸卯
甲辰	乙巳	丙午	丁未	戊申	己酉	庚戌	辛亥	壬子	癸丑
甲寅	乙卯	丙辰	丁巳	戊午	己未	庚申	辛酉	壬戌	癸亥

五虎遁年起月表

月令	正月	二月	三月	四月	五月	六月	七月	八月	九月	十月	十一月	十二月
節氣	立春	驚蟄	清明	立夏	芒種	小暑	立秋	白露	寒露	立冬	大雪	小寒
中氣	雨水	春分	穀雨	小滿	夏至	大暑	處暑	秋分	霜降	小雪	冬至	大寒
月支 / 年干	寅	卯	辰	巳	午	未	申	酉	戌	亥	子	丑
甲己	丙寅	丁卯	戊辰	己巳	庚午	辛未	壬申	癸酉	甲戌	乙亥	丙子	丁丑
乙庚	戊寅	己卯	庚辰	辛巳	壬午	癸未	甲申	乙酉	丙戌	丁亥	戊子	己丑
丙辛	庚寅	辛卯	壬辰	癸巳	甲午	乙未	丙申	丁酉	戊戌	己亥	庚子	辛丑
丁壬	壬寅	癸卯	甲辰	乙巳	丙午	丁未	戊申	己酉	庚戌	辛亥	壬子	癸丑
戊癸	甲寅	乙卯	丙辰	丁巳	戊午	己未	庚申	辛酉	壬戌	癸亥	甲子	乙丑

日	六十甲子循環（查 萬年曆）

五鼠遁日起時表

太陽時	23-1	1-3	3-5	5-7	7-9	9-11	11-13	13-15	15-17	17-19	19-21	21-23
時支 / 日干	子	丑	寅	卯	辰	巳	午	未	申	酉	戌	亥
甲己	甲子	乙丑	丙寅	丁卯	戊辰	己巳	庚午	辛未	壬申	癸酉	甲戌	乙亥
乙庚	丙子	丁丑	戊寅	己卯	庚辰	辛巳	壬午	癸未	甲申	乙酉	丙戌	丁亥
丙辛	戊子	己丑	庚寅	辛卯	壬辰	癸巳	甲午	乙未	丙申	丁酉	戊戌	己亥
丁壬	庚子	辛丑	壬寅	癸卯	甲辰	乙巳	丙午	丁未	戊申	己酉	庚戌	辛亥
戊癸	壬子	癸丑	甲寅	乙卯	丙辰	丁巳	戊午	己未	庚申	辛酉	壬戌	癸亥

大運	大運干支：從「月柱（節氣）」干支起算，陽男陰女順排節氣，陰男陽女逆排節氣。 行運歲數換算：三天為一年、一天為四月、一時辰為十日。行運歲數時間倍數：120

五行	相生	相剋	天干	五合	四沖	二剋
木-慈牛	水生木生火	金剋木剋土	甲-陽木	甲己合化土	甲庚沖	
			乙-陰木	乙庚合化金	乙辛沖	
火-滿願	木生火生土	水剋火剋金	丙-陽火	丙辛合化水	丙壬沖	丙庚剋
			丁-陰火	丁壬合化木	丁癸沖	丁辛剋
土-承載	火生土生金	木剋土剋水	戊-陽土	戊癸合化火		
			己-陰土	甲己合化土		
金-肅穀	土生金生水	火剋金剋木	庚-陽金	乙庚合化金	甲庚沖	丙庚剋
			辛-陰金	丙辛合化水	乙辛沖	丁辛剋
水-伏藏	金生水生木	土剋水剋火	壬-陽水	丁壬合化木	丙壬沖	
			癸-陰水	戊癸合化火	丁癸沖	

地支	六合	三合局	三會方	六沖	三刑	六害
子-冬季 癸	子丑合化土	申子辰合水	亥子丑會水	子午沖	子卯相刑	子未害
丑-冬季 己癸辛	子丑合化土	巳酉丑合金	亥子丑會水	丑未沖	丑戌未三刑	丑午害
寅-春季 甲丙	寅亥合化木	寅午戌合火	寅卯辰會木	寅申沖	寅巳申三刑	寅巳害
卯-春季 乙	卯戌合化火	亥卯未合木	寅卯辰會木	卯酉沖	子卯相刑	卯辰害
辰-春季 戊乙癸	辰酉合化金	申子辰合水	寅卯辰會木	辰戌沖	辰辰自刑	卯辰害
巳-夏季 丙庚	巳申合化水	巳酉丑合金	巳午未會火	巳亥沖	寅巳申三刑	寅巳害
午-夏季 丁	午未合化火	寅午戌合火	巳午未會火	子午沖	午午自刑	丑午害
未-夏季 己丁乙	午未合化火	亥卯未合木	巳午未會火	丑未沖	丑戌未三刑	子未害
申-秋季 庚壬	巳申合化水	申子辰合水	申酉戌會金	寅申沖	寅巳申三刑	申亥害
酉-秋季 辛	辰酉合化金	巳酉丑合金	申酉戌會金	卯酉沖	酉酉自刑	酉戌害
戌-秋季 戊辛丁	卯戌合化火	寅午戌合火	申酉戌會金	辰戌沖	丑戌未三刑	酉戌害
亥-冬季 壬甲	寅亥合化木	亥卯未合木	亥子丑會水	巳亥沖	亥亥自刑	申亥害

六神	生我者：正印、偏印。我生者：傷官、食神。剋我者：正官、七殺。我剋者：正財、偏財。同我者：劫財、比肩。

日主\天干	甲	乙	丙	丁	戊	己	庚	辛	壬	癸
甲-陽木	比肩	劫財	食神	傷官	偏財	正財	七殺	正官	偏印	正印
乙-陰木	劫財	比肩	傷官	食神	正財	偏財	正官	七殺	正印	偏印
丙-陽火	偏印	正印	比肩	劫財	食神	傷官	偏財	正財	七殺	正官
丁-陰火	正印	偏印	劫財	比肩	傷官	食神	正財	偏財	正官	七殺
戊-陽土	七殺	正官	偏印	正印	比肩	劫財	食神	傷官	偏財	正財
己-陰土	正官	七殺	正印	偏印	劫財	比肩	傷官	食神	正財	偏財
庚-陽金	偏財	正財	七殺	正官	偏印	正印	比肩	劫財	食神	傷官
辛-陰金	正財	偏財	正官	七殺	正印	偏印	劫財	比肩	傷官	食神
壬-陽水	食神	傷官	偏財	正財	七殺	正官	偏印	正印	比肩	劫財
癸-陰水	傷官	食神	正財	偏財	正官	七殺	正印	偏印	劫財	比肩

相生 相剋	比肩生食神生正財生正官生正印生比肩 劫財生傷官生偏財生七殺生偏印生劫財	比肩剋正財剋正印剋傷官剋正官剋比肩 劫財剋偏財剋偏印剋食神剋七殺剋劫財

以日干 見地支											
日干	甲	乙	丙	丁	戊	己	庚	辛	壬	癸	
陽刃	卯		午				酉		子		
紅豔煞	午	午	寅	未	辰	辰	戌	酉	子	申	
天乙貴人	未	申	酉	亥	丑	子	丑	寅	卯	巳	
	丑	子	亥	酉	未	申	未	午	巳	卯	
文昌貴人	巳	午	申	酉	申	酉	亥	子	寅	卯	

以日支 見地支												
日支	子	丑	寅	卯	辰	巳	午	未	申	酉	戌	亥
咸池	酉	午	卯	子	酉	午	卯	子	酉	午	卯	子
驛馬	寅	亥	申	巳	寅	亥	申	巳	寅	亥	申	巳

以月支 見干支												
月支	子	丑	寅	卯	辰	巳	午	未	申	酉	戌	亥
天德貴人	巳	庚	丁	申	壬	辛	亥	甲	癸	寅	丙	乙
月德貴人	壬	庚	丙	甲	壬	庚	丙	甲	壬	庚	丙	甲

	日柱				
魁罡	庚辰	壬辰	庚戌	戊戌	地支不見「沖、刑」見「沖、刑」則破格

	日主	時柱			
金神	甲或己	己巳	癸酉	乙丑	四柱須見「火」局見「水」局則破局

地支	子	午	卯	酉
藏天干	癸	丁	乙	辛

地支	寅		申		巳		亥	
藏天干	甲	丙	庚	壬	丙	庚	壬	甲

地支	辰			戌			丑			未		
藏天干	戊	乙	癸	戊	辛	丁	己	癸	辛	己	丁	乙

月令	子	午	卯	酉
五行	癸	丁	乙	辛
能量強度	1	1	1	1

月令	寅		申		巳		亥	
五行	甲	丙	庚	壬	丙	庚	壬	甲
能量強度	0.7	0.3	0.7	0.3	0.7	0.3	0.7	0.3

月令	辰			戌			丑			未		
五行	戊	乙	癸	戊	辛	丁	己	癸	辛	己	丁	乙
能量強度	0.5	0.3	0.2	0.5	0.3	0.2	0.5	0.3	0.2	0.5	0.3	0.2

「辰戌丑未」為土庫，受「沖」開庫，轉化成其五行庫。			
五行	癸（水庫）	丁（火庫）	辛（金庫）	乙（木庫）
能量強度	1	1	1	1

説 明

　本書節錄《歸藏萬年曆》年表 2000～2020 年，提供八字命理研究愛好者，學習排列八字命盤使用。

　《歸藏萬年曆》另有專書單獨出版，起自西元一九〇〇年迄至西元二一〇〇年，共二百零一年。提供八字命理研究專業者，排列八字命盤使用。

年　庚辰　（龍・中華民國八十九年・2000）

月	戊寅			己卯			庚辰			辛巳			壬午			癸未		
節氣	立春			驚蟄			清明			立夏			芒種			小暑		
	2/4 20時40分 戌時			3/5 14時42分 未時			4/4 19時31分 戌時			5/5 12時50分 午時			6/5 16時58分 申時			7/7 3時13分 寅時		
日	國曆	農曆	干支	國曆	農曆	干支	國曆	農曆	干支	國曆	農曆	干支	國曆	農曆	干支	國曆	農曆	干支
	2/4	12/29	壬辰	3/5	1/30	壬戌	4/4	2/30	壬辰	5/5	4/2	癸亥	6/5	5/4	甲午	7/7	6/6	丙寅
	2/5	1/1	癸巳	3/6	2/1	癸亥	4/5	3/1	癸巳	5/6	4/3	甲子	6/6	5/5	乙未	7/8	6/7	丁卯
	2/6	1/2	甲午	3/7	2/2	甲子	4/6	3/2	甲午	5/7	4/4	乙丑	6/7	5/6	丙申	7/9	6/8	戊辰
	2/7	1/3	乙未	3/8	2/3	乙丑	4/7	3/3	乙未	5/8	4/5	丙寅	6/8	5/7	丁酉	7/10	6/9	己巳
	2/8	1/4	丙申	3/9	2/4	丙寅	4/8	3/4	丙申	5/9	4/6	丁卯	6/9	5/8	戊戌	7/11	6/10	庚午
	2/9	1/5	丁酉	3/10	2/5	丁卯	4/9	3/5	丁酉	5/10	4/7	戊辰	6/10	5/9	己亥	7/12	6/11	辛未
	2/10	1/6	戊戌	3/11	2/6	戊辰	4/10	3/6	戊戌	5/11	4/8	己巳	6/11	5/10	庚子	7/13	6/12	壬申
	2/11	1/7	己亥	3/12	2/7	己巳	4/11	3/7	己亥	5/12	4/9	庚午	6/12	5/11	辛丑	7/14	6/13	癸酉
	2/12	1/8	庚子	3/13	2/8	庚午	4/12	3/8	庚子	5/13	4/10	辛未	6/13	5/12	壬寅	7/15	6/14	甲戌
	2/13	1/9	辛丑	3/14	2/9	辛未	4/13	3/9	辛丑	5/14	4/11	壬申	6/14	5/13	癸卯	7/16	6/15	乙亥
	2/14	1/10	壬寅	3/15	2/10	壬申	4/14	3/10	壬寅	5/15	4/12	癸酉	6/15	5/14	甲辰	7/17	6/16	丙子
	2/15	1/11	癸卯	3/16	2/11	癸酉	4/15	3/11	癸卯	5/16	4/13	甲戌	6/16	5/15	乙巳	7/18	6/17	丁丑
	2/16	1/12	甲辰	3/17	2/12	甲戌	4/16	3/12	甲辰	5/17	4/14	乙亥	6/17	5/16	丙午	7/19	6/18	戊寅
	2/17	1/13	乙巳	3/18	2/13	乙亥	4/17	3/13	乙巳	5/18	4/15	丙子	6/18	5/17	丁未	7/20	6/19	己卯
	2/18	1/14	丙午	3/19	2/14	丙子	4/18	3/14	丙午	5/19	4/16	丁丑	6/19	5/18	戊申	7/21	6/20	庚辰
	2/19	1/15	丁未	3/20	2/15	丁丑	4/19	3/15	丁未	5/20	4/17	戊寅	6/20	5/19	己酉	7/22	6/21	辛巳
	2/20	1/16	戊申	3/21	2/16	戊寅	4/20	3/16	戊申	5/21	4/18	己卯	6/21	5/20	庚戌	7/23	6/22	壬午
	2/21	1/17	己酉	3/22	2/17	己卯	4/21	3/17	己酉	5/22	4/19	庚辰	6/22	5/21	辛亥	7/24	6/23	癸未
	2/22	1/18	庚戌	3/23	2/18	庚辰	4/22	3/18	庚戌	5/23	4/20	辛巳	6/23	5/22	壬子	7/25	6/24	甲申
	2/23	1/19	辛亥	3/24	2/19	辛巳	4/23	3/19	辛亥	5/24	4/21	壬午	6/24	5/23	癸丑	7/26	6/25	乙酉
	2/24	1/20	壬子	3/25	2/20	壬午	4/24	3/20	壬子	5/25	4/22	癸未	6/25	5/24	甲寅	7/27	6/26	丙戌
	2/25	1/21	癸丑	3/26	2/21	癸未	4/25	3/21	癸丑	5/26	4/23	甲申	6/26	5/25	乙卯	7/28	6/27	丁亥
	2/26	1/22	甲寅	3/27	2/22	甲申	4/26	3/22	甲寅	5/27	4/24	乙酉	6/27	5/26	丙辰	7/29	6/28	戊子
	2/27	1/23	乙卯	3/28	2/23	乙酉	4/27	3/23	乙卯	5/28	4/25	丙戌	6/28	5/27	丁巳	7/30	6/29	己丑
	2/28	1/24	丙辰	3/29	2/24	丙戌	4/28	3/24	丙辰	5/29	4/26	丁亥	6/29	5/28	戊午	7/31	7/1	庚寅
	2/29	1/25	丁巳	3/30	2/25	丁亥	4/29	3/25	丁巳	5/30	4/27	戊子	6/30	5/29	己未	8/1	7/2	辛卯
	3/1	1/26	戊午	3/31	2/26	戊子	4/30	3/26	戊午	5/31	4/28	己丑	7/1	5/30	庚申	8/2	7/3	壬辰
	3/2	1/27	己未	4/1	2/27	己丑	5/1	3/27	己未	6/1	4/29	庚寅	7/2	6/1	辛酉	8/3	7/4	癸巳
	3/3	1/28	庚申	4/2	2/28	庚寅	5/2	3/28	庚申	6/2	5/1	辛卯	7/3	6/2	壬戌	8/4	7/5	甲午
	3/4	1/29	辛酉	4/3	2/29	辛卯	5/3	3/29	辛酉	6/3	5/2	壬辰	7/4	6/3	癸亥	8/5	7/6	乙未
							5/4	4/1	壬戌	6/4	5/3	癸巳	7/5	6/4	甲子	8/6	7/7	丙申
													7/6	6/5	乙丑	8/7	7/8	丁酉
中氣	雨水			春分			穀雨			小滿			夏至			大暑		
	2/19 16時33分 申時			3/20 15時35分 申時			4/20 2時39分 丑時			5/21 1時49分 丑時			6/21 9時47分 巳時			7/22 20時42分 戌時		

庚辰																		年
甲申			乙酉			丙戌			丁亥			戊子			己丑			月
立秋			白露			寒露			立冬			大雪			小寒			節氣
8/7 13時2分 未時			9/7 15時59分 申時			10/8 7時38分 辰時			11/7 10時48分 巳時			12/7 3時37分 寅時			1/5 14時49分 未時			
國曆	農曆	干支	國曆	農曆	干支	國曆	農曆	干支	國曆	農曆	干支	國曆	農曆	干支	國曆	農曆	干支	日
8 7	7 8	丁酉	9 7	8 10	戊辰	10 8	9 11	己亥	11 7	10 12	己巳	12 7	11 12	己亥	1 5	12 11	戊辰	
8 8	7 9	戊戌	9 8	8 11	己巳	10 9	9 12	庚子	11 8	10 13	庚午	12 8	11 13	庚子	1 6	12 12	己巳	
8 9	7 10	己亥	9 9	8 12	庚午	10 10	9 13	辛丑	11 9	10 14	辛未	12 9	11 14	辛丑	1 7	12 13	庚午	
8 10	7 11	庚子	9 10	8 13	辛未	10 11	9 14	壬寅	11 10	10 15	壬申	12 10	11 15	壬寅	1 8	12 14	辛未	2
8 11	7 12	辛丑	9 11	8 14	壬申	10 12	9 15	癸卯	11 11	10 16	癸酉	12 11	11 16	癸卯	1 9	12 15	壬申	0
8 12	7 13	壬寅	9 12	8 15	癸酉	10 13	9 16	甲辰	11 12	10 17	甲戌	12 12	11 17	甲辰	1 10	12 16	癸酉	0
8 13	7 14	癸卯	9 13	8 16	甲戌	10 14	9 17	乙巳	11 13	10 18	乙亥	12 13	11 18	乙巳	1 11	12 17	甲戌	0
8 14	7 15	甲辰	9 14	8 17	乙亥	10 15	9 18	丙午	11 14	10 19	丙子	12 14	11 19	丙午	1 12	12 18	乙亥	·
8 15	7 16	乙巳	9 15	8 18	丙子	10 16	9 19	丁未	11 15	10 20	丁丑	12 15	11 20	丁未	1 13	12 19	丙子	2
8 16	7 17	丙午	9 16	8 19	丁丑	10 17	9 20	戊申	11 16	10 21	戊寅	12 16	11 21	戊申	1 14	12 20	丁丑	0
17	7 18	丁未	9 17	8 20	戊寅	10 18	9 21	己酉	11 17	10 22	己卯	12 17	11 22	己酉	1 15	12 21	戊寅	0
18	7 19	戊申	9 18	8 21	己卯	10 19	9 22	庚戌	11 18	10 23	庚辰	12 18	11 23	庚戌	1 16	12 22	己卯	1
19	7 20	己酉	9 19	8 22	庚辰	10 20	9 23	辛亥	11 19	10 24	辛巳	12 19	11 24	辛亥	1 17	12 23	庚辰	
20	7 21	庚戌	9 20	8 23	辛巳	10 21	9 24	壬子	11 20	10 25	壬午	12 20	11 25	壬子	1 18	12 24	辛巳	
21	7 22	辛亥	9 21	8 24	壬午	10 22	9 25	癸丑	11 21	10 26	癸未	12 21	11 26	癸丑	1 19	12 25	壬午	
22	7 23	壬子	9 22	8 25	癸未	10 23	9 26	甲寅	11 22	10 27	甲申	12 22	11 27	甲寅	1 20	12 26	癸未	龍
23	7 24	癸丑	9 23	8 26	甲申	10 24	9 27	乙卯	11 23	10 28	乙酉	12 23	11 28	乙卯	1 21	12 27	甲申	
24	7 25	甲寅	9 24	8 27	乙酉	10 25	9 28	丙辰	11 24	10 29	丙戌	12 24	11 29	丙辰	1 22	12 28	乙酉	
25	7 26	乙卯	9 25	8 28	丙戌	10 26	9 29	丁巳	11 25	10 30	丁亥	12 25	11 30	丁巳	1 23	12 29	丙戌	
26	7 27	丙辰	9 26	8 29	丁亥	10 27	10 1	戊午	11 26	11 1	戊子	12 26	12 1	戊午	1 24	1 1	丁亥	中
27	7 28	丁巳	9 27	8 30	戊子	10 28	10 2	己未	11 27	11 2	己丑	12 27	12 2	己未	1 25	1 2	戊子	華
28	7 29	戊午	9 28	9 1	己丑	10 29	10 3	庚申	11 28	11 3	庚寅	12 28	12 3	庚申	1 26	1 3	己丑	民
29	8 1	己未	9 29	9 2	庚寅	10 30	10 4	辛酉	11 29	11 4	辛卯	12 29	12 4	辛酉	1 27	1 4	庚寅	國
30	8 2	庚申	9 30	9 3	辛卯	10 31	10 5	壬戌	11 30	11 5	壬辰	12 30	12 5	壬戌	1 28	1 5	辛卯	八
31	8 3	辛酉	10 1	9 4	壬辰	11 1	10 6	癸亥	12 1	11 6	癸巳	12 31	12 6	癸亥	1 29	1 6	壬辰	十
1	8 4	壬戌	10 2	9 5	癸巳	11 2	10 7	甲子	12 2	11 7	甲午	1 1	12 7	甲子	1 30	1 7	癸巳	九
2	8 5	癸亥	10 3	9 6	甲午	11 3	10 8	乙丑	12 3	11 8	乙未	1 2	12 8	乙丑	1 31	1 8	甲午	·
3	8 6	甲子	10 4	9 7	乙未	11 4	10 9	丙寅	12 4	11 9	丙申	1 3	12 9	丙寅	2 1	1 9	乙未	九
4	8 7	乙丑	10 5	9 8	丙申	11 5	10 10	丁卯	12 5	11 10	丁酉	1 4	12 10	丁卯	2 2	1 10	丙申	十
5	8 8	丙寅	10 6	9 9	丁酉	11 6	10 11	戊辰	12 6	11 11	戊戌				2 3	1 11	丁酉	年
6	8 9	丁卯	10 7	9 10	戊戌													
處暑			秋分			霜降			小雪			冬至			大寒			中
8/23 3時48分 寅時			9/23 1時27分 丑時			10/23 10時47分 巳時			11/22 8時19分 辰時			12/21 21時37分 亥時			1/20 8時16分 辰時			氣

年	辛巳																	
月	庚寅			辛卯			壬辰			癸巳			甲午			乙未		
節氣	立春			驚蟄			清明			立夏			芒種			小暑		
	2/4 2時28分 丑時			3/5 20時32分 戌時			4/5 1時24分 丑時			5/5 18時44分 酉時			6/5 22時53分 亥時			7/7 9時6分 巳時		
日	國曆	農曆	干支	國曆	農曆	干支	國曆	農曆	干支	國曆	農曆	干支	國曆	農曆	干支	國曆	農曆	干支
	2 4	1 12	戊戌	3 5	2 11	丁卯	4 5	3 12	戊戌	5 5	4 13	戊辰	6 5	4 14	己亥	7 7	5 17	辛未
	2 5	1 13	己亥	3 6	2 12	戊辰	4 6	3 13	己亥	5 6	4 14	己巳	6 6	4 15	庚子	7 8	5 18	壬申
	2 6	1 14	庚子	3 7	2 13	己巳	4 7	3 14	庚子	5 7	4 15	庚午	6 7	4 16	辛丑	7 9	5 19	癸酉
	2 7	1 15	辛丑	3 8	2 14	庚午	4 8	3 15	辛丑	5 8	4 16	辛未	6 8	4 17	壬寅	7 10	5 20	甲戌
2	2 8	1 16	壬寅	3 9	2 15	辛未	4 9	3 16	壬寅	5 9	4 17	壬申	6 9	4 18	癸卯	7 11	5 21	乙亥
0	2 9	1 17	癸卯	3 10	2 16	壬申	4 10	3 17	癸卯	5 10	4 18	癸酉	6 10	4 19	甲辰	7 12	5 22	丙子
0	2 10	1 18	甲辰	3 11	2 17	癸酉	4 11	3 18	甲辰	5 11	4 19	甲戌	6 11	4 20	乙巳	7 13	5 23	丁丑
1	2 11	1 19	乙巳	3 12	2 18	甲戌	4 12	3 19	乙巳	5 12	4 20	乙亥	6 12	4 21	丙午	7 14	5 24	戊寅
	2 12	1 20	丙午	3 13	2 19	乙亥	4 13	3 20	丙午	5 13	4 21	丙子	6 13	4 22	丁未	7 15	5 25	己卯
	2 13	1 21	丁未	3 14	2 20	丙子	4 14	3 21	丁未	5 14	4 22	丁丑	6 14	4 23	戊申	7 16	5 26	庚辰
	2 14	1 22	戊申	3 15	2 21	丁丑	4 15	3 22	戊申	5 15	4 23	戊寅	6 15	4 24	己酉	7 17	5 27	辛巳
	2 15	1 23	己酉	3 16	2 22	戊寅	4 16	3 23	己酉	5 16	4 24	己卯	6 16	4 25	庚戌	7 18	5 28	壬午
	2 16	1 24	庚戌	3 17	2 23	己卯	4 17	3 24	庚戌	5 17	4 25	庚辰	6 17	4 26	辛亥	7 19	5 29	癸未
蛇	2 17	1 25	辛亥	3 18	2 24	庚辰	4 18	3 25	辛亥	5 18	4 26	辛巳	6 18	4 27	壬子	7 20	5 30	甲申
	2 18	1 26	壬子	3 19	2 25	辛巳	4 19	3 26	壬子	5 19	4 27	壬午	6 19	4 28	癸丑	7 21	6 1	乙酉
	2 19	1 27	癸丑	3 20	2 26	壬午	4 20	3 27	癸丑	5 20	4 28	癸未	6 20	4 29	甲寅	7 22	6 2	丙戌
	2 20	1 28	甲寅	3 21	2 27	癸未	4 21	3 28	甲寅	5 21	4 29	甲申	6 21	5 1	乙卯	7 23	6 3	丁亥
	2 21	1 29	乙卯	3 22	2 28	甲申	4 22	3 29	乙卯	5 22	4 30	乙酉	6 22	5 2	丙辰	7 24	6 4	戊子
	2 22	1 30	丙辰	3 23	2 29	乙酉	4 23	4 1	丙辰	5 23	閏4 1	丙戌	6 23	5 3	丁巳	7 25	6 5	己丑
	2 23	2 1	丁巳	3 24	2 30	丙戌	4 24	4 2	丁巳	5 24	4 2	丁亥	6 24	5 4	戊午	7 26	6 6	庚寅
	2 24	2 2	戊午	3 25	3 1	丁亥	4 25	4 3	戊午	5 25	4 3	戊子	6 25	5 5	己未	7 27	6 7	辛卯
中	2 25	2 3	己未	3 26	3 2	戊子	4 26	4 4	己未	5 26	4 4	己丑	6 26	5 6	庚申	7 28	6 8	壬辰
華	2 26	2 4	庚申	3 27	3 3	己丑	4 27	4 5	庚申	5 27	4 5	庚寅	6 27	5 7	辛酉	7 29	6 9	癸巳
民	2 27	2 5	辛酉	3 28	3 4	庚寅	4 28	4 6	辛酉	5 28	4 6	辛卯	6 28	5 8	壬戌	7 30	6 10	甲午
國	2 28	2 6	壬戌	3 29	3 5	辛卯	4 29	4 7	壬戌	5 29	4 7	壬辰	6 29	5 9	癸亥	7 31	6 11	乙未
九	3 1	2 7	癸亥	3 30	3 6	壬辰	4 30	4 8	癸亥	5 30	4 8	癸巳	6 30	5 10	甲子	8 1	6 12	丙申
十	3 2	2 8	甲子	3 31	3 7	癸巳	5 1	4 9	甲子	5 31	4 9	甲午	7 1	5 11	乙丑	8 2	6 13	丁酉
年	3 3	2 9	乙丑	4 1	3 8	甲午	5 2	4 10	乙丑	6 1	4 10	乙未	7 2	5 12	丙寅	8 3	6 14	戊戌
	3 4	2 10	丙寅	4 2	3 9	乙未	5 3	4 11	丙寅	6 2	4 11	丙申	7 3	5 13	丁卯	8 4	6 15	己亥
				4 3	3 10	丙申	5 4	4 12	丁卯	6 3	4 12	丁酉	7 4	5 14	戊辰	8 5	6 16	庚子
				4 4	3 11	丁酉				6 4	4 13	戊戌	7 5	5 15	己巳	8 6	6 17	辛丑
													7 6	5 16	庚午			
中氣	雨水			春分			穀雨			小滿			夏至			大暑		
	2/18 22時27分 亥時			3/20 21時30分 亥時			4/20 8時35分 辰時			5/21 7時44分 辰時			6/21 15時37分 申時			7/23 2時26分 丑時		

辛巳

丙申 立秋 8/7 18時52分 酉時			丁酉 白露 9/7 21時46分 亥時			戊戌 寒露 10/8 13時25分 未時			己亥 立冬 11/7 16時36分 申時			庚子 大雪 12/7 9時28分 巳時			辛丑 小寒 1/5 20時43分 戌時			年 月 節氣 日
國曆	農曆	干支	國曆	農曆	干支	國曆	農曆	干支	國曆	農曆	干支	國曆	農曆	干支	國曆	農曆	干支	
8 7	6 18	壬寅	9 7	7 20	癸酉	10 8	8 22	甲辰	11 7	9 22	甲戌	12 7	10 23	甲辰	1 5	11 22	癸酉	
8 8	6 19	癸卯	9 8	7 21	甲戌	10 9	8 23	乙巳	11 8	9 23	乙亥	12 8	10 24	乙巳	1 6	11 23	甲戌	
8 9	6 20	甲辰	9 9	7 22	乙亥	10 10	8 24	丙午	11 9	9 24	丙子	12 9	10 25	丙午	1 7	11 24	乙亥	
8 10	6 21	乙巳	9 10	7 23	丙子	10 11	8 25	丁未	11 10	9 25	丁丑	12 10	10 26	丁未	1 8	11 25	丙子	
8 11	6 22	丙午	9 11	7 24	丁丑	10 12	8 26	戊申	11 11	9 26	戊寅	12 11	10 27	戊申	1 9	11 26	丁丑	2001·2002
8 12	6 23	丁未	9 12	7 25	戊寅	10 13	8 27	己酉	11 12	9 27	己卯	12 12	10 28	己酉	1 10	11 27	戊寅	
8 13	6 24	戊申	9 13	7 26	己卯	10 14	8 28	庚戌	11 13	9 28	庚辰	12 13	10 29	庚戌	1 11	11 28	己卯	
8 14	6 25	己酉	9 14	7 27	庚辰	10 15	8 29	辛亥	11 14	9 29	辛巳	12 14	10 30	辛亥	1 12	11 29	庚辰	
8 15	6 26	庚戌	9 15	7 28	辛巳	10 16	8 30	壬子	11 15	10 1	壬午	12 15	11 1	壬子	1 13	12 1	辛巳	
8 16	6 27	辛亥	9 16	7 29	壬午	10 17	9 1	癸丑	11 16	10 2	癸未	12 16	11 2	癸丑	1 14	12 2	壬午	
8 17	6 28	壬子	9 17	8 1	癸未	10 18	9 2	甲寅	11 17	10 3	甲申	12 17	11 3	甲寅	1 15	12 3	癸未	
8 18	6 29	癸丑	9 18	8 2	甲申	10 19	9 3	乙卯	11 18	10 4	乙酉	12 18	11 4	乙卯	1 16	12 4	甲申	
8 19	7 1	甲寅	9 19	8 3	乙酉	10 20	9 4	丙辰	11 19	10 5	丙戌	12 19	11 5	丙辰	1 17	12 5	乙酉	
8 20	7 2	乙卯	9 20	8 4	丙戌	10 21	9 5	丁巳	11 20	10 6	丁亥	12 20	11 6	丁巳	1 18	12 6	丙戌	蛇
8 21	7 3	丙辰	9 21	8 5	丁亥	10 22	9 6	戊午	11 21	10 7	戊子	12 21	11 7	戊午	1 19	12 7	丁亥	
8 22	7 4	丁巳	9 22	8 6	戊子	10 23	9 7	己未	11 22	10 8	己丑	12 22	11 8	己未	1 20	12 8	戊子	
8 23	7 5	戊午	9 23	8 7	己丑	10 24	9 8	庚申	11 23	10 9	庚寅	12 23	11 9	庚申	1 21	12 9	己丑	
8 24	7 6	己未	9 24	8 8	庚寅	10 25	9 9	辛酉	11 24	10 10	辛卯	12 24	11 10	辛酉	1 22	12 10	庚寅	
8 25	7 7	庚申	9 25	8 9	辛卯	10 26	9 10	壬戌	11 25	10 11	壬辰	12 25	11 11	壬戌	1 23	12 11	辛卯	
8 26	7 8	辛酉	9 26	8 10	壬辰	10 27	9 11	癸亥	11 26	10 12	癸巳	12 26	11 12	癸亥	1 24	12 12	壬辰	中華民國九十·九十一年
8 27	7 9	壬戌	9 27	8 11	癸巳	10 28	9 12	甲子	11 27	10 13	甲午	12 27	11 13	甲子	1 25	12 13	癸巳	
8 28	7 10	癸亥	9 28	8 12	甲午	10 29	9 13	乙丑	11 28	10 14	乙未	12 28	11 14	乙丑	1 26	12 14	甲午	
8 29	7 11	甲子	9 29	8 13	乙未	10 30	9 14	丙寅	11 29	10 15	丙申	12 29	11 15	丙寅	1 27	12 15	乙未	
8 30	7 12	乙丑	9 30	8 14	丙申	10 31	9 15	丁卯	11 30	10 16	丁酉	12 30	11 16	丁卯	1 28	12 16	丙申	
8 31	7 13	丙寅	10 1	8 15	丁酉	11 1	9 16	戊辰	12 1	10 17	戊戌	12 31	11 17	戊辰	1 29	12 17	丁酉	
9 1	7 14	丁卯	10 2	8 16	戊戌	11 2	9 17	己巳	12 2	10 18	己亥	1 1	11 18	己巳	1 30	12 18	戊戌	
9 2	7 15	戊辰	10 3	8 17	己亥	11 3	9 18	庚午	12 3	10 19	庚子	1 2	11 19	庚午	1 31	12 19	己亥	
9 3	7 16	己巳	10 4	8 18	庚子	11 4	9 19	辛未	12 4	10 20	辛丑	1 3	11 20	辛未	2 1	12 20	庚子	
9 4	7 17	庚午	10 5	8 19	辛丑	11 5	9 20	壬申	12 5	10 21	壬寅	1 4	11 21	壬申	2 2	12 21	辛丑	
9 5	7 18	辛未	10 6	8 20	壬寅	11 6	9 21	癸酉	12 6	10 22	癸卯				2 3	12 22	壬寅	
9 6	7 19	壬申	10 7	8 21	癸卯													
處暑 3 9時27分 巳時			秋分 9/23 7時4分 辰時			霜降 10/23 16時25分 申時			小雪 11/22 14時0分 未時			冬至 12/22 3時21分 寅時			大寒 1/20 14時2分 未時			中氣

年	壬午																	
月	壬寅			癸卯			甲辰			乙巳			丙午			丁未		
節氣	立春			驚蟄			清明			立夏			芒種			小暑		
	2/4 8時24分 辰時			3/6 2時27分 丑時			4/5 7時18分 辰時			5/6 0時37分 子時			6/6 4時44分 寅時			7/7 14時56分 未時		
日	國曆	農曆	干支	國曆	農曆	干支	國曆	農曆	干支	國曆	農曆	干支	國曆	農曆	干支	國曆	農曆	干支
	2 4	12 23	癸卯	3 6	1 23	癸酉	4 5	2 23	癸卯	5 6	3 24	甲戌	6 6	4 26	乙巳	7 7	5 27	丙子
	2 5	12 24	甲辰	3 7	1 24	甲戌	4 6	2 24	甲辰	5 7	3 25	乙亥	6 7	4 27	丙午	7 8	5 28	丁丑
	2 6	12 25	乙巳	3 8	1 25	乙亥	4 7	2 25	乙巳	5 8	3 26	丙子	6 8	4 28	丁未	7 9	5 29	戊寅
	2 7	12 26	丙午	3 9	1 26	丙子	4 8	2 26	丙午	5 9	3 27	丁丑	6 9	4 29	戊申	7 10	6 1	己卯
2	2 8	12 27	丁未	3 10	1 27	丁丑	4 9	2 27	丁未	5 10	3 28	戊寅	6 10	4 30	己酉	7 11	6 2	庚辰
0	2 9	12 28	戊申	3 11	1 28	戊寅	4 10	2 28	戊申	5 11	3 29	己卯	6 11	5 1	庚戌	7 12	6 3	辛巳
0	2 10	12 29	己酉	3 12	1 29	己卯	4 11	2 29	己酉	5 12	4 1	庚辰	6 12	5 2	辛亥	7 13	6 4	壬午
2	2 11	12 30	庚戌	3 13	1 30	庚辰	4 12	2 30	庚戌	5 13	4 2	辛巳	6 13	5 3	壬子	7 14	6 5	癸未
	2 12	1 1	辛亥	3 14	2 1	辛巳	4 13	3 1	辛亥	5 14	4 3	壬午	6 14	5 4	癸丑	7 15	6 6	甲申
	2 13	1 2	壬子	3 15	2 2	壬午	4 14	3 2	壬子	5 15	4 4	癸未	6 15	5 5	甲寅	7 16	6 7	乙酉
	2 14	1 3	癸丑	3 16	2 3	癸未	4 15	3 3	癸丑	5 16	4 5	甲申	6 16	5 6	乙卯	7 17	6 8	丙戌
	2 15	1 4	甲寅	3 17	2 4	甲申	4 16	3 4	甲寅	5 17	4 6	乙酉	6 17	5 7	丙辰	7 18	6 9	丁亥
	2 16	1 5	乙卯	3 18	2 5	乙酉	4 17	3 5	乙卯	5 18	4 7	丙戌	6 18	5 8	丁巳	7 19	6 10	戊子
馬	2 17	1 6	丙辰	3 19	2 6	丙戌	4 18	3 6	丙辰	5 19	4 8	丁亥	6 19	5 9	戊午	7 20	6 11	己丑
	2 18	1 7	丁巳	3 20	2 7	丁亥	4 19	3 7	丁巳	5 20	4 9	戊子	6 20	5 10	己未	7 21	6 12	庚寅
	2 19	1 8	戊午	3 21	2 8	戊子	4 20	3 8	戊午	5 21	4 10	己丑	6 21	5 11	庚申	7 22	6 13	辛卯
	2 20	1 9	己未	3 22	2 9	己丑	4 21	3 9	己未	5 22	4 11	庚寅	6 22	5 12	辛酉	7 23	6 14	壬辰
	2 21	1 10	庚申	3 23	2 10	庚寅	4 22	3 10	庚申	5 23	4 12	辛卯	6 23	5 13	壬戌	7 24	6 15	癸巳
	2 22	1 11	辛酉	3 24	2 11	辛卯	4 23	3 11	辛酉	5 24	4 13	壬辰	6 24	5 14	癸亥	7 25	6 16	甲午
	2 23	1 12	壬戌	3 25	2 12	壬辰	4 24	3 12	壬戌	5 25	4 14	癸巳	6 25	5 15	甲子	7 26	6 17	乙未
	2 24	1 13	癸亥	3 26	2 13	癸巳	4 25	3 13	癸亥	5 26	4 15	甲午	6 26	5 16	乙丑	7 27	6 18	丙申
	2 25	1 14	甲子	3 27	2 14	甲午	4 26	3 14	甲子	5 27	4 16	乙未	6 27	5 17	丙寅	7 28	6 19	丁酉
中	2 26	1 15	乙丑	3 28	2 15	乙未	4 27	3 15	乙丑	5 28	4 17	丙申	6 28	5 18	丁卯	7 29	6 20	戊戌
華	2 27	1 16	丙寅	3 29	2 16	丙申	4 28	3 16	丙寅	5 29	4 18	丁酉	6 29	5 19	戊辰	7 30	6 21	己亥
民	2 28	1 17	丁卯	3 30	2 17	丁酉	4 29	3 17	丁卯	5 30	4 19	戊戌	6 30	5 20	己巳	7 31	6 22	庚子
國	3 1	1 18	戊辰	3 31	2 18	戊戌	4 30	3 18	戊辰	5 31	4 20	己亥	7 1	5 21	庚午	8 1	6 23	辛丑
九	3 2	1 19	己巳	4 1	2 19	己亥	5 1	3 19	己巳	6 1	4 21	庚子	7 2	5 22	辛未	8 2	6 24	壬寅
十	3 3	1 20	庚午	4 2	2 20	庚子	5 2	3 20	庚午	6 2	4 22	辛丑	7 3	5 23	壬申	8 3	6 25	癸卯
一	3 4	1 21	辛未	4 3	2 21	辛丑	5 3	3 21	辛未	6 3	4 23	壬寅	7 4	5 24	癸酉	8 4	6 26	甲辰
年	3 5	1 22	壬申	4 4	2 22	壬寅	5 4	3 22	壬申	6 4	4 24	癸卯	7 5	5 25	甲戌	8 5	6 27	乙巳
							5 5	3 23	癸酉	6 5	4 25	甲辰	7 6	5 26	乙亥	8 6	6 28	丙午
																8 7	6 29	丁未
中	雨水			春分			穀雨			小滿			夏至			大暑		
氣	2/19 4時13分 寅時			3/21 3時16分 寅時			4/20 14時20分 未時			5/21 13時29分 未時			6/21 21時24分 亥時			7/23 8時14分 辰時		

		壬午																年
戊申			己酉			庚戌			辛亥			壬子			癸丑			月
立秋			白露			寒露			立冬			大雪			小寒			節氣
8/8 0時39分 子時			9/8 3時31分 寅時			10/8 19時9分 戌時			11/7 22時21分 亥時			12/7 15時14分 申時			1/6 2時27分 丑時			
國曆	農曆	干支	國曆	農曆	干支	國曆	農曆	干支	國曆	農曆	干支	國曆	農曆	干支	國曆	農曆	干支	日
8 8	6 30	戊申	9 8	8 2	己卯	10 8	9 3	己酉	11 7	10 3	己卯	12 7	11 4	己酉	1 6	12 4	己卯	
8 9	7 1	己酉	9 9	8 3	庚辰	10 9	9 4	庚戌	11 8	10 4	庚辰	12 8	11 5	庚戌	1 7	12 5	庚辰	
8 10	7 2	庚戌	9 10	8 4	辛巳	10 10	9 5	辛亥	11 9	10 5	辛巳	12 9	11 6	辛亥	1 8	12 6	辛巳	2
8 11	7 3	辛亥	9 11	8 5	壬午	10 11	9 6	壬子	11 10	10 6	壬午	12 10	11 7	壬子	1 9	12 7	壬午	0
8 12	7 4	壬子	9 12	8 6	癸未	10 12	9 7	癸丑	11 11	10 7	癸未	12 11	11 8	癸丑	1 10	12 8	癸未	0
8 13	7 5	癸丑	9 13	8 7	甲申	10 13	9 8	甲寅	11 12	10 8	甲申	12 12	11 9	甲寅	1 11	12 9	甲申	2
8 14	7 6	甲寅	9 14	8 8	乙酉	10 14	9 9	乙卯	11 13	10 9	乙酉	12 13	11 10	乙卯	1 12	12 10	乙酉	·
8 15	7 7	乙卯	9 15	8 9	丙戌	10 15	9 10	丙辰	11 14	10 10	丙戌	12 14	11 11	丙辰	1 13	12 11	丙戌	2
8 16	7 8	丙辰	9 16	8 10	丁亥	10 16	9 11	丁巳	11 15	10 11	丁亥	12 15	11 12	丁巳	1 14	12 12	丁亥	0
8 17	7 9	丁巳	9 17	8 11	戊子	10 17	9 12	戊午	11 16	10 12	戊子	12 16	11 13	戊午	1 15	12 13	戊子	0
8 18	7 10	戊午	9 18	8 12	己丑	10 18	9 13	己未	11 17	10 13	己丑	12 17	11 14	己未	1 16	12 14	己丑	3
8 19	7 11	己未	9 19	8 13	庚寅	10 19	9 14	庚申	11 18	10 14	庚寅	12 18	11 15	庚申	1 17	12 15	庚寅	
8 20	7 12	庚申	9 20	8 14	辛卯	10 20	9 15	辛酉	11 19	10 15	辛卯	12 19	11 16	辛酉	1 18	12 16	辛卯	
8 21	7 13	辛酉	9 21	8 15	壬辰	10 21	9 16	壬戌	11 20	10 16	壬辰	12 20	11 17	壬戌	1 19	12 17	壬辰	
8 22	7 14	壬戌	9 22	8 16	癸巳	10 22	9 17	癸亥	11 21	10 17	癸巳	12 21	11 18	癸亥	1 20	12 18	癸巳	馬
8 23	7 15	癸亥	9 23	8 17	甲午	10 23	9 18	甲子	11 22	10 18	甲午	12 22	11 19	甲子	1 21	12 19	甲午	
8 24	7 16	甲子	9 24	8 18	乙未	10 24	9 19	乙丑	11 23	10 19	乙未	12 23	11 20	乙丑	1 22	12 20	乙未	
8 25	7 17	乙丑	9 25	8 19	丙申	10 25	9 20	丙寅	11 24	10 20	丙申	12 24	11 21	丙寅	1 23	12 21	丙申	
8 26	7 18	丙寅	9 26	8 20	丁酉	10 26	9 21	丁卯	11 25	10 21	丁酉	12 25	11 22	丁卯	1 24	12 22	丁酉	
8 27	7 19	丁卯	9 27	8 21	戊戌	10 27	9 22	戊辰	11 26	10 22	戊戌	12 26	11 23	戊辰	1 25	12 23	戊戌	中
8 28	7 20	戊辰	9 28	8 22	己亥	10 28	9 23	己巳	11 27	10 23	己亥	12 27	11 24	己巳	1 26	12 24	己亥	華
8 29	7 21	己巳	9 29	8 23	庚子	10 29	9 24	庚午	11 28	10 24	庚子	12 28	11 25	庚午	1 27	12 25	庚子	民
8 30	7 22	庚午	9 30	8 24	辛丑	10 30	9 25	辛未	11 29	10 25	辛丑	12 29	11 26	辛未	1 28	12 26	辛丑	國
8 31	7 23	辛未	10 1	8 25	壬寅	10 31	9 26	壬申	11 30	10 26	壬寅	12 30	11 27	壬申	1 29	12 27	壬寅	九
9 1	7 24	壬申	10 2	8 26	癸卯	11 1	9 27	癸酉	12 1	10 27	癸卯	12 31	11 28	癸酉	1 30	12 28	癸卯	十一
9 2	7 25	癸酉	10 3	8 27	甲辰	11 2	9 28	甲戌	12 2	10 28	甲辰	1 1	11 29	甲戌	1 31	12 29	甲辰	·
9 3	7 26	甲戌	10 4	8 28	乙巳	11 3	9 29	乙亥	12 3	10 29	乙巳	1 2	11 30	乙亥	2 1	1 1	乙巳	九
9 4	7 27	乙亥	10 5	8 29	丙午	11 4	9 30	丙子	12 4	11 1	丙午	1 3	12 1	丙子	2 2	1 2	丙午	十二
9 5	7 28	丙子	10 6	9 1	丁未	11 5	10 1	丁丑	12 5	11 2	丁未	1 4	12 2	丁丑	2 3	1 3	丁未	年
9 6	7 29	丁丑	10 7	9 2	戊申	11 6	10 2	戊寅	12 6	11 3	戊申	1 5	12 3	戊寅				
9 7	8 1	戊寅																
處暑			秋分			霜降			小雪			冬至			大寒			中
8/23 15時16分 申時			9/23 12時55分 午時			10/23 22時17分 亥時			11/22 19時53分 戌時			12/22 9時14分 巳時			1/20 19時52分 戌時			氣

年	癸未																	
月	甲寅			乙卯			丙辰			丁巳			戊午			己未		
節氣	立春			驚蟄			清明			立夏			芒種			小暑		
	2/4 14時5分 未時			3/6 8時4分 辰時			4/5 12時52分 午時			5/6 6時10分 卯時			6/6 10時19分 巳時			7/7 20時35分 戌時		
日	國曆	農曆	干支	國曆	農曆	干支	國曆	農曆	干支	國曆	農曆	干支	國曆	農曆	干支	國曆	農曆	干支
2003 羊 中華民國九十二年	2 4	1 4	戊申	3 6	2 4	戊寅	4 5	3 4	戊申	5 6	4 6	己卯	6 6	5 7	庚戌	7 7	6 8	辛巳
	2 5	1 5	己酉	3 7	2 5	己卯	4 6	3 5	己酉	5 7	4 7	庚辰	6 7	5 8	辛亥	7 8	6 9	壬午
	2 6	1 6	庚戌	3 8	2 6	庚辰	4 7	3 6	庚戌	5 8	4 8	辛巳	6 8	5 9	壬子	7 9	6 10	癸未
	2 7	1 7	辛亥	3 9	2 7	辛巳	4 8	3 7	辛亥	5 9	4 9	壬午	6 9	5 10	癸丑	7 10	6 11	甲申
	2 8	1 8	壬子	3 10	2 8	壬午	4 9	3 8	壬子	5 10	4 10	癸未	6 10	5 11	甲寅	7 11	6 12	乙酉
	2 9	1 9	癸丑	3 11	2 9	癸未	4 10	3 9	癸丑	5 11	4 11	甲申	6 11	5 12	乙卯	7 12	6 13	丙戌
	2 10	1 10	甲寅	3 12	2 10	甲申	4 11	3 10	甲寅	5 12	4 12	乙酉	6 12	5 13	丙辰	7 13	6 14	丁亥
	2 11	1 11	乙卯	3 13	2 11	乙酉	4 12	3 11	乙卯	5 13	4 13	丙戌	6 13	5 14	丁巳	7 14	6 15	戊子
	2 12	1 12	丙辰	3 14	2 12	丙戌	4 13	3 12	丙辰	5 14	4 14	丁亥	6 14	5 15	戊午	7 15	6 16	己丑
	2 13	1 13	丁巳	3 15	2 13	丁亥	4 14	3 13	丁巳	5 15	4 15	戊子	6 15	5 16	己未	7 16	6 17	庚寅
	2 14	1 14	戊午	3 16	2 14	戊子	4 15	3 14	戊午	5 16	4 16	己丑	6 16	5 17	庚申	7 17	6 18	辛卯
	2 15	1 15	己未	3 17	2 15	己丑	4 16	3 15	己未	5 17	4 17	庚寅	6 17	5 18	辛酉	7 18	6 19	壬辰
	2 16	1 16	庚申	3 18	2 16	庚寅	4 17	3 16	庚申	5 18	4 18	辛卯	6 18	5 19	壬戌	7 19	6 20	癸巳
	2 17	1 17	辛酉	3 19	2 17	辛卯	4 18	3 17	辛酉	5 19	4 19	壬辰	6 19	5 20	癸亥	7 20	6 21	甲午
	2 18	1 18	壬戌	3 20	2 18	壬辰	4 19	3 18	壬戌	5 20	4 20	癸巳	6 20	5 21	甲子	7 21	6 22	乙未
	2 19	1 19	癸亥	3 21	2 19	癸巳	4 20	3 19	癸亥	5 21	4 21	甲午	6 21	5 22	乙丑	7 22	6 23	丙申
	2 20	1 20	甲子	3 22	2 20	甲午	4 21	3 20	甲子	5 22	4 22	乙未	6 22	5 23	丙寅	7 23	6 24	丁酉
	2 21	1 21	乙丑	3 23	2 21	乙未	4 22	3 21	乙丑	5 23	4 23	丙申	6 23	5 24	丁卯	7 24	6 25	戊戌
	2 22	1 22	丙寅	3 24	2 22	丙申	4 23	3 22	丙寅	5 24	4 24	丁酉	6 24	5 25	戊辰	7 25	6 26	己亥
	2 23	1 23	丁卯	3 25	2 23	丁酉	4 24	3 23	丁卯	5 25	4 25	戊戌	6 25	5 26	己巳	7 26	6 27	庚子
	2 24	1 24	戊辰	3 26	2 24	戊戌	4 25	3 24	戊辰	5 26	4 26	己亥	6 26	5 27	庚午	7 27	6 28	辛丑
	2 25	1 25	己巳	3 27	2 25	己亥	4 26	3 25	己巳	5 27	4 27	庚子	6 27	5 28	辛未	7 28	6 29	壬寅
	2 26	1 26	庚午	3 28	2 26	庚子	4 27	3 26	庚午	5 28	4 28	辛丑	6 28	5 29	壬申	7 29	7 1	癸卯
	2 27	1 27	辛未	3 29	2 27	辛丑	4 28	3 27	辛未	5 29	4 29	壬寅	6 29	5 30	癸酉	7 30	7 2	甲辰
	2 28	1 28	壬申	3 30	2 28	壬寅	4 29	3 28	壬申	5 30	4 30	癸卯	6 30	6 1	甲戌	7 31	7 3	乙巳
	3 1	1 29	癸酉	3 31	2 29	癸卯	4 30	3 29	癸酉	5 31	5 1	甲辰	7 1	6 2	乙亥	8 1	7 4	丙午
	3 2	1 30	甲戌	4 1	2 30	甲辰	5 1	4 1	甲戌	6 1	5 2	乙巳	7 2	6 3	丙子	8 2	7 5	丁未
	3 3	2 1	乙亥	4 2	3 1	乙巳	5 2	4 2	乙亥	6 2	5 3	丙午	7 3	6 4	丁丑	8 3	7 6	戊申
	3 4	2 2	丙子	4 3	3 2	丙午	5 3	4 3	丙子	6 3	5 4	丁未	7 4	6 5	戊寅	8 4	7 7	己酉
	3 5	2 3	丁丑	4 4	3 3	丁未	5 4	4 4	丁丑	6 4	5 5	戊申	7 5	6 6	己卯	8 5	7 8	庚戌
							5 5	4 5	戊寅	6 5	5 6	己酉	7 6	6 7	庚辰	8 6	7 9	辛亥
																8 7	7 10	壬子
中氣	雨水			春分			穀雨			小滿			夏至			大暑		
	2/19 10時0分 巳時			3/21 8時59分 辰時			4/20 20時2分 戌時			5/21 19時12分 戌時			6/22 3時10分 寅時			7/23 14時4分 未時		

癸未																		年
庚申			辛酉			壬戌			癸亥			甲子			乙丑			月
立秋			白露			寒露			立冬			大雪			小寒			節氣
8/8 6時24分 卯時			9/8 9時20分 巳時			10/9 1時0分 丑時			11/8 4時13分 寅時			12/7 21時5分 亥時			1/6 8時18分 辰時			
國曆	農曆	干支	國曆	農曆	干支	國曆	農曆	干支	國曆	農曆	干支	國曆	農曆	干支	國曆	農曆	干支	日
8 8	7 11	癸丑	9 8	8 12	甲申	10 9	9 14	乙卯	11 8	10 15	乙酉	12 7	11 14	甲寅	1 6	12 15	甲申	
8 9	7 12	甲寅	9 9	8 13	乙酉	10 10	9 15	丙辰	11 9	10 16	丙戌	12 8	11 15	乙卯	1 7	12 16	乙酉	
8 10	7 13	乙卯	9 10	8 14	丙戌	10 11	9 16	丁巳	11 10	10 17	丁亥	12 9	11 16	丙辰	1 8	12 17	丙戌	2
8 11	7 14	丙辰	9 11	8 15	丁亥	10 12	9 17	戊午	11 11	10 18	戊子	12 10	11 17	丁巳	1 9	12 18	丁亥	0
8 12	7 15	丁巳	9 12	8 16	戊子	10 13	9 18	己未	11 12	10 19	己丑	12 11	11 18	戊午	1 10	12 19	戊子	0
8 13	7 16	戊午	9 13	8 17	己丑	10 14	9 19	庚申	11 13	10 20	庚寅	12 12	11 19	己未	1 11	12 20	己丑	3
8 14	7 17	己未	9 14	8 18	庚寅	10 15	9 20	辛酉	11 14	10 21	辛卯	12 13	11 20	庚申	1 12	12 21	庚寅	·
8 15	7 18	庚申	9 15	8 19	辛卯	10 16	9 21	壬戌	11 15	10 22	壬辰	12 14	11 21	辛酉	1 13	12 22	辛卯	2
8 16	7 19	辛酉	9 16	8 20	壬辰	10 17	9 22	癸亥	11 16	10 23	癸巳	12 15	11 22	壬戌	1 14	12 23	壬辰	0
8 17	7 20	壬戌	9 17	8 21	癸巳	10 18	9 23	甲子	11 17	10 24	甲午	12 16	11 23	癸亥	1 15	12 24	癸巳	0
8 18	7 21	癸亥	9 18	8 22	甲午	10 19	9 24	乙丑	11 18	10 25	乙未	12 17	11 24	甲子	1 16	12 25	甲午	4
8 19	7 22	甲子	9 19	8 23	乙未	10 20	9 25	丙寅	11 19	10 26	丙申	12 18	11 25	乙丑	1 17	12 26	乙未	
8 20	7 23	乙丑	9 20	8 24	丙申	10 21	9 26	丁卯	11 20	10 27	丁酉	12 19	11 26	丙寅	1 18	12 27	丙申	
8 21	7 24	丙寅	9 21	8 25	丁酉	10 22	9 27	戊辰	11 21	10 28	戊戌	12 20	11 27	丁卯	1 19	12 28	丁酉	
8 22	7 25	丁卯	9 22	8 26	戊戌	10 23	9 28	己巳	11 22	10 29	己亥	12 21	11 28	戊辰	1 20	12 29	戊戌	羊
8 23	7 26	戊辰	9 23	8 27	己亥	10 24	9 29	庚午	11 23	10 30	庚子	12 22	11 29	己巳	1 21	12 30	己亥	
8 24	7 27	己巳	9 24	8 28	庚子	10 25	10 1	辛未	11 24	11 1	辛丑	12 23	12 1	庚午	1 22	1 1	庚子	
8 25	7 28	庚午	9 25	8 29	辛丑	10 26	10 2	壬申	11 25	11 2	壬寅	12 24	12 2	辛未	1 23	1 2	辛丑	
8 26	7 29	辛未	9 26	9 1	壬寅	10 27	10 3	癸酉	11 26	11 3	癸卯	12 25	12 3	壬申	1 24	1 3	壬寅	中
8 27	7 30	壬申	9 27	9 2	癸卯	10 28	10 4	甲戌	11 27	11 4	甲辰	12 26	12 4	癸酉	1 25	1 4	癸卯	華
8 28	8 1	癸酉	9 28	9 3	甲辰	10 29	10 5	乙亥	11 28	11 5	乙巳	12 27	12 5	甲戌	1 26	1 5	甲辰	民
8 29	8 2	甲戌	9 29	9 4	乙巳	10 30	10 6	丙子	11 29	11 6	丙午	12 28	12 6	乙亥	1 27	1 6	乙巳	國
8 30	8 3	乙亥	9 30	9 5	丙午	10 31	10 7	丁丑	11 30	11 7	丁未	12 29	12 7	丙子	1 28	1 7	丙午	九
8 31	8 4	丙子	10 1	9 6	丁未	11 1	10 8	戊寅	12 1	11 8	戊申	12 30	12 8	丁丑	1 29	1 8	丁未	十
9 1	8 5	丁丑	10 2	9 7	戊申	11 2	10 9	己卯	12 2	11 9	己酉	12 31	12 9	戊寅	1 30	1 9	戊申	二
9 2	8 6	戊寅	10 3	9 8	己酉	11 3	10 10	庚辰	12 3	11 10	庚戌	1 1	12 10	己卯	1 31	1 10	己酉	·
9 3	8 7	己卯	10 4	9 9	庚戌	11 4	10 11	辛巳	12 4	11 11	辛亥	1 2	12 11	庚辰	2 1	1 11	庚戌	九
9 4	8 8	庚辰	10 5	9 10	辛亥	11 5	10 12	壬午	12 5	11 12	壬子	1 3	12 12	辛巳	2 2	1 12	辛亥	十
9 5	8 9	辛巳	10 6	9 11	壬子	11 6	10 13	癸未	12 6	11 13	癸丑	1 4	12 13	壬午	2 3	1 13	壬子	三
9 6	8 10	壬午	10 7	9 12	癸丑	11 7	10 14	甲申				1 5	12 14	癸未				年
9 7	8 11	癸未	10 8	9 13	甲寅													
處暑			秋分			霜降			小雪			冬至			大寒			中
8/23 21時8分 亥時			9/23 18時46分 酉時			10/24 4時8分 寅時			11/23 1時43分 丑時			12/22 15時3分 申時			1/21 1時42分 丑時			氣

年	甲申																
月	丙寅			丁卯			戊辰			己巳			庚午			辛未		
節氣	立春			驚蟄			清明			立夏			芒種			小暑		
	2/4 19時56分 戌時			3/5 13時55分 未時			4/4 18時43分 酉時			5/5 12時2分 午時			6/5 16時13分 申時			7/7 2時31分 丑時		
日	國曆	農曆	干支	國曆	農曆	干支	國曆	農曆	干支	國曆	農曆	干支	國曆	農曆	干支	國曆	農曆	干支
	2 4	1 14	癸丑	3 5	2 15	癸未	4 4	2 15	癸丑	5 5	3 17	甲申	6 5	4 18	乙卯	7 7	5 20	丁亥
	2 5	1 15	甲寅	3 6	2 16	甲申	4 5	2 16	甲寅	5 6	3 18	乙酉	6 6	4 19	丙辰	7 8	5 21	戊子
	2 6	1 16	乙卯	3 7	2 17	乙酉	4 6	2 17	乙卯	5 7	3 19	丙戌	6 7	4 20	丁巳	7 9	5 22	己丑
	2 7	1 17	丙辰	3 8	2 18	丙戌	4 7	2 18	丙辰	5 8	3 20	丁亥	6 8	4 21	戊午	7 10	5 23	庚寅
2	2 8	1 18	丁巳	3 9	2 19	丁亥	4 8	2 19	丁巳	5 9	3 21	戊子	6 9	4 22	己未	7 11	5 24	辛卯
0	2 9	1 19	戊午	3 10	2 20	戊子	4 9	2 20	戊午	5 10	3 22	己丑	6 10	4 23	庚申	7 12	5 25	壬辰
0	2 10	1 20	己未	3 11	2 21	己丑	4 10	2 21	己未	5 11	3 23	庚寅	6 11	4 24	辛酉	7 13	5 26	癸巳
4	2 11	1 21	庚申	3 12	2 22	庚寅	4 11	2 22	庚申	5 12	3 24	辛卯	6 12	4 25	壬戌	7 14	5 27	甲午
	2 12	1 22	辛酉	3 13	2 23	辛卯	4 12	2 23	辛酉	5 13	3 25	壬辰	6 13	4 26	癸亥	7 15	5 28	乙未
	2 13	1 23	壬戌	3 14	2 24	壬辰	4 13	2 24	壬戌	5 14	3 26	癸巳	6 14	4 27	甲子	7 16	5 29	丙申
	2 14	1 24	癸亥	3 15	2 25	癸巳	4 14	2 25	癸亥	5 15	3 27	甲午	6 15	4 28	乙丑	7 17	6 1	丁酉
	2 15	1 25	甲子	3 16	2 26	甲午	4 15	2 26	甲子	5 16	3 28	乙未	6 16	4 29	丙寅	7 18	6 2	戊戌
	2 16	1 26	乙丑	3 17	2 27	乙未	4 16	2 27	乙丑	5 17	3 29	丙申	6 17	4 30	丁卯	7 19	6 3	己亥
猴	2 17	1 27	丙寅	3 18	2 28	丙申	4 17	2 28	丙寅	5 18	3 30	丁酉	6 18	5 1	戊辰	7 20	6 4	庚子
	2 18	1 28	丁卯	3 19	2 29	丁酉	4 18	2 29	丁卯	5 19	4 1	戊戌	6 19	5 2	己巳	7 21	6 5	辛丑
	2 19	1 29	戊辰	3 20	2 30	戊戌	4 19	3 1	戊辰	5 20	4 2	己亥	6 20	5 3	庚午	7 22	6 6	壬寅
	2 20	2 1	己巳	3 21	閏2 1	己亥	4 20	3 2	己巳	5 21	4 3	庚子	6 21	5 4	辛未	7 23	6 7	癸卯
	2 21	2 2	庚午	3 22	2 2	庚子	4 21	3 3	庚午	5 22	4 4	辛丑	6 22	5 5	壬申	7 24	6 8	甲辰
	2 22	2 3	辛未	3 23	2 3	辛丑	4 22	3 4	辛未	5 23	4 5	壬寅	6 23	5 6	癸酉	7 25	6 9	乙巳
	2 23	2 4	壬申	3 24	2 4	壬寅	4 23	3 5	壬申	5 24	4 6	癸卯	6 24	5 7	甲戌	7 26	6 10	丙午
	2 24	2 5	癸酉	3 25	2 5	癸卯	4 24	3 6	癸酉	5 25	4 7	甲辰	6 25	5 8	乙亥	7 27	6 11	丁未
中	2 25	2 6	甲戌	3 26	2 6	甲辰	4 25	3 7	甲戌	5 26	4 8	乙巳	6 26	5 9	丙子	7 28	6 12	戊申
華	2 26	2 7	乙亥	3 27	2 7	乙巳	4 26	3 8	乙亥	5 27	4 9	丙午	6 27	5 10	丁丑	7 29	6 13	己酉
民	2 27	2 8	丙子	3 28	2 8	丙午	4 27	3 9	丙子	5 28	4 10	丁未	6 28	5 11	戊寅	7 30	6 14	庚戌
國	2 28	2 9	丁丑	3 29	2 9	丁未	4 28	3 10	丁丑	5 29	4 11	戊申	6 29	5 12	己卯	7 31	6 15	辛亥
九	2 29	2 10	戊寅	3 30	2 10	戊申	4 29	3 11	戊寅	5 30	4 12	己酉	6 30	5 13	庚辰	8 1	6 16	壬子
十	3 1	2 11	己卯	3 31	2 11	己酉	4 30	3 12	己卯	5 31	4 13	庚戌	7 1	5 14	辛巳	8 2	6 17	癸丑
三	3 2	2 12	庚辰	4 1	2 12	庚戌	5 1	3 13	庚辰	6 1	4 14	辛亥	7 2	5 15	壬午	8 3	6 18	甲寅
年	3 3	2 13	辛巳	4 2	2 13	辛亥	5 2	3 14	辛巳	6 2	4 15	壬子	7 3	5 16	癸未	8 4	6 19	乙卯
	3 4	2 14	壬午	4 3	2 14	壬子	5 3	3 15	壬午	6 3	4 16	癸丑	7 4	5 17	甲申	8 5	6 20	丙辰
							5 4	3 16	癸未	6 4	4 17	甲寅	7 5	5 18	乙酉	8 6	6 21	丁巳
													7 6	5 19	丙戌			
中氣	雨水			春分			穀雨			小滿			夏至			大暑		
	2/19 15時49分 申時			3/20 14時48分 未時			4/20 1時50分 丑時			5/21 0時59分 子時			6/21 8時56分 辰時			7/22 19時50分 戌時		

甲申																		年
壬申			癸酉			甲戌			乙亥			丙子			丁丑			月
立秋			白露			寒露			立冬			大雪			小寒			節氣
8/7 12時19分 午時			9/7 15時12分 申時			10/8 6時49分 卯時			11/7 9時58分 巳時			12/7 2時48分 丑時			1/5 14時2分 未時			
國曆	農曆	干支	國曆	農曆	干支	國曆	農曆	干支	國曆	農曆	干支	國曆	農曆	干支	國曆	農曆	干支	日
8 7	6 22	戊午	9 7	7 23	己丑	10 8	8 25	庚申	11 7	9 25	庚寅	12 7	10 26	庚申	1 5	11 25	己丑	
8 8	6 23	己未	9 8	7 24	庚寅	10 9	8 26	辛酉	11 8	9 26	辛卯	12 8	10 27	辛酉	1 6	11 26	庚寅	
8 9	6 24	庚申	9 9	7 25	辛卯	10 10	8 27	壬戌	11 9	9 27	壬辰	12 9	10 28	壬戌	1 7	11 27	辛卯	
8 10	6 25	辛酉	9 10	7 26	壬辰	10 11	8 28	癸亥	11 10	9 28	癸巳	12 10	10 29	癸亥	1 8	11 28	壬辰	2
8 11	6 26	壬戌	9 11	7 27	癸巳	10 12	8 29	甲子	11 11	9 29	甲午	12 11	10 30	甲子	1 9	11 29	癸巳	0
8 12	6 27	癸亥	9 12	7 28	甲午	10 13	8 30	乙丑	11 12	10 1	乙未	12 12	11 1	乙丑	1 10	12 1	甲午	0
8 13	6 28	甲子	9 13	7 29	乙未	10 14	9 1	丙寅	11 13	10 2	丙申	12 13	11 2	丙寅	1 11	12 2	乙未	4
8 14	6 29	乙丑	9 14	8 1	丙申	10 15	9 2	丁卯	11 14	10 3	丁酉	12 14	11 3	丁卯	1 12	12 3	丙申	·
8 15	6 30	丙寅	9 15	8 2	丁酉	10 16	9 3	戊辰	11 15	10 4	戊戌	12 15	11 4	戊辰	1 13	12 4	丁酉	2
8 16	7 1	丁卯	9 16	8 3	戊戌	10 17	9 4	己巳	11 16	10 5	己亥	12 16	11 5	己巳	1 14	12 5	戊戌	0
8 17	7 2	戊辰	9 17	8 4	己亥	10 18	9 5	庚午	11 17	10 6	庚子	12 17	11 6	庚午	1 15	12 6	己亥	0
8 18	7 3	己巳	9 18	8 5	庚子	10 19	9 6	辛未	11 18	10 7	辛丑	12 18	11 7	辛未	1 16	12 7	庚子	5
8 19	7 4	庚午	9 19	8 6	辛丑	10 20	9 7	壬申	11 19	10 8	壬寅	12 19	11 8	壬申	1 17	12 8	辛丑	
20	7 5	辛未	9 20	8 7	壬寅	10 21	9 8	癸酉	11 20	10 9	癸卯	12 20	11 9	癸酉	1 18	12 9	壬寅	猴
21	7 6	壬申	9 21	8 8	癸卯	10 22	9 9	甲戌	11 21	10 10	甲辰	12 21	11 10	甲戌	1 19	12 10	癸卯	
22	7 7	癸酉	9 22	8 9	甲辰	10 23	9 10	乙亥	11 22	10 11	乙巳	12 22	11 11	乙亥	1 20	12 11	甲辰	
23	7 8	甲戌	9 23	0 10	乙巳	10 24	9 11	丙子	11 23	10 12	丙午	12 23	11 12	丙子	1 21	12 12	乙巳	
24	7 9	乙亥	9 24	8 11	丙午	10 25	9 12	丁丑	11 24	10 13	丁未	12 24	11 13	丁丑	1 22	12 13	丙午	
25	7 10	丙子	9 25	8 12	丁未	10 26	9 13	戊寅	11 25	10 14	戊申	12 25	11 14	戊寅	1 23	12 14	丁未	
26	7 11	丁丑	9 26	8 13	戊申	10 27	9 14	己卯	11 26	10 15	己酉	12 26	11 15	己卯	1 24	12 15	戊申	中
27	7 12	戊寅	9 27	8 14	己酉	10 28	9 15	庚辰	11 27	10 16	庚戌	12 27	11 16	庚辰	1 25	12 16	己酉	華
28	7 13	己卯	9 28	8 15	庚戌	10 29	9 16	辛巳	11 28	10 17	辛亥	12 28	11 17	辛巳	1 26	12 17	庚戌	民
29	7 14	庚辰	9 29	8 16	辛亥	10 30	9 17	壬午	11 29	10 18	壬子	12 29	11 18	壬午	1 27	12 18	辛亥	國
30	7 15	辛巳	9 30	8 17	壬子	10 31	9 18	癸未	11 30	10 19	癸丑	12 30	11 19	癸未	1 28	12 19	壬子	九
31	7 16	壬午	10 1	8 18	癸丑	11 1	9 19	甲申	12 1	10 20	甲寅	12 31	11 20	甲申	1 29	12 20	癸丑	十
1	7 17	癸未	10 2	8 19	甲寅	11 2	9 20	乙酉	12 2	10 21	乙卯	1 1	11 21	乙酉	1 30	12 21	甲寅	三
2	7 18	甲申	10 3	8 20	乙卯	11 3	9 21	丙戌	12 3	10 22	丙辰	1 2	11 22	丙戌	1 31	12 22	乙卯	·
3	7 19	乙酉	10 4	8 21	丙辰	11 4	9 22	丁亥	12 4	10 23	丁巳	1 3	11 23	丁亥	2 1	12 23	丙辰	九
4	7 20	丙戌	10 5	8 22	丁巳	11 5	9 23	戊子	12 5	10 24	戊午	1 4	11 24	戊子	2 2	12 24	丁巳	十
5	7 21	丁亥	10 6	8 23	戊午	11 6	9 24	己丑	12 6	10 25	己未				2 3	12 25	戊午	四
6	7 22	戊子	10 7	8 24	己未													
處暑			秋分			霜降			小雪			冬至			大寒			中氣
23 2時53分 丑時			9/23 0時29分 子時			10/23 9時48分 巳時			11/22 7時21分 辰時			12/21 20時41分 戌時			1/20 7時21分 辰時			

	戊寅 立春 2/4 1時43分 丑時			己卯 驚蟄 3/5 19時45分 戌時			庚辰 清明 4/5 0時34分 子時			辛巳 立夏 5/5 17時52分 酉時			壬午 芒種 6/5 22時1分 亥時			癸未 小暑 7/7 8時16分 辰時		
年: 乙酉 / 日	國曆	農曆	干支	國曆	農曆	干支	國曆	農曆	干支	國曆	農曆	干支	國曆	農曆	干支	國曆	農曆	干支
2005	2 4	12 26	己未	3 5	1 25	戊子	4 5	2 27	己未	5 5	3 27	己丑	6 5	4 29	庚申	7 7	6 2	壬辰
	2 5	12 27	庚申	3 6	1 26	己丑	4 6	2 28	庚申	5 6	3 28	庚寅	6 6	4 30	辛酉	7 8	6 3	癸巳
	2 6	12 28	辛酉	3 7	1 27	庚寅	4 7	2 29	辛酉	5 7	3 29	辛卯	6 7	5 1	壬戌	7 9	6 4	甲午
	2 7	12 29	壬戌	3 8	1 28	辛卯	4 8	2 30	壬戌	5 8	4 1	壬辰	6 8	5 2	癸亥	7 10	6 5	乙未
	2 8	12 30	癸亥	3 9	1 29	壬辰	4 9	3 1	癸亥	5 9	4 2	癸巳	6 9	5 3	甲子	7 11	6 6	丙申
	2 9	1 1	甲子	3 10	2 1	癸巳	4 10	3 2	甲子	5 10	4 3	甲午	6 10	5 4	乙丑	7 12	6 7	丁酉
雞	2 10	1 2	乙丑	3 11	2 2	甲午	4 11	3 3	乙丑	5 11	4 4	乙未	6 11	5 5	丙寅	7 13	6 8	戊戌
	2 11	1 3	丙寅	3 12	2 3	乙未	4 12	3 4	丙寅	5 12	4 5	丙申	6 12	5 6	丁卯	7 14	6 9	己亥
	2 12	1 4	丁卯	3 13	2 4	丙申	4 13	3 5	丁卯	5 13	4 6	丁酉	6 13	5 7	戊辰	7 15	6 10	庚子
	2 13	1 5	戊辰	3 14	2 5	丁酉	4 14	3 6	戊辰	5 14	4 7	戊戌	6 14	5 8	己巳	7 16	6 11	辛丑
	2 14	1 6	己巳	3 15	2 6	戊戌	4 15	3 7	己巳	5 15	4 8	己亥	6 15	5 9	庚午	7 17	6 12	壬寅
	2 15	1 7	庚午	3 16	2 7	己亥	4 16	3 8	庚午	5 16	4 9	庚子	6 16	5 10	辛未	7 18	6 13	癸卯
	2 16	1 8	辛未	3 17	2 8	庚子	4 17	3 9	辛未	5 17	4 10	辛丑	6 17	5 11	壬申	7 19	6 14	甲辰
	2 17	1 9	壬申	3 18	2 9	辛丑	4 18	3 10	壬申	5 18	4 11	壬寅	6 18	5 12	癸酉	7 20	6 15	乙巳
	2 18	1 10	癸酉	3 19	2 10	壬寅	4 19	3 11	癸酉	5 19	4 12	癸卯	6 19	5 13	甲戌	7 21	6 16	丙午
	2 19	1 11	甲戌	3 20	2 11	癸卯	4 20	3 12	甲戌	5 20	4 13	甲辰	6 20	5 14	乙亥	7 22	6 17	丁未
	2 20	1 12	乙亥	3 21	2 12	甲辰	4 21	3 13	乙亥	5 21	4 14	乙巳	6 21	5 15	丙子	7 23	6 18	戊申
	2 21	1 13	丙子	3 22	2 13	乙巳	4 22	3 14	丙子	5 22	4 15	丙午	6 22	5 16	丁丑	7 24	6 19	己酉
	2 22	1 14	丁丑	3 23	2 14	丙午	4 23	3 15	丁丑	5 23	4 16	丁未	6 23	5 17	戊寅	7 25	6 20	庚戌
	2 23	1 15	戊寅	3 24	2 15	丁未	4 24	3 16	戊寅	5 24	4 17	戊申	6 24	5 18	己卯	7 26	6 21	辛亥
	2 24	1 16	己卯	3 25	2 16	戊申	4 25	3 17	己卯	5 25	4 18	己酉	6 25	5 19	庚辰	7 27	6 22	壬子
中華民國九十四年	2 25	1 17	庚辰	3 26	2 17	己酉	4 26	3 18	庚辰	5 26	4 19	庚戌	6 26	5 20	辛巳	7 28	6 23	癸丑
	2 26	1 18	辛巳	3 27	2 18	庚戌	4 27	3 19	辛巳	5 27	4 20	辛亥	6 27	5 21	壬午	7 29	6 24	甲寅
	2 27	1 19	壬午	3 28	2 19	辛亥	4 28	3 20	壬午	5 28	4 21	壬子	6 28	5 22	癸未	7 30	6 25	乙卯
	2 28	1 20	癸未	3 29	2 20	壬子	4 29	3 21	癸未	5 29	4 22	癸丑	6 29	5 23	甲申	7 31	6 26	丙辰
	3 1	1 21	甲申	3 30	2 21	癸丑	4 30	3 22	甲申	5 30	4 23	甲寅	6 30	5 24	乙酉	8 1	6 27	丁巳
	3 2	1 22	乙酉	3 31	2 22	甲寅	5 1	3 23	乙酉	5 31	4 24	乙卯	7 1	5 25	丙戌	8 2	6 28	戊午
	3 3	1 23	丙戌	4 1	2 23	乙卯	5 2	3 24	丙戌	6 1	4 25	丙辰	7 2	5 26	丁亥	8 3	6 29	己未
	3 4	1 24	丁亥	4 2	2 24	丙辰	5 3	3 25	丁亥	6 2	4 26	丁巳	7 3	5 27	戊子	8 4	6 30	庚申
				4 3	2 25	丁巳	5 4	3 26	戊子	6 3	4 27	戊午	7 4	5 28	己丑	8 5	7 1	辛酉
				4 4	2 26	戊午				6 4	4 28	己未	7 5	5 29	庚寅	8 6	7 2	壬戌
													7 6	6 1	辛卯			
中氣	雨水 2/18 21時31分 亥時			春分 3/20 20時33分 戌時			穀雨 4/20 7時37分 辰時			小滿 5/21 6時47分 卯時			夏至 6/21 14時46分 未時			大暑 7/23 1時40分 丑時		

乙酉 年

月： 甲申 ‧ 乙酉 ‧ 丙戌 ‧ 丁亥 ‧ 戊子 ‧ 己丑

節氣：
- 立秋 8/7 18時3分 酉時
- 白露 9/7 20時56分 戌時
- 寒露 10/8 12時33分 午時
- 立冬 11/7 15時42分 申時
- 大雪 12/7 8時32分 辰時
- 小寒 1/5 19時46分 戌時

甲申 國曆	農曆	干支	乙酉 國曆	農曆	干支	丙戌 國曆	農曆	干支	丁亥 國曆	農曆	干支	戊子 國曆	農曆	干支	己丑 國曆	農曆	干支
7	7 3	癸亥	9 7	8 4	甲午	10 8	9 6	乙丑	11 7	10 6	乙未	12 7	11 7	乙丑	1 5	12 6	甲午
8	7 4	甲子	9 8	8 5	乙未	10 9	9 7	丙寅	11 8	10 7	丙申	12 8	11 8	丙寅	1 6	12 7	乙未
9	7 5	乙丑	9 9	8 6	丙申	10 10	9 8	丁卯	11 9	10 8	丁酉	12 9	11 9	丁卯	1 7	12 8	丙申
10	7 6	丙寅	9 10	8 7	丁酉	10 11	9 9	戊辰	11 10	10 9	戊戌	12 10	11 10	戊辰	1 8	12 9	丁酉
11	7 7	丁卯	9 11	8 8	戊戌	10 12	9 10	己巳	11 11	10 10	己亥	12 11	11 11	己巳	1 9	12 10	戊戌
12	7 8	戊辰	9 12	8 9	己亥	10 13	9 11	庚午	11 12	10 11	庚子	12 12	11 12	庚午	1 10	12 11	己亥
13	7 9	己巳	9 13	8 10	庚子	10 14	9 12	辛未	11 13	10 12	辛丑	12 13	11 13	辛未	1 11	12 12	庚子
14	7 10	庚午	9 14	8 11	辛丑	10 15	9 13	壬申	11 14	10 13	壬寅	12 14	11 14	壬申	1 12	12 13	辛丑
15	7 11	辛未	9 15	8 12	壬寅	10 16	9 14	癸酉	11 15	10 14	癸卯	12 15	11 15	癸酉	1 13	12 14	壬寅
16	7 12	壬申	9 16	8 13	癸卯	10 17	9 15	甲戌	11 16	10 15	甲辰	12 16	11 16	甲戌	1 14	12 15	癸卯
17	7 13	癸酉	9 17	8 14	甲辰	10 18	9 16	乙亥	11 17	10 16	乙巳	12 17	11 17	乙亥	1 15	12 16	甲辰
18	7 14	甲戌	9 18	8 15	乙巳	10 19	9 17	丙子	11 18	10 17	丙午	12 18	11 18	丙子	1 16	12 17	乙巳
19	7 15	乙亥	9 19	8 16	丙午	10 20	9 18	丁丑	11 19	10 18	丁未	12 19	11 19	丁丑	1 17	12 18	丙午
20	7 16	丙子	9 20	8 17	丁未	10 21	9 19	戊寅	11 20	10 19	戊申	12 20	11 20	戊寅	1 18	12 19	丁未
21	7 17	丁丑	9 21	8 18	戊申	10 22	9 20	己卯	11 21	10 20	己酉	12 21	11 21	己卯	1 19	12 20	戊申
22	7 18	戊寅	9 22	8 19	己酉	10 23	9 21	庚辰	11 22	10 21	庚戌	12 22	11 22	庚辰	1 20	12 21	己酉
23	7 19	己卯	9 23	8 20	庚戌	10 24	9 22	辛巳	11 23	10 22	辛亥	12 23	11 23	辛巳	1 21	12 22	庚戌
24	7 20	庚辰	9 24	8 21	辛亥	10 25	9 23	壬午	11 24	10 23	壬子	12 24	11 24	壬午	1 22	12 23	辛亥
25	7 21	辛巳	9 25	8 22	壬子	10 26	9 24	癸未	11 25	10 24	癸丑	12 25	11 25	癸未	1 23	12 24	壬子
26	7 22	壬午	9 26	8 23	癸丑	10 27	9 25	甲申	11 26	10 25	甲寅	12 26	11 26	甲申	1 24	12 25	癸丑
27	7 23	癸未	9 27	8 24	甲寅	10 28	9 26	乙酉	11 27	10 26	乙卯	12 27	11 27	乙酉	1 25	12 26	甲寅
28	7 24	甲申	9 28	8 25	乙卯	10 29	9 27	丙戌	11 28	10 27	丙辰	12 28	11 28	丙戌	1 26	12 27	乙卯
29	7 25	乙酉	9 29	8 26	丙辰	10 30	9 28	丁亥	11 29	10 28	丁巳	12 29	11 29	丁亥	1 27	12 28	丙辰
30	7 26	丙戌	9 30	8 27	丁巳	10 31	9 29	戊子	11 30	10 29	戊午	12 30	11 30	戊子	1 28	12 29	丁巳
31	7 27	丁亥	10 1	8 28	戊午	11 1	9 30	己丑	12 1	11 1	己未	12 31	12 1	己丑	1 29	1 1	戊午
1	7 28	戊子	10 2	8 29	己未	11 2	10 1	庚寅	12 2	11 2	庚申	1 1	12 2	庚寅	1 30	1 2	己未
2	7 29	己丑	10 3	9 1	庚申	11 3	10 2	辛卯	12 3	11 3	辛酉	1 2	12 3	辛卯	1 31	1 3	庚申
3	7 30	庚寅	10 4	9 2	辛酉	11 4	10 3	壬辰	12 4	11 4	壬戌	1 3	12 4	壬辰	2 1	1 4	辛酉
4	8 1	辛卯	10 5	9 3	壬戌	11 5	10 4	癸巳	12 5	11 5	癸亥	1 4	12 5	癸巳	2 2	1 5	壬戌
5	8 2	壬辰	10 6	9 4	癸亥	11 6	10 5	甲午	12 6	11 6	甲子				2 3	1 6	癸亥
6	8 3	癸巳	10 7	9 5	甲子												

中氣：
- 處暑 8時45分 辰時
- 秋分 9/23 6時23分 卯時
- 霜降 10/23 15時42分 申時
- 小雪 11/22 13時14分 未時
- 冬至 12/22 2時34分 丑時
- 大寒 1/20 13時15分 未時

（右側年欄標示：年／月／節氣／日／2005‧2006／雞／中華民國九十四‧九十五年／中氣）

年																		
	丙戌																	

月	庚寅			辛卯			壬辰			癸巳			甲午			乙未		
節氣	立春			驚蟄			清明			立夏			芒種			小暑		
	2/4 7時27分 辰時			3/6 1時28分 丑時			4/5 6時15分 卯時			5/5 23時30分 子時			6/3 3時36分 寅時			7/7 13時51分 未時		
日	國曆	農曆	干支	國曆	農曆	干支	國曆	農曆	干支	國曆	農曆	干支	國曆	農曆	干支	國曆	農曆	干支
	2/4	1/7	甲子	3/6	2/7	甲午	4/5	3/8	甲子	5/5	4/8	甲午	6/6	5/11	丙寅	7/7	6/12	丁酉
	2/5	1/8	乙丑	3/7	2/8	乙未	4/6	3/9	乙丑	5/6	4/9	乙未	6/7	5/12	丁卯	7/8	6/13	戊戌
	2/6	1/9	丙寅	3/8	2/9	丙申	4/7	3/10	丙寅	5/7	4/10	丙申	6/8	5/13	戊辰	7/9	6/14	己亥
	2/7	1/10	丁卯	3/9	2/10	丁酉	4/8	3/11	丁卯	5/8	4/11	丁酉	6/9	5/14	己巳	7/10	6/15	庚子
	2/8	1/11	戊辰	3/10	2/11	戊戌	4/9	3/12	戊辰	5/9	4/12	戊戌	6/10	5/15	庚午	7/11	6/16	辛丑
	2/9	1/12	己巳	3/11	2/12	己亥	4/10	3/13	己巳	5/10	4/13	己亥	6/11	5/16	辛未	7/12	6/17	壬寅
	2/10	1/13	庚午	3/12	2/13	庚子	4/11	3/14	庚午	5/11	4/14	庚子	6/12	5/17	壬申	7/13	6/18	癸卯
	2/11	1/14	辛未	3/13	2/14	辛丑	4/12	3/15	辛未	5/12	4/15	辛丑	6/13	5/18	癸酉	7/14	6/19	甲辰
	2/12	1/15	壬申	3/14	2/15	壬寅	4/13	3/16	壬申	5/13	4/16	壬寅	6/14	5/19	甲戌	7/15	6/20	乙巳
	2/13	1/16	癸酉	3/15	2/16	癸卯	4/14	3/17	癸酉	5/14	4/17	癸卯	6/15	5/20	乙亥	7/16	6/21	丙午
	2/14	1/17	甲戌	3/16	2/17	甲辰	4/15	3/18	甲戌	5/15	4/18	甲辰	6/16	5/21	丙子	7/17	6/22	丁未
	2/15	1/18	乙亥	3/17	2/18	乙巳	4/16	3/19	乙亥	5/16	4/19	乙巳	6/17	5/22	丁丑	7/18	6/23	戊申
	2/16	1/19	丙子	3/18	2/19	丙午	4/17	3/20	丙子	5/17	4/20	丙午	6/18	5/23	戊寅	7/19	6/24	己酉
	2/17	1/20	丁丑	3/19	2/20	丁未	4/18	3/21	丁丑	5/18	4/21	丁未	6/19	5/24	己卯	7/20	6/25	庚戌
	2/18	1/21	戊寅	3/20	2/21	戊申	4/19	3/22	戊寅	5/19	4/22	戊申	6/20	5/25	庚辰	7/21	6/26	辛亥
	2/19	1/22	己卯	3/21	2/22	己酉	4/20	3/23	己卯	5/20	4/23	己酉	6/21	5/26	辛巳	7/22	6/27	壬子
	2/20	1/23	庚辰	3/22	2/23	庚戌	4/21	3/24	庚辰	5/21	4/24	庚戌	6/22	5/27	壬午	7/23	6/28	癸丑
	2/21	1/24	辛巳	3/23	2/24	辛亥	4/22	3/25	辛巳	5/22	4/25	辛亥	6/23	5/28	癸未	7/24	6/29	甲寅
	2/22	1/25	壬午	3/24	2/25	壬子	4/23	3/26	壬午	5/23	4/26	壬子	6/24	5/29	甲申	7/25	7/1	乙卯
	2/23	1/26	癸未	3/25	2/26	癸丑	4/24	3/27	癸未	5/24	4/27	癸丑	6/25	5/30	乙酉	7/26	7/2	丙辰
	2/24	1/27	甲申	3/26	2/27	甲寅	4/25	3/28	甲申	5/25	4/28	甲寅	6/26	6/1	丙戌	7/27	7/3	丁巳
	2/25	1/28	乙酉	3/27	2/28	乙卯	4/26	3/29	乙酉	5/26	4/29	乙卯	6/27	6/2	丁亥	7/28	7/4	戊午
	2/26	1/29	丙戌	3/28	2/29	丙辰	4/27	3/30	丙戌	5/27	5/1	丙辰	6/28	6/3	戊子	7/29	7/5	己未
	2/27	1/30	丁亥	3/29	3/1	丁巳	4/28	4/1	丁亥	5/28	5/2	丁巳	6/29	6/4	己丑	7/30	7/6	庚申
	2/28	2/1	戊子	3/30	3/2	戊午	4/29	4/2	戊子	5/29	5/3	戊午	6/30	6/5	庚寅	7/31	7/7	辛酉
	3/1	2/2	己丑	3/31	3/3	己未	4/30	4/3	己丑	5/30	5/4	己未	7/1	6/6	辛卯	8/1	7/8	壬戌
	3/2	2/3	庚寅	4/1	3/4	庚申	5/1	4/4	庚寅	5/31	5/5	庚申	7/2	6/7	壬辰	8/2	7/9	癸亥
	3/3	2/4	辛卯	4/2	3/5	辛酉	5/2	4/5	辛卯	6/1	5/6	辛酉	7/3	6/8	癸巳	8/3	7/10	甲子
	3/4	2/5	壬辰	4/3	3/6	壬戌	5/3	4/6	壬辰	6/2	5/7	壬戌	7/4	6/9	甲午	8/4	7/11	乙丑
	3/5	2/6	癸巳	4/4	3/7	癸亥	5/4	4/7	癸巳	6/3	5/8	癸亥	7/5	6/10	乙未	8/5	7/12	丙寅
										6/4	5/9	甲子	7/6	6/11	丙申	8/6	7/13	丁卯
										6/5	5/10	乙丑						

左欄：2006　狗　中華民國九十五年

中氣	雨水	春分	穀雨	小滿	夏至	大暑
	2/19 3時25分 寅時	3/21 2時25分 丑時	4/20 13時26分 未時	5/21 12時31分 午時	6/21 20時25分 戌時	7/23 7時17分 辰時

丙戌（年）

月	丙申			丁酉			戊戌			己亥			庚子			辛丑		
節氣	立秋			白露			寒露			立冬			大雪			小寒		
	8/7 23時40分 子時			9/8 2時38分 丑時			10/8 18時21分 酉時			11/7 21時34分 亥時			12/7 14時26分 未時			1/6 1時40分 丑時		
日	國曆	農曆	干支	國曆	農曆	干支	國曆	農曆	干支	國曆	農曆	干支	國曆	農曆	干支	國曆	農曆	干支
	8/7	7 14	戊辰	9/8	閏7 16	庚子	10/8	8 17	庚午	11/7	9 17	庚子	12/7	10 17	庚午	1/6	11 18	庚子
	8/8	7 15	己巳	9/9	閏7 17	辛丑	10/9	8 18	辛未	11/8	9 18	辛丑	12/8	10 18	辛未	1/7	11 19	辛丑
	8/9	7 16	庚午	9/10	閏7 18	壬寅	10/10	8 19	壬申	11/9	9 19	壬寅	12/9	10 19	壬申	1/8	11 20	壬寅
	8/10	7 17	辛未	9/11	閏7 19	癸卯	10/11	8 20	癸酉	11/10	9 20	癸卯	12/10	10 20	癸酉	1/9	11 21	癸卯
	8/11	7 18	壬申	9/12	閏7 20	甲辰	10/12	8 21	甲戌	11/11	9 21	甲辰	12/11	10 21	甲戌	1/10	11 22	甲辰
	8/12	7 19	癸酉	9/13	閏7 21	乙巳	10/13	8 22	乙亥	11/12	9 22	乙巳	12/12	10 22	乙亥	1/11	11 23	乙巳
	8/13	7 20	甲戌	9/14	閏7 22	丙午	10/14	8 23	丙子	11/13	9 23	丙午	12/13	10 23	丙子	1/12	11 24	丙午
	8/14	7 21	乙亥	9/15	閏7 23	丁未	10/15	8 24	丁丑	11/14	9 24	丁未	12/14	10 24	丁丑	1/13	11 25	丁未
	8/15	7 22	丙子	9/16	閏7 24	戊申	10/16	8 25	戊寅	11/15	9 25	戊申	12/15	10 25	戊寅	1/14	11 26	戊申
	8/16	7 23	丁丑	9/17	閏7 25	己酉	10/17	8 26	己卯	11/16	9 26	己酉	12/16	10 26	己卯	1/15	11 27	己酉
	8/17	7 24	戊寅	9/18	閏7 26	庚戌	10/18	8 27	庚辰	11/17	9 27	庚戌	12/17	10 27	庚辰	1/16	11 28	庚戌
	8/18	7 25	己卯	9/19	閏7 27	辛亥	10/19	8 28	辛巳	11/18	9 28	辛亥	12/18	10 28	辛巳	1/17	11 29	辛亥
	8/19	7 26	庚辰	9/20	閏7 28	壬子	10/20	8 29	壬午	11/19	9 29	壬子	12/19	10 29	壬午	1/18	11 30	壬子
	8/20	7 27	辛巳	9/21	閏7 29	癸丑	10/21	8 30	癸未	11/20	9 30	癸丑	12/20	11 1	癸未	1/19	12 1	癸丑
	8/21	7 28	壬午	9/22	8 1	甲寅	10/22	9 1	甲申	11/21	10 1	甲寅	12/21	11 2	甲申	1/20	12 2	甲寅
	8/22	7 29	癸未	9/23	8 2	乙卯	10/23	9 2	乙酉	11/22	10 2	乙卯	12/22	11 3	乙酉	1/21	12 3	乙卯
	8/23	7 30	甲申	9/24	8 3	丙辰	10/24	9 3	丙戌	11/23	10 3	丙辰	12/23	11 4	丙戌	1/22	12 4	丙辰
	8/24	閏7 1	乙酉	9/25	8 4	丁巳	10/25	9 4	丁亥	11/24	10 4	丁巳	12/24	11 5	丁亥	1/23	12 5	丁巳
	8/25	閏7 2	丙戌	9/26	8 5	戊午	10/26	9 5	戊子	11/25	10 5	戊午	12/25	11 6	戊子	1/24	12 6	戊午
	8/26	閏7 3	丁亥	9/27	8 6	己未	10/27	9 6	己丑	11/26	10 6	己未	12/26	11 7	己丑	1/25	12 7	己未
	8/27	閏7 4	戊子	9/28	8 7	庚申	10/28	9 7	庚寅	11/27	10 7	庚申	12/27	11 8	庚寅	1/26	12 8	庚申
	8/28	閏7 5	己丑	9/29	8 8	辛酉	10/29	9 8	辛卯	11/28	10 8	辛酉	12/28	11 9	辛卯	1/27	12 9	辛酉
	8/29	閏7 6	庚寅	9/30	8 9	壬戌	10/30	9 9	壬辰	11/29	10 9	壬戌	12/29	11 10	壬辰	1/28	12 10	壬戌
	8/30	閏7 7	辛卯	10/1	8 10	癸亥	10/31	9 10	癸巳	11/30	10 10	癸亥	12/30	11 11	癸巳	1/29	12 11	癸亥
	8/31	閏7 8	壬辰	10/2	8 11	甲子	11/1	9 11	甲午	12/1	10 11	甲子	12/31	11 12	甲午	1/30	12 12	甲子
	9/1	閏7 9	癸巳	10/3	8 12	乙丑	11/2	9 12	乙未	12/2	10 12	乙丑	1/1	11 13	乙未	1/31	12 13	乙丑
	9/2	閏7 10	甲午	10/4	8 13	丙寅	11/3	9 13	丙申	12/3	10 13	丙寅	1/2	11 14	丙申	2/1	12 14	丙寅
	9/3	閏7 11	乙未	10/5	8 14	丁卯	11/4	9 14	丁酉	12/4	10 14	丁卯	1/3	11 15	丁酉	2/2	12 15	丁卯
	9/4	閏7 12	丙申	10/6	8 15	戊辰	11/5	9 15	戊戌	12/5	10 15	戊辰	1/4	11 16	戊戌	2/3	12 16	戊辰
	9/5	閏7 13	丁酉	10/7	8 16	己巳	11/6	9 16	己亥	12/6	10 16	己巳	1/5	11 17	己亥			
	9/6	閏7 14	戊戌															
	9/7	閏7 15	己亥															

右欄年份：2006・2007　狗　中華民國九十五・九十六年

中氣	處暑	秋分	霜降	小雪	冬至	大寒
	14時22分 未時	9/23 12時3分 午時	10/23 21時26分 亥時	11/22 19時1分 戌時	12/22 8時22分 辰時	1/20 19時0分 戌時

年	丁亥

月	壬寅	癸卯	甲辰	乙巳	丙午	丁未
節氣	立春	驚蟄	清明	立夏	芒種	小暑
	2/4 13時18分 未時	3/6 7時17分 辰時	4/5 12時4分 午時	5/6 5時20分 卯時	6/9 9時27分 巳時	7/7 19時41分 戌時

2007 / 中華民國九十六年 / 豬

壬寅（立春）
國曆	農曆	干支
2 4	12 17	己巳
2 5	12 18	庚午
2 6	12 19	辛未
2 7	12 20	壬申
2 8	12 21	癸酉
2 9	12 22	甲戌
2 10	12 23	乙亥
2 11	12 24	丙子
2 12	12 25	丁丑
2 13	12 26	戊寅
2 14	12 27	己卯
2 15	12 28	庚辰
2 16	12 29	辛巳
2 17	12 30	壬午
2 18	1 1	癸未
2 19	1 2	甲申
2 20	1 3	乙酉
2 21	1 4	丙戌
2 22	1 5	丁亥
2 23	1 6	戊子
2 24	1 7	己丑
2 25	1 8	庚寅
2 26	1 9	辛卯
2 27	1 10	壬辰
2 28	1 11	癸巳
3 1	1 12	甲午
3 2	1 13	乙未
3 3	1 14	丙申
3 4	1 15	丁酉
3 5	1 16	戊戌

癸卯（驚蟄）
國曆	農曆	干支
3 6	1 17	己亥
3 7	1 18	庚子
3 8	1 19	辛丑
3 9	1 20	壬寅
3 10	1 21	癸卯
3 11	1 22	甲辰
3 12	1 23	乙巳
3 13	1 24	丙午
3 14	1 25	丁未
3 15	1 26	戊申
3 16	1 27	己酉
3 17	1 28	庚戌
3 18	1 29	辛亥
3 19	2 1	壬子
3 20	2 2	癸丑
3 21	2 3	甲寅
3 22	2 4	乙卯
3 23	2 5	丙辰
3 24	2 6	丁巳
3 25	2 7	戊午
3 26	2 8	己未
3 27	2 9	庚申
3 28	2 10	辛酉
3 29	2 11	壬戌
3 30	2 12	癸亥
3 31	2 13	甲子
4 1	2 14	乙丑
4 2	2 15	丙寅
4 3	2 16	丁卯
4 4	2 17	戊辰

甲辰（清明）
國曆	農曆	干支
4 5	2 18	己巳
4 6	2 19	庚午
4 7	2 20	辛未
4 8	2 21	壬申
4 9	2 22	癸酉
4 10	2 23	甲戌
4 11	2 24	乙亥
4 12	2 25	丙子
4 13	2 26	丁丑
4 14	2 27	戊寅
4 15	2 28	己卯
4 16	2 29	庚辰
4 17	3 1	辛巳
4 18	3 2	壬午
4 19	3 3	癸未
4 20	3 4	甲申
4 21	3 5	乙酉
4 22	3 6	丙戌
4 23	3 7	丁亥
4 24	3 8	戊子
4 25	3 9	己丑
4 26	3 10	庚寅
4 27	3 11	辛卯
4 28	3 12	壬辰
4 29	3 13	癸巳
4 30	3 14	甲午
5 1	3 15	乙未
5 2	3 16	丙申
5 3	3 17	丁酉
5 4	3 18	戊戌
5 5	3 19	己亥

乙巳（立夏）
國曆	農曆	干支
5 6	3 20	庚子
5 7	3 21	辛丑
5 8	3 22	壬寅
5 9	3 23	癸卯
5 10	3 24	甲辰
5 11	3 25	乙巳
5 12	3 26	丙午
5 13	3 27	丁未
5 14	3 28	戊申
5 15	3 29	己酉
5 16	3 30	庚戌
5 17	4 1	辛亥
5 18	4 2	壬子
5 19	4 3	癸丑
5 20	4 4	甲寅
5 21	4 5	乙卯
5 22	4 6	丙辰
5 23	4 7	丁巳
5 24	4 8	戊午
5 25	4 9	己未
5 26	4 10	庚申
5 27	4 11	辛酉
5 28	4 12	壬戌
5 29	4 13	癸亥
5 30	4 14	甲子
5 31	4 15	乙丑
6 1	4 16	丙寅
6 2	4 17	丁卯
6 3	4 18	戊辰
6 4	4 19	己巳
6 5	4 20	庚午

丙午（芒種）
國曆	農曆	干支
6 6	4 21	辛未
6 7	4 22	壬申
6 8	4 23	癸酉
6 9	4 24	甲戌
6 10	4 25	乙亥
6 11	4 26	丙子
6 12	4 27	丁丑
6 13	4 28	戊寅
6 14	4 29	己卯
6 15	5 1	庚辰
6 16	5 2	辛巳
6 17	5 3	壬午
6 18	5 4	癸未
6 19	5 5	甲申
6 20	5 6	乙酉
6 21	5 7	丙戌
6 22	5 8	丁亥
6 23	5 9	戊子
6 24	5 10	己丑
6 25	5 11	庚寅
6 26	5 12	辛卯
6 27	5 13	壬辰
6 28	5 14	癸巳
6 29	5 15	甲午
6 30	5 16	乙未
7 1	5 17	丙申
7 2	5 18	丁酉
7 3	5 19	戊戌
7 4	5 20	己亥
7 5	5 21	庚子
7 6	5 22	辛丑

丁未（小暑）
國曆	農曆	干支
7 7	5 23	壬寅
7 8	5 24	癸卯
7 9	5 25	甲辰
7 10	5 26	乙巳
7 11	5 27	丙午
7 12	5 28	丁未
7 13	5 29	戊申
7 14	6 1	己酉
7 15	6 2	庚戌
7 16	6 3	辛亥
7 17	6 4	壬子
7 18	6 5	癸丑
7 19	6 6	甲寅
7 20	6 7	乙卯
7 21	6 8	丙辰
7 22	6 9	丁巳
7 23	6 10	戊午
7 24	6 11	己未
7 25	6 12	庚申
7 26	6 13	辛酉
7 27	6 14	壬戌
7 28	6 15	癸亥
7 29	6 16	甲子
7 30	6 17	乙丑
7 31	6 18	丙寅
8 1	6 19	丁卯
8 2	6 20	戊辰
8 3	6 21	己巳
8 4	6 22	庚午
8 5	6 23	辛未
8 6	6 24	壬申
8 7	6 25	癸酉

中氣	雨水	春分	穀雨	小滿	夏至	大暑
	2/19 9時8分 巳時	3/21 8時7分 辰時	4/20 19時7分 戌時	5/21 18時11分 酉時	6/22 2時6分 丑時	7/23 13時0分 未時

丁亥

戊申			己酉			庚戌			辛亥			壬子			癸丑			年
立秋			白露			寒露			立冬			大雪			小寒			月
8/8 5時31分 卯時			9/8 8時29分 辰時			10/9 0時11分 子時			11/8 3時23分 寅時			12/7 20時14分 戌時			1/6 7時24分 辰時			節氣
國曆	農曆	干支	國曆	農曆	干支	國曆	農曆	干支	國曆	農曆	干支	國曆	農曆	干支	國曆	農曆	干支	日
8	6 26	甲戌	9 8	7 27	乙巳	10 9	8 29	丙子	11 8	9 29	丙午	12 7	10 28	乙亥	1 6	11 28	乙巳	
9	6 27	乙亥	9 9	7 28	丙午	10 10	8 30	丁丑	11 9	9 30	丁未	12 8	10 29	丙子	1 7	11 29	丙午	
10	6 28	丙子	9 10	7 29	丁未	10 11	9 1	戊寅	11 10	10 1	戊申	12 9	10 30	丁丑	1 8	12 1	丁未	
11	6 29	丁丑	9 11	8 1	戊申	10 12	9 2	己卯	11 11	10 2	己酉	12 10	11 1	戊寅	1 9	12 2	戊申	2
12	6 30	戊寅	9 12	8 2	己酉	10 13	9 3	庚辰	11 12	10 3	庚戌	12 11	11 2	己卯	1 10	12 3	己酉	0
13	7 1	己卯	9 13	8 3	庚戌	10 14	9 4	辛巳	11 13	10 4	辛亥	12 12	11 3	庚辰	1 11	12 4	庚戌	0
14	7 2	庚辰	9 14	8 4	辛亥	10 15	9 5	壬午	11 14	10 5	壬子	12 13	11 4	辛巳	1 12	12 5	辛亥	7
15	7 3	辛巳	9 15	8 5	壬子	10 16	9 6	癸未	11 15	10 6	癸丑	12 14	11 5	壬午	1 13	12 6	壬子	·
16	7 4	壬午	9 16	8 6	癸丑	10 17	9 7	甲申	11 16	10 7	甲寅	12 15	11 6	癸未	1 14	12 7	癸丑	2
17	7 5	癸未	9 17	8 7	甲寅	10 18	9 8	乙酉	11 17	10 8	乙卯	12 16	11 7	甲申	1 15	12 8	甲寅	0
18	7 6	甲申	9 18	8 8	乙卯	10 19	9 9	丙戌	11 18	10 9	丙辰	12 17	11 8	乙酉	1 16	12 9	乙卯	0
19	7 7	乙酉	9 19	8 9	丙辰	10 20	9 10	丁亥	11 19	10 10	丁巳	12 18	11 9	丙戌	1 17	12 10	丙辰	8
20	7 8	丙戌	9 20	8 10	丁巳	10 21	9 11	戊子	11 20	10 11	戊午	12 19	11 10	丁亥	1 18	12 11	丁巳	
21	7 9	丁亥	9 21	8 11	戊午	10 22	9 12	己丑	11 21	10 12	己未	12 20	11 11	戊子	1 19	12 12	戊午	
22	7 10	戊子	9 22	8 12	己未	10 23	9 13	庚寅	11 22	10 13	庚申	12 21	11 12	己丑	1 20	12 13	己未	
23	7 11	己丑	9 23	8 13	庚申	10 24	9 14	辛卯	11 23	10 14	辛酉	12 22	11 13	庚寅	1 21	12 14	庚申	猪
24	7 12	庚寅	9 24	8 14	辛酉	10 25	9 15	壬辰	11 24	10 15	壬戌	12 23	11 14	辛卯	1 22	12 15	辛酉	
25	7 13	辛卯	9 25	8 15	壬戌	10 26	9 16	癸巳	11 25	10 16	癸亥	12 24	11 15	壬辰	1 23	12 16	壬戌	
26	7 14	壬辰	9 26	8 16	癸亥	10 27	9 17	甲午	11 26	10 17	甲子	12 25	11 16	癸巳	1 24	12 17	癸亥	
27	7 15	癸巳	9 27	8 17	甲子	10 28	9 18	乙未	11 27	10 18	乙丑	12 26	11 17	甲午	1 25	12 18	甲子	中
28	7 16	甲午	9 28	8 18	乙丑	10 29	9 19	丙申	11 28	10 19	丙寅	12 27	11 18	乙未	1 26	12 19	乙丑	華
29	7 17	乙未	9 29	8 19	丙寅	10 30	9 20	丁酉	11 29	10 20	丁卯	12 28	11 19	丙申	1 27	12 20	丙寅	民
30	7 18	丙申	9 30	8 20	丁卯	10 31	9 21	戊戌	11 30	10 21	戊辰	12 29	11 20	丁酉	1 28	12 21	丁卯	國
31	7 19	丁酉	10 1	8 21	戊辰	11 1	9 22	己亥	12 1	10 22	己巳	12 30	11 21	戊戌	1 29	12 22	戊辰	九
1	7 20	戊戌	10 2	8 22	己巳	11 2	9 23	庚子	12 2	10 23	庚午	12 31	11 22	己亥	1 30	12 23	己巳	十
2	7 21	己亥	10 3	8 23	庚午	11 3	9 24	辛丑	12 3	10 24	辛未	1 1	11 23	庚子	1 31	12 24	庚午	六
3	7 22	庚子	10 4	8 24	辛未	11 4	9 25	壬寅	12 4	10 25	壬申	1 2	11 24	辛丑	2 1	12 25	辛未	·
4	7 23	辛丑	10 5	8 25	壬申	11 5	9 26	癸卯	12 5	10 26	癸酉	1 3	11 25	壬寅	2 2	12 26	壬申	九
5	7 24	壬寅	10 6	8 26	癸酉	11 6	9 27	甲辰	12 6	10 27	甲戌	1 4	11 26	癸卯	2 3	12 27	癸酉	十
6	7 25	癸卯	10 7	8 27	甲戌	11 7	9 28	乙巳				1 5	11 27	甲辰				七
7	7 26	甲辰	10 8	8 28	乙亥													年
處暑			秋分			霜降			小雪			冬至			大寒			中
20時7分 戌時			9/23 17時51分 酉時			10/24 3時15分 寅時			11/23 0時49分 子時			12/22 14時7分 未時			1/21 0時43分 子時			氣

年：戊子　（中華民國九十七年　2008　鼠）

月	甲寅	乙卯	丙辰	丁巳	戊午	己未
節氣	立春	驚蟄	清明	立夏	芒種	小暑
時間	2/4 19時0分 戊時	3/5 12時58分 午時	4/4 17時45分 酉時	5/5 11時3分 午時	6/5 15時11分 申時	7/7 1時26分 丑時

甲寅 國曆	農曆	干支	乙卯 國曆	農曆	干支	丙辰 國曆	農曆	干支	丁巳 國曆	農曆	干支	戊午 國曆	農曆	干支	己未 國曆	農曆	干支
2/4	12/28	甲戌	3/5	1/28	甲辰	4/4	2/28	甲戌	5/5	4/1	乙巳	6/5	5/2	丙子	7/7	6/5	戊
2/5	12/29	乙亥	3/6	1/29	乙巳	4/5	2/29	乙亥	5/6	4/2	丙午	6/6	5/3	丁丑	7/8	6/6	己
2/6	12/30	丙子	3/7	1/30	丙午	4/6	3/1	丙子	5/7	4/3	丁未	6/7	5/4	戊寅	7/9	6/7	庚
2/7	1/1	丁丑	3/8	2/1	丁未	4/7	3/2	丁丑	5/8	4/4	戊申	6/8	5/5	己卯	7/10	6/8	辛
2/8	1/2	戊寅	3/9	2/2	戊申	4/8	3/3	戊寅	5/9	4/5	己酉	6/9	5/6	庚辰	7/11	6/9	壬
2/9	1/3	己卯	3/10	2/3	己酉	4/9	3/4	己卯	5/10	4/6	庚戌	6/10	5/7	辛巳	7/12	6/10	癸
2/10	1/4	庚辰	3/11	2/4	庚戌	4/10	3/5	庚辰	5/11	4/7	辛亥	6/11	5/8	壬午	7/13	6/11	甲
2/11	1/5	辛巳	3/12	2/5	辛亥	4/11	3/6	辛巳	5/12	4/8	壬子	6/12	5/9	癸未	7/14	6/12	乙
2/12	1/6	壬午	3/13	2/6	壬子	4/12	3/7	壬午	5/13	4/9	癸丑	6/13	5/10	甲申	7/15	6/13	丙
2/13	1/7	癸未	3/14	2/7	癸丑	4/13	3/8	癸未	5/14	4/10	甲寅	6/14	5/11	乙酉	7/16	6/14	丁
2/14	1/8	甲申	3/15	2/8	甲寅	4/14	3/9	甲申	5/15	4/11	乙卯	6/15	5/12	丙戌	7/17	6/15	戊
2/15	1/9	乙酉	3/16	2/9	乙卯	4/15	3/10	乙酉	5/16	4/12	丙辰	6/16	5/13	丁亥	7/18	6/16	己
2/16	1/10	丙戌	3/17	2/10	丙辰	4/16	3/11	丙戌	5/17	4/13	丁巳	6/17	5/14	戊子	7/19	6/17	庚
2/17	1/11	丁亥	3/18	2/11	丁巳	4/17	3/12	丁亥	5/18	4/14	戊午	6/18	5/15	己丑	7/20	6/18	辛
2/18	1/12	戊子	3/19	2/12	戊午	4/18	3/13	戊子	5/19	4/15	己未	6/19	5/16	庚寅	7/21	6/19	壬
2/19	1/13	己丑	3/20	2/13	己未	4/19	3/14	己丑	5/20	4/16	庚申	6/20	5/17	辛卯	7/22	6/20	癸
2/20	1/14	庚寅	3/21	2/14	庚申	4/20	3/15	庚寅	5/21	4/17	辛酉	6/21	5/18	壬辰	7/23	6/21	甲
2/21	1/15	辛卯	3/22	2/15	辛酉	4/21	3/16	辛卯	5/22	4/18	壬戌	6/22	5/19	癸巳	7/24	6/22	乙
2/22	1/16	壬辰	3/23	2/16	壬戌	4/22	3/17	壬辰	5/23	4/19	癸亥	6/23	5/20	甲午	7/25	6/23	丙
2/23	1/17	癸巳	3/24	2/17	癸亥	4/23	3/18	癸巳	5/24	4/20	甲子	6/24	5/21	乙未	7/26	6/24	丁
2/24	1/18	甲午	3/25	2/18	甲子	4/24	3/19	甲午	5/25	4/21	乙丑	6/25	5/22	丙申	7/27	6/25	戊
2/25	1/19	乙未	3/26	2/19	乙丑	4/25	3/20	乙未	5/26	4/22	丙寅	6/26	5/23	丁酉	7/28	6/26	己
2/26	1/20	丙申	3/27	2/20	丙寅	4/26	3/21	丙申	5/27	4/23	丁卯	6/27	5/24	戊戌	7/29	6/27	庚
2/27	1/21	丁酉	3/28	2/21	丁卯	4/27	3/22	丁酉	5/28	4/24	戊辰	6/28	5/25	己亥	7/30	6/28	辛
2/28	1/22	戊戌	3/29	2/22	戊辰	4/28	3/23	戊戌	5/29	4/25	己巳	6/29	5/26	庚子	7/31	6/29	壬
2/29	1/23	己亥	3/30	2/23	己巳	4/29	3/24	己亥	5/30	4/26	庚午	6/30	5/27	辛丑	8/1	7/1	癸
3/1	1/24	庚子	3/31	2/24	庚午	4/30	3/25	庚子	5/31	4/27	辛未	7/1	5/28	壬寅	8/2	7/2	甲
3/2	1/25	辛丑	4/1	2/25	辛未	5/1	3/26	辛丑	6/1	4/28	壬申	7/2	5/29	癸卯	8/3	7/3	乙
3/3	1/26	壬寅	4/2	2/26	壬申	5/2	3/27	壬寅	6/2	4/29	癸酉	7/3	6/1	甲辰	8/4	7/4	丙
3/4	1/27	癸卯	4/3	2/27	癸酉	5/3	3/28	癸卯	6/3	4/30	甲戌	7/4	6/2	乙巳	8/5	7/5	丁
						5/4	3/29	甲辰	6/4	5/1	乙亥	7/5	6/3	丙午	8/6	7/6	戊
												7/6	6/4	丁未	8/7	7/7	己

中氣	雨水	春分	穀雨	小滿	夏至	大暑
時間	2/19 14時49分 未時	3/20 13時48分 未時	4/20 0時51分 子時	5/21 0時0分 子時	6/21 7時59分 辰時	7/22 18時54分

戊子

庚申			辛酉			壬戌			癸亥			甲子			乙丑			
立秋			白露			寒露			立冬			大雪			小寒			
8/7 11時16分 午時			9/7 14時14分 未時			10/8 5時56分 卯時			11/7 9時10分 巳時			12/7 2時2分 丑時			1/5 13時14分 未時			
國曆	農曆	干支	國曆	農曆	干支	國曆	農曆	干支	國曆	農曆	干支	國曆	農曆	干支	國曆	農曆	干支	日
8 7	7 7	己卯	9 7	8 8	庚戌	10 8	9 10	辛巳	11 7	10 10	辛亥	12 7	11 10	辛巳	1 5	12 10	庚戌	
8 8	7 8	庚辰	9 8	8 9	辛亥	10 9	9 11	壬午	11 8	10 11	壬子	12 8	11 11	壬午	1 6	12 11	辛亥	
8 9	7 9	辛巳	9 9	8 10	壬子	10 10	9 12	癸未	11 9	10 12	癸丑	12 9	11 12	癸未	1 7	12 12	壬子	2 0 0 8 · 2 0 0 9
8 10	7 10	壬午	9 10	8 11	癸丑	10 11	9 13	甲申	11 10	10 13	甲寅	12 10	11 13	甲申	1 8	12 13	癸丑	
8 11	7 11	癸未	9 11	8 12	甲寅	10 12	9 14	乙酉	11 11	10 14	乙卯	12 11	11 14	乙酉	1 9	12 14	甲寅	
8 12	7 12	甲申	9 12	8 13	乙卯	10 13	9 15	丙戌	11 12	10 15	丙辰	12 12	11 15	丙戌	1 10	12 15	乙卯	
8 13	7 13	乙酉	9 13	8 14	丙辰	10 14	9 16	丁亥	11 13	10 16	丁巳	12 13	11 16	丁亥	1 11	12 16	丙辰	
8 14	7 14	丙戌	9 14	8 15	丁巳	10 15	9 17	戊子	11 14	10 17	戊午	12 14	11 17	戊子	1 12	12 17	丁巳	
8 15	7 15	丁亥	9 15	8 16	戊午	10 16	9 18	己丑	11 15	10 18	己未	12 15	11 18	己丑	1 13	12 18	戊午	
8 16	7 16	戊子	9 16	8 17	己未	10 17	9 19	庚寅	11 16	10 19	庚申	12 16	11 19	庚寅	1 14	12 19	己未	
8 17	7 17	己丑	9 17	8 18	庚申	10 18	9 20	辛卯	11 17	10 20	辛酉	12 17	11 20	辛卯	1 15	12 20	庚申	
8 18	7 18	庚寅	9 18	8 19	辛酉	10 19	9 21	壬辰	11 18	10 21	壬戌	12 18	11 21	壬辰	1 16	12 21	辛酉	
8 19	7 19	辛卯	9 19	8 20	壬戌	10 20	9 22	癸巳	11 19	10 22	癸亥	12 19	11 22	癸巳	1 17	12 22	壬戌	
8 20	7 20	壬辰	9 20	8 21	癸亥	10 21	9 23	甲午	11 20	10 23	甲子	12 20	11 23	甲午	1 18	12 23	癸亥	
8 21	7 21	癸巳	9 21	8 22	甲子	10 22	9 24	乙未	11 21	10 24	乙丑	12 21	11 24	乙未	1 19	12 24	甲子	鼠
8 22	7 22	甲午	9 22	8 23	乙丑	10 23	9 25	丙申	11 22	10 25	丙寅	12 22	11 25	丙申	1 20	12 25	乙丑	
8 23	7 23	乙未	9 23	8 24	丙寅	10 24	9 26	丁酉	11 23	10 26	丁卯	12 23	11 26	丁酉	1 21	12 26	丙寅	
8 24	7 24	丙申	9 24	8 25	丁卯	10 25	9 27	戊戌	11 24	10 27	戊辰	12 24	11 27	戊戌	1 22	12 27	丁卯	
8 25	7 25	丁酉	9 25	8 26	戊辰	10 26	9 28	己亥	11 25	10 28	己巳	12 25	11 28	己亥	1 23	12 28	戊辰	
8 26	7 26	戊戌	9 26	8 27	己巳	10 27	9 29	庚子	11 26	10 29	庚午	12 26	11 29	庚子	1 24	12 29	己巳	
8 27	7 27	己亥	9 27	8 28	庚午	10 28	9 30	辛丑	11 27	10 30	辛未	12 27	12 1	辛丑	1 25	12 30	庚午	中 華 民 國 九 十 七 · 九 十 八 年
8 28	7 28	庚子	9 28	8 29	辛未	10 29	10 1	壬寅	11 28	11 1	壬申	12 28	12 2	壬寅	1 26	1 1	辛未	
8 29	7 29	辛丑	9 29	9 1	壬申	10 30	10 2	癸卯	11 29	11 2	癸酉	12 29	12 3	癸卯	1 27	1 2	壬申	
8 30	7 30	壬寅	9 30	9 2	癸酉	10 31	10 3	甲辰	11 30	11 3	甲戌	12 30	12 4	甲辰	1 28	1 3	癸酉	
8 31	8 1	癸卯	10 1	9 3	甲戌	11 1	10 4	乙巳	12 1	11 4	乙亥	12 31	12 5	乙巳	1 29	1 4	甲戌	
9 1	8 2	甲辰	10 2	9 4	乙亥	11 2	10 5	丙午	12 2	11 5	丙子	1 1	12 6	丙午	1 30	1 5	乙亥	
9 2	8 3	乙巳	10 3	9 5	丙子	11 3	10 6	丁未	12 3	11 6	丁丑	1 2	12 7	丁未	1 31	1 6	丙子	
9 3	8 4	丙午	10 4	9 6	丁丑	11 4	10 7	戊申	12 4	11 7	戊寅	1 3	12 8	戊申	2 1	1 7	丁丑	
9 4	8 5	丁未	10 5	9 7	戊寅	11 5	10 8	己酉	12 5	11 8	己卯	1 4	12 9	己酉	2 2	1 8	戊寅	
9 5	8 6	戊申	10 6	9 8	己卯	11 6	10 9	庚戌	12 6	11 9	庚辰				2 3	1 9	己卯	
9 6	8 7	己酉	10 7	9 9	庚辰													

處暑			秋分			霜降			小雪			冬至			大寒			中
2時2分 丑時			9/22 23時44分 子時			10/23 9時8分 巳時			11/22 6時44分 卯時			12/21 20時3分 戌時			1/20 6時40分 卯時			氣

年																		

年	己丑																	
月	丙寅			丁卯			戊辰			己巳			庚午			辛未		
節氣	立春			驚蟄			清明			立夏			芒種			小暑		
	2/4 0時49分 子時			3/5 18時47分 酉時			4/4 23時33分 子時			5/5 16時50分 申時			6/5 20時59分 戌時			7/7 7時13分 辰時		
日	國曆	農曆	干支	國曆	農曆	干支	國曆	農曆	干支	國曆	農曆	干支	國曆	農曆	干支	國曆	農曆	干支
	2 4	1 10	庚辰	3 5	2 9	己酉	4 4	3 9	己卯	5 5	4 11	庚戌	6 5	5 13	辛巳	7 7	5 15	癸丑
	2 5	1 11	辛巳	3 6	2 10	庚戌	4 5	3 10	庚辰	5 6	4 12	辛亥	6 6	5 14	壬午	7 8	5 16	甲寅
	2 6	1 12	壬午	3 7	2 11	辛亥	4 6	3 11	辛巳	5 7	4 13	壬子	6 7	5 15	癸未	7 9	5 17	乙卯
	2 7	1 13	癸未	3 8	2 12	壬子	4 7	3 12	壬午	5 8	4 14	癸丑	6 8	5 16	甲申	7 10	5 18	丙辰
2	2 8	1 14	甲申	3 9	2 13	癸丑	4 8	3 13	癸未	5 9	4 15	甲寅	6 9	5 17	乙酉	7 11	5 19	丁巳
0	2 9	1 15	乙酉	3 10	2 14	甲寅	4 9	3 14	甲申	5 10	4 16	乙卯	6 10	5 18	丙戌	7 12	5 20	戊午
0	2 10	1 16	丙戌	3 11	2 15	乙卯	4 10	3 15	乙酉	5 11	4 17	丙辰	6 11	5 19	丁亥	7 13	5 21	己未
9	2 11	1 17	丁亥	3 12	2 16	丙辰	4 11	3 16	丙戌	5 12	4 18	丁巳	6 12	5 20	戊子	7 14	5 22	庚申
	2 12	1 18	戊子	3 13	2 17	丁巳	4 12	3 17	丁亥	5 13	4 19	戊午	6 13	5 21	己丑	7 15	5 23	辛酉
	2 13	1 19	己丑	3 14	2 18	戊午	4 13	3 18	戊子	5 14	4 20	己未	6 14	5 22	庚寅	7 16	5 24	壬戌
	2 14	1 20	庚寅	3 15	2 19	己未	4 14	3 19	己丑	5 15	4 21	庚申	6 15	5 23	辛卯	7 17	5 25	癸亥
	2 15	1 21	辛卯	3 16	2 20	庚申	4 15	3 20	庚寅	5 16	4 22	辛酉	6 16	5 24	壬辰	7 18	5 26	甲子
	2 16	1 22	壬辰	3 17	2 21	辛酉	4 16	3 21	辛卯	5 17	4 23	壬戌	6 17	5 25	癸巳	7 19	5 27	乙丑
牛	2 17	1 23	癸巳	3 18	2 22	壬戌	4 17	3 22	壬辰	5 18	4 24	癸亥	6 18	5 26	甲午	7 20	5 28	丙寅
	2 18	1 24	甲午	3 19	2 23	癸亥	4 18	3 23	癸巳	5 19	4 25	甲子	6 19	5 27	乙未	7 21	5 29	丁卯
	2 19	1 25	乙未	3 20	2 24	甲子	4 19	3 24	甲午	5 20	4 26	乙丑	6 20	5 28	丙申	7 22	6 1	戊辰
	2 20	1 26	丙申	3 21	2 25	乙丑	4 20	3 25	乙未	5 21	4 27	丙寅	6 21	5 29	丁酉	7 23	6 2	己巳
	2 21	1 27	丁酉	3 22	2 26	丙寅	4 21	3 26	丙申	5 22	4 28	丁卯	6 22	5 30	戊戌	7 24	6 3	庚午
	2 22	1 28	戊戌	3 23	2 27	丁卯	4 22	3 27	丁酉	5 23	4 29	戊辰	6 23	閏5 1	己亥	7 25	6 4	辛未
	2 23	1 29	己亥	3 24	2 28	戊辰	4 23	3 28	戊戌	5 24	5 1	己巳	6 24	5 2	庚子	7 26	6 5	壬申
	2 24	1 30	庚子	3 25	2 29	己巳	4 24	3 29	己亥	5 25	5 2	庚午	6 25	5 3	辛丑	7 27	6 6	癸酉
中	2 25	2 1	辛丑	3 26	2 30	庚午	4 25	4 1	庚子	5 26	5 3	辛未	6 26	5 4	壬寅	7 28	6 7	甲戌
華	2 26	2 2	壬寅	3 27	3 1	辛未	4 26	4 2	辛丑	5 27	5 4	壬申	6 27	5 5	癸卯	7 29	6 8	乙亥
民	2 27	2 3	癸卯	3 28	3 2	壬申	4 27	4 3	壬寅	5 28	5 5	癸酉	6 28	5 6	甲辰	7 30	6 9	丙子
國	2 28	2 4	甲辰	3 29	3 3	癸酉	4 28	4 4	癸卯	5 29	5 6	甲戌	6 29	5 7	乙巳	7 31	6 10	丁丑
九	3 1	2 5	乙巳	3 30	3 4	甲戌	4 29	4 5	甲辰	5 30	5 7	乙亥	6 30	5 8	丙午	8 1	6 11	戊寅
十	3 2	2 6	丙午	3 31	3 5	乙亥	4 30	4 6	乙巳	5 31	5 8	丙子	7 1	5 9	丁未	8 2	6 12	己卯
八	3 3	2 7	丁未	4 1	3 6	丙子	5 1	4 7	丙午	6 1	5 9	丁丑	7 2	5 10	戊申	8 3	6 13	庚辰
年	3 4	2 8	戊申	4 2	3 7	丁丑	5 2	4 8	丁未	6 2	5 10	戊寅	7 3	5 11	己酉	8 4	6 14	辛巳
				4 3	3 8	戊寅	5 3	4 9	戊申	6 3	5 11	己卯	7 4	5 12	庚戌	8 5	6 15	壬午
							5 4	4 10	己酉	6 4	5 12	庚辰	7 5	5 13	辛亥	8 6	6 16	癸未
													7 6	5 14	壬子			
中氣	雨水			春分			穀雨			小滿			夏至			大暑		
	2/18 20時46分 戌時			3/20 19時43分 戌時			4/20 6時44分 卯時			5/21 5時51分 卯時			6/21 13時45分 未時			7/23 0時35分		

壬申			癸酉			甲戌			乙亥			丙子			丁丑			年
立秋			白露			寒露			立冬			大雪			小寒			月
8/7 17時1分 酉時			9/7 19時57分 戌時			10/8 11時39分 午時			11/7 14時56分 未時			12/7 7時52分 辰時			1/5 19時8分 戌時			節氣
國曆	農曆	干支	國曆	農曆	干支	國曆	農曆	干支	國曆	農曆	干支	國曆	農曆	干支	國曆	農曆	干支	日
7	6 17	甲申	9 7	7 19	乙卯	10 8	8 20	丙戌	11 7	9 21	丙辰	12 7	10 21	丙戌	1 5	11 21	乙卯	
8	6 18	乙酉	9 8	7 20	丙辰	10 9	8 21	丁亥	11 8	9 22	丁巳	12 8	10 22	丁亥	1 6	11 22	丙辰	
9	6 19	丙戌	9 9	7 21	丁巳	10 10	8 22	戊子	11 9	9 23	戊午	12 9	10 23	戊子	1 7	11 23	丁巳	
10	6 20	丁亥	9 10	7 22	戊午	10 11	8 23	己丑	11 10	9 24	己未	12 10	10 24	己丑	1 8	11 24	戊午	2
11	6 21	戊子	9 11	7 23	己未	10 12	8 24	庚寅	11 11	9 25	庚申	12 11	10 25	庚寅	1 9	11 25	己未	0
12	6 22	己丑	9 12	7 24	庚申	10 13	8 25	辛卯	11 13	9 27	壬戌	12 13	10 27	壬辰	1 11	11 27	辛酉	0
13	6 23	庚寅	9 13	7 25	辛酉	10 14	8 26	壬辰	11 14	9 28	癸亥	12 14	10 28	癸巳	1 12	11 28	壬戌	9
14	6 24	辛卯	9 14	7 26	壬戌	10 15	8 27	癸巳	11 15	9 29	甲子	12 15	10 29	甲午	1 13	11 29	癸亥	·
15	6 25	壬辰	9 15	7 27	癸亥	10 16	8 28	甲午	11 16	9 30	乙丑	12 16	11 1	乙未	1 14	11 30	甲子	2
16	6 26	癸巳	9 16	7 28	甲子	10 17	8 29	乙未	11 17	10 1	丙寅	12 17	11 2	丙申	1 15	12 1	乙丑	0
17	6 27	甲午	9 17	7 29	乙丑	10 18	9 1	丙申	11 18	10 2	丁卯	12 18	11 3	丁酉	1 16	12 2	丙寅	1
18	6 28	乙未	9 18	7 30	丙寅	10 19	9 2	丁酉	11 19	10 3	戊辰	12 19	11 4	戊戌	1 17	12 3	丁卯	0
19	6 29	丙申	9 19	8 1	丁卯	10 20	9 3	戊戌	11 20	10 4	己巳	12 20	11 5	己亥	1 18	12 4	戊辰	
20	7 1	丁酉	9 20	8 2	戊辰	10 21	9 4	己亥	11 21	10 5	庚午	12 21	11 6	庚子	1 19	12 5	己巳	
21	7 2	戊戌	9 21	8 3	己巳	10 22	9 5	庚子	11 22	10 6	辛未	12 22	11 7	辛丑	1 20	12 6	庚午	牛
22	7 3	己亥	9 22	8 4	庚午	10 23	9 6	辛丑	11 23	10 7	壬申	12 23	11 8	壬寅	1 21	12 7	辛未	
23	7 4	庚子	9 23	8 5	辛未	10 24	9 7	壬寅	11 24	10 8	癸酉	12 24	11 9	癸卯	1 22	12 8	壬申	
24	7 5	辛丑	9 24	8 6	壬申	10 25	9 8	癸卯	11 25	10 9	甲戌	12 25	11 10	甲辰	1 23	12 9	癸酉	
25	7 6	壬寅	9 25	8 7	癸酉	10 26	9 9	甲辰	11 26	10 10	乙亥	12 26	11 11	乙巳	1 24	12 10	甲戌	中
26	7 7	癸卯	9 26	8 8	甲戌	10 27	9 10	乙巳	11 27	10 11	丙子	12 27	11 12	丙午	1 25	12 11	乙亥	華
27	7 8	甲辰	9 27	8 9	乙亥	10 28	9 11	丙午	11 28	10 12	丁丑	12 28	11 13	丁未	1 26	12 12	丙子	民
28	7 9	乙巳	9 28	8 10	丙子	10 29	9 12	丁未	11 29	10 13	戊寅	12 29	11 14	戊申	1 27	12 13	丁丑	國
29	7 10	丙午	9 29	8 11	丁丑	10 30	9 13	戊申	11 30	10 14	己卯	12 30	11 15	己酉	1 28	12 14	戊寅	九
30	7 11	丁未	9 30	8 12	戊寅	10 31	9 14	己酉	12 1	10 15	庚辰	12 31	11 16	庚戌	1 29	12 15	己卯	十
31	7 12	戊申	10 1	8 13	己卯	11 1	9 15	庚戌	12 2	10 16	辛巳	1 1	11 17	辛亥	1 30	12 16	庚辰	八
1	7 13	己酉	10 2	8 14	庚辰	11 2	9 16	辛亥	12 3	10 17	壬午	1 2	11 18	壬子	1 31	12 17	辛巳	·
2	7 14	庚戌	10 3	8 15	辛巳	11 3	9 17	壬子	12 4	10 18	癸未	1 3	11 19	癸丑	2 1	12 18	壬午	九
3	7 15	辛亥	10 4	8 16	壬午	11 4	9 18	癸丑	12 5	10 19	甲申	1 4	11 20	甲寅	2 2	12 19	癸未	十
4	7 16	壬子	10 5	8 17	癸未	11 5	9 19	甲寅	12 6	10 20	乙酉				2 3	12 20	甲申	九
5	7 17	癸丑	10 6	8 18	甲申	11 6	9 20	乙卯										年
6	7 18	甲寅	10 7	8 19	乙酉													
處暑			秋分			霜降			小雪			冬至			大寒			中
7時38分 辰時			9/23 5時18分 卯時			10/23 14時43分 未時			11/22 12時22分 午時			12/22 1時46分 丑時			1/20 12時27分 午時			氣

己丑

年																		
庚寅																		

月	戊寅			己卯			庚辰			辛巳			壬午			癸未		
節氣	立春			驚蟄			清明			立夏			芒種			小暑		
	2/4 6時47分 卯時			3/6 0時46分 子時			4/5 5時30分 卯時			5/5 22時43分 亥時			6/2 2時49分 丑時			7/7 13時2分 未時		
日	國曆	農曆	干支	國曆	農曆	干支	國曆	農曆	干支	國曆	農曆	干支	國曆	農曆	干支	國曆	農曆	干支
2010 虎 中華民國九十九年	2 4	12 21	乙酉	3 6	1 21	乙卯	4 5	2 21	乙酉	5 5	3 22	乙卯	6 6	4 24	丁亥	7 7	5 26	戊午
	2 5	12 22	丙戌	3 7	1 22	丙辰	4 6	2 22	丙戌	5 6	3 23	丙辰	6 7	4 25	戊子	7 8	5 27	己未
	2 6	12 23	丁亥	3 8	1 23	丁巳	4 7	2 23	丁亥	5 7	3 24	丁巳	6 8	4 26	己丑	7 9	5 28	庚申
	2 7	12 24	戊子	3 9	1 24	戊午	4 8	2 24	戊子	5 8	3 25	戊午	6 9	4 27	庚寅	7 10	5 29	辛酉
	2 8	12 25	己丑	3 10	1 25	己未	4 9	2 25	己丑	5 9	3 26	己未	6 10	4 28	辛卯	7 11	5 30	壬戌
	2 9	12 26	庚寅	3 11	1 26	庚申	4 10	2 26	庚寅	5 10	3 27	庚申	6 11	4 29	壬辰	7 12	6 1	癸亥
	2 10	12 27	辛卯	3 12	1 27	辛酉	4 11	2 27	辛卯	5 11	3 28	辛酉	6 12	5 1	癸巳	7 13	6 2	甲子
	2 11	12 28	壬辰	3 13	1 28	壬戌	4 12	2 28	壬辰	5 12	3 29	壬戌	6 13	5 2	甲午	7 14	6 3	乙丑
	2 12	12 29	癸巳	3 14	1 29	癸亥	4 13	2 29	癸巳	5 13	3 30	癸亥	6 14	5 3	乙未	7 15	6 4	丙寅
	2 13	12 30	甲午	3 15	1 30	甲子	4 14	3 1	甲午	5 14	4 1	甲子	6 15	5 4	丙申	7 16	6 5	丁卯
	2 14	1 1	乙未	3 16	2 1	乙丑	4 15	3 2	乙未	5 15	4 2	乙丑	6 16	5 5	丁酉	7 17	6 6	戊辰
	2 15	1 2	丙申	3 17	2 2	丙寅	4 16	3 3	丙申	5 16	4 3	丙寅	6 17	5 6	戊戌	7 18	6 7	己巳
	2 16	1 3	丁酉	3 18	2 3	丁卯	4 17	3 4	丁酉	5 17	4 4	丁卯	6 18	5 7	己亥	7 19	6 8	庚午
	2 17	1 4	戊戌	3 19	2 4	戊辰	4 18	3 5	戊戌	5 18	4 5	戊辰	6 19	5 8	庚子	7 20	6 9	辛未
	2 18	1 5	己亥	3 20	2 5	己巳	4 19	3 6	己亥	5 19	4 6	己巳	6 20	5 9	辛丑	7 21	6 10	壬申
	2 19	1 6	庚子	3 21	2 6	庚午	4 20	3 7	庚子	5 20	4 7	庚午	6 21	5 10	壬寅	7 22	6 11	癸酉
	2 20	1 7	辛丑	3 22	2 7	辛未	4 21	3 8	辛丑	5 21	4 8	辛未	6 22	5 11	癸卯	7 23	6 12	甲戌
	2 21	1 8	壬寅	3 23	2 8	壬申	4 22	3 9	壬寅	5 22	4 9	壬申	6 23	5 12	甲辰	7 24	6 13	乙亥
	2 22	1 9	癸卯	3 24	2 9	癸酉	4 23	3 10	癸卯	5 23	4 10	癸酉	6 24	5 13	乙巳	7 25	6 14	丙子
	2 23	1 10	甲辰	3 25	2 10	甲戌	4 24	3 11	甲辰	5 24	4 11	甲戌	6 25	5 14	丙午	7 26	6 15	丁丑
	2 24	1 11	乙巳	3 26	2 11	乙亥	4 25	3 12	乙巳	5 25	4 12	乙亥	6 26	5 15	丁未	7 27	6 16	戊寅
	2 25	1 12	丙午	3 27	2 12	丙子	4 26	3 13	丙午	5 26	4 13	丙子	6 27	5 16	戊申	7 28	6 17	己卯
	2 26	1 13	丁未	3 28	2 13	丁丑	4 27	3 14	丁未	5 27	4 14	丁丑	6 28	5 17	己酉	7 29	6 18	庚辰
	2 27	1 14	戊申	3 29	2 14	戊寅	4 28	3 15	戊申	5 28	4 15	戊寅	6 29	5 18	庚戌	7 30	6 19	辛巳
	2 28	1 15	己酉	3 30	2 15	己卯	4 29	3 16	己酉	5 29	4 16	己卯	6 30	5 19	辛亥	7 31	6 20	壬午
	3 1	1 16	庚戌	3 31	2 16	庚辰	4 30	3 17	庚戌	5 30	4 17	庚辰	7 1	5 20	壬子	8 1	6 21	癸未
	3 2	1 17	辛亥	4 1	2 17	辛巳	5 1	3 18	辛亥	5 31	4 18	辛巳	7 2	5 21	癸丑	8 2	6 22	甲申
	3 3	1 18	壬子	4 2	2 18	壬午	5 2	3 19	壬子	6 1	4 19	壬午	7 3	5 22	甲寅	8 3	6 23	乙酉
	3 4	1 19	癸丑	4 3	2 19	癸未	5 3	3 20	癸丑	6 2	4 20	癸未	7 4	5 23	乙卯	8 4	6 24	丙戌
	3 5	1 20	甲寅	4 4	2 20	甲申	5 4	3 21	甲寅	6 3	4 21	甲申	7 5	5 24	丙辰	8 5	6 25	丁亥
										6 4	4 22	乙酉	7 6	5 25	丁巳	8 6	6 26	戊子
										6 5	4 23	丙戌						

中氣	雨水			春分			穀雨			小滿			夏至			大暑		
	2/19 2時35分 丑時			3/21 1時32分 丑時			4/20 12時29分 午時			5/21 11時33分 午時			6/21 19時28分 戌時			7/23 6時21分		

庚寅 年

月	甲申	乙酉	丙戌	丁亥	戊子	己丑
節氣	立秋	白露	寒露	立冬	大雪	小寒
	8/7 22時49分 亥時	9/8 1時44分 丑時	10/8 17時26分 酉時	11/7 20時42分 戌時	12/7 13時38分 未時	1/6 0時54分 子時

年別：2010・2011　生肖：虎　中華民國九十九・一百年

國曆	農曆	干支	國曆	農曆	干支	國曆	農曆	干支	國曆	農曆	干支	國曆	農曆	干支	國曆	農曆	干支
8 7	6 27	己丑	9 8	8 1	辛酉	10 8	9 1	辛卯	11 7	10 2	辛酉	12 7	11 2	辛卯	1 6	12 3	辛酉
8 8	6 28	庚寅	9 9	8 2	壬戌	10 9	9 2	壬辰	11 8	10 3	壬戌	12 8	11 3	壬辰	1 7	12 4	壬戌
8 9	6 29	辛卯	9 10	8 3	癸亥	10 10	9 3	癸巳	11 9	10 4	癸亥	12 9	11 4	癸巳	1 8	12 5	癸亥
8 10	7 1	壬辰	9 11	8 4	甲子	10 11	9 4	甲午	11 10	10 5	甲子	12 10	11 5	甲午	1 9	12 6	甲子
8 11	7 2	癸巳	9 12	8 5	乙丑	10 12	9 5	乙未	11 11	10 6	乙丑	12 11	11 6	乙未	1 10	12 7	乙丑
8 12	7 3	甲午	9 13	8 6	丙寅	10 13	9 6	丙申	11 12	10 7	丙寅	12 12	11 7	丙申	1 11	12 8	丙寅
8 13	7 4	乙未	9 14	8 7	丁卯	10 14	9 7	丁酉	11 13	10 8	丁卯	12 13	11 8	丁酉	1 12	12 9	丁卯
8 14	7 5	丙申	9 15	8 8	戊辰	10 15	9 8	戊戌	11 14	10 9	戊辰	12 14	11 9	戊戌	1 13	12 10	戊辰
8 15	7 6	丁酉	9 16	8 9	己巳	10 16	9 9	己亥	11 15	10 10	己巳	12 15	11 10	己亥	1 14	12 11	己巳
8 16	7 7	戊戌	9 17	8 10	庚午	10 17	9 10	庚子	11 16	10 11	庚午	12 16	11 11	庚子	1 15	12 12	庚午
8 17	7 8	己亥	9 18	8 11	辛未	10 18	9 11	辛丑	11 17	10 12	辛未	12 17	11 12	辛丑	1 16	12 13	辛未
8 18	7 9	庚子	9 19	8 12	壬申	10 19	9 12	壬寅	11 18	10 13	壬申	12 18	11 13	壬寅	1 17	12 14	壬申
8 19	7 10	辛丑	9 20	8 13	癸酉	10 20	9 13	癸卯	11 19	10 14	癸酉	12 19	11 14	癸卯	1 18	12 15	癸酉
8 20	7 11	壬寅	9 21	8 14	甲戌	10 21	9 14	甲辰	11 20	10 15	甲戌	12 20	11 15	甲辰	1 19	12 16	甲戌
8 21	7 12	癸卯	9 22	8 15	乙亥	10 22	9 15	乙巳	11 21	10 16	乙亥	12 21	11 16	乙巳	1 20	12 17	乙亥
8 22	7 13	甲辰	9 23	8 16	丙子	10 23	9 16	丙午	11 22	10 17	丙子	12 22	11 17	丙午	1 21	12 18	丙子
8 23	7 14	乙巳	9 24	8 17	丁丑	10 24	9 17	丁未	11 23	10 18	丁丑	12 23	11 18	丁未	1 22	12 19	丁丑
8 24	7 15	丙午	9 25	8 18	戊寅	10 25	9 18	戊申	11 24	10 19	戊寅	12 24	11 19	戊申	1 23	12 20	戊寅
8 25	7 16	丁未	9 26	8 19	己卯	10 26	9 19	己酉	11 25	10 20	己卯	12 25	11 20	己酉	1 24	12 21	己卯
8 26	7 17	戊申	9 27	8 20	庚辰	10 27	9 20	庚戌	11 26	10 21	庚辰	12 26	11 21	庚戌	1 25	12 22	庚辰
8 27	7 18	己酉	9 28	8 21	辛巳	10 28	9 21	辛亥	11 27	10 22	辛巳	12 27	11 22	辛亥	1 26	12 23	辛巳
8 28	7 19	庚戌	9 29	8 22	壬午	10 29	9 22	壬子	11 28	10 23	壬午	12 28	11 23	壬子	1 27	12 24	壬午
8 29	7 20	辛亥	9 30	8 23	癸未	10 30	9 23	癸丑	11 29	10 24	癸未	12 29	11 24	癸丑	1 28	12 25	癸未
8 30	7 21	壬子	10 1	8 24	甲申	10 31	9 24	甲寅	11 30	10 25	甲申	12 30	11 25	甲寅	1 29	12 26	甲申
8 31	7 22	癸丑	10 2	8 25	乙酉	11 1	9 25	乙卯	12 1	10 26	乙酉	12 31	11 26	乙卯	1 30	12 27	乙酉
9 1	7 23	甲寅	10 3	8 26	丙戌	11 2	9 26	丙辰	12 2	10 27	丙戌	1 1	11 27	丙辰	1 31	12 28	丙戌
9 2	7 24	乙卯	10 4	8 27	丁亥	11 3	9 27	丁巳	12 3	10 28	丁亥	1 2	11 28	丁巳	2 1	12 29	丁亥
9 3	7 25	丙辰	10 5	8 28	戊子	11 4	9 28	戊午	12 4	10 29	戊子	1 3	11 29	戊午	2 2	12 30	戊子
9 4	7 26	丁巳	10 6	8 29	己丑	11 5	9 29	己未	12 5	10 30	己丑	1 4	12 1	己未	2 3	1 1	己丑
	7 27	戊午	10 7	8 30	庚寅	11 6	10 1	庚申	12 6	11 1	庚寅	1 5	12 2	庚申			
	7 28	己未															
	7 29	庚申															

中氣	處暑	秋分	霜降	小雪	冬至	大寒
	13時26分 未時	9/23 11時8分 午時	10/23 20時34分 戌時	11/22 18時14分 酉時	12/22 7時38分 辰時	1/20 18時18分 酉時

年：辛卯

（民國一百年／2011年／兔）

月	庚寅			辛卯			壬辰			癸巳			甲午			乙未		
節氣	立春			驚蟄			清明			立夏			芒種			小暑		
	2/4 12時32分 午時			3/6 6時29分 卯時			4/5 11時11分 午時			5/6 4時23分 寅時			6/6 8時27分 辰時			7/7 18時41分 酉時		
日	國曆	農曆	干支	國曆	農曆	干支	國曆	農曆	干支	國曆	農曆	干支	國曆	農曆	干支	國曆	農曆	干支
	2/4	1/2	庚寅	3/6	2/2	庚申	4/5	3/3	庚寅	5/6	4/4	辛酉	6/6	5/5	壬辰	7/7	6/7	癸酉
	2/5	1/3	辛卯	3/7	2/3	辛酉	4/6	3/4	辛卯	5/7	4/5	壬戌	6/7	5/6	癸巳	7/8	6/8	甲子
	2/6	1/4	壬辰	3/8	2/4	壬戌	4/7	3/5	壬辰	5/8	4/6	癸亥	6/8	5/7	甲午	7/9	6/9	乙丑
	2/7	1/5	癸巳	3/9	2/5	癸亥	4/8	3/6	癸巳	5/9	4/7	甲子	6/9	5/8	乙未	7/10	6/10	丙寅
	2/8	1/6	甲午	3/10	2/6	甲子	4/9	3/7	甲午	5/10	4/8	乙丑	6/10	5/9	丙申	7/11	6/11	丁卯
	2/9	1/7	乙未	3/11	2/7	乙丑	4/10	3/8	乙未	5/11	4/9	丙寅	6/11	5/10	丁酉	7/12	6/12	戊辰
	2/10	1/8	丙申	3/12	2/8	丙寅	4/11	3/9	丙申	5/12	4/10	丁卯	6/12	5/11	戊戌	7/13	6/13	己巳
	2/11	1/9	丁酉	3/13	2/9	丁卯	4/12	3/10	丁酉	5/13	4/11	戊辰	6/13	5/12	己亥	7/14	6/14	庚午
	2/12	1/10	戊戌	3/14	2/10	戊辰	4/13	3/11	戊戌	5/14	4/12	己巳	6/14	5/13	庚子	7/15	6/15	辛未
	2/13	1/11	己亥	3/15	2/11	己巳	4/14	3/12	己亥	5/15	4/13	庚午	6/15	5/14	辛丑	7/16	6/16	壬申
	2/14	1/12	庚子	3/16	2/12	庚午	4/15	3/13	庚子	5/16	4/14	辛未	6/16	5/15	壬寅	7/17	6/17	癸酉
	2/15	1/13	辛丑	3/17	2/13	辛未	4/16	3/14	辛丑	5/17	4/15	壬申	6/17	5/16	癸卯	7/18	6/18	甲戌
	2/16	1/14	壬寅	3/18	2/14	壬申	4/17	3/15	壬寅	5/18	4/16	癸酉	6/18	5/17	甲辰	7/19	6/19	乙亥
	2/17	1/15	癸卯	3/19	2/15	癸酉	4/18	3/16	癸卯	5/19	4/17	甲戌	6/19	5/18	乙巳	7/20	6/20	丙子
	2/18	1/16	甲辰	3/20	2/16	甲戌	4/19	3/17	甲辰	5/20	4/18	乙亥	6/20	5/19	丙午	7/21	6/21	丁丑
	2/19	1/17	乙巳	3/21	2/17	乙亥	4/20	3/18	乙巳	5/21	4/19	丙子	6/21	5/20	丁未	7/22	6/22	戊
	2/20	1/18	丙午	3/22	2/18	丙子	4/21	3/19	丙午	5/22	4/20	丁丑	6/22	5/21	戊申	7/23	6/23	己
	2/21	1/19	丁未	3/23	2/19	丁丑	4/22	3/20	丁未	5/23	4/21	戊寅	6/23	5/22	己酉	7/24	6/24	庚
	2/22	1/20	戊申	3/24	2/20	戊寅	4/23	3/21	戊申	5/24	4/22	己卯	6/24	5/23	庚戌	7/25	6/25	辛
	2/23	1/21	己酉	3/25	2/21	己卯	4/24	3/22	己酉	5/25	4/23	庚辰	6/25	5/24	辛亥	7/26	6/26	壬
	2/24	1/22	庚戌	3/26	2/22	庚辰	4/25	3/23	庚戌	5/26	4/24	辛巳	6/26	5/25	壬子	7/27	6/27	癸
	2/25	1/23	辛亥	3/27	2/23	辛巳	4/26	3/24	辛亥	5/27	4/25	壬午	6/27	5/26	癸丑	7/28	6/28	甲
	2/26	1/24	壬子	3/28	2/24	壬午	4/27	3/25	壬子	5/28	4/26	癸未	6/28	5/27	甲寅	7/29	6/29	乙
	2/27	1/25	癸丑	3/29	2/25	癸未	4/28	3/26	癸丑	5/29	4/27	甲申	6/29	5/28	乙卯	7/30	6/30	丙
	2/28	1/26	甲寅	3/30	2/26	甲申	4/29	3/27	甲寅	5/30	4/28	乙酉	6/30	5/29	丙辰	7/31	7/1	丁
	3/1	1/27	乙卯	3/31	2/27	乙酉	4/30	3/28	乙卯	5/31	4/29	丙戌	7/1	6/1	丁巳	8/1	7/2	戊
	3/2	1/28	丙辰	4/1	2/28	丙戌	5/1	3/29	丙辰	6/1	4/30	丁亥	7/2	6/2	戊午	8/2	7/3	己
	3/3	1/29	丁巳	4/2	2/29	丁亥	5/2	3/30	丁巳	6/2	5/1	戊子	7/3	6/3	己未	8/3	7/4	庚
	3/4	1/30	戊午	4/3	3/1	戊子	5/3	4/1	戊午	6/3	5/2	己丑	7/4	6/4	庚申	8/4	7/5	辛
	3/5	2/1	己未	4/4	3/2	己丑	5/4	4/2	己未	6/4	5/3	庚寅	7/5	6/5	辛酉	8/5	7/6	壬
							5/5	4/3	庚申	6/5	5/4	辛卯	7/6	6/6	壬戌	8/6	7/7	癸
																8/7	7/8	

中氣	雨水	春分	穀雨	小滿	夏至	大暑
	2/19 8時25分 辰時	3/21 7時20分 辰時	4/20 18時17分 酉時	5/21 17時21分 酉時	6/22 1時16分 丑時	7/23 12時11分

辛卯																		年
丙申			丁酉			戊戌			己亥			庚子			辛丑			月
立秋			白露			寒露			立冬			大雪			小寒			節氣
8/8 4時33分 寅時			9/8 7時34分 辰時			10/8 23時19分 子時			11/8 2時34分 丑時			12/7 19時28分 戌時			1/6 6時43分 卯時			
國曆	農曆	干支	國曆	農曆	干支	國曆	農曆	干支	國曆	農曆	干支	國曆	農曆	干支	國曆	農曆	干支	日
8 8	7 9	乙未	9 8	8 11	丙寅	10 8	9 12	丙申	11 8	10 13	丁卯	12 7	11 13	丙申	1 6	12 13	丙寅	
8 9	7 10	丙申	9 9	8 12	丁卯	10 9	9 13	丁酉	11 9	10 14	戊辰	12 8	11 14	丁酉	1 7	12 14	丁卯	
8 10	7 11	丁酉	9 10	8 13	戊辰	10 10	9 14	戊戌	11 10	10 15	己巳	12 9	11 15	戊戌	1 8	12 15	戊辰	
8 11	7 12	戊戌	9 11	8 14	己巳	10 11	9 15	己亥	11 11	10 16	庚午	12 10	11 16	己亥	1 9	12 16	己巳	2011·2012
8 12	7 13	己亥	9 12	8 15	庚午	10 12	9 16	庚子	11 12	10 17	辛未	12 11	11 17	庚子	1 10	12 17	庚午	
8 13	7 14	庚子	9 13	8 16	辛未	10 13	9 17	辛丑	11 13	10 18	壬申	12 12	11 18	辛丑	1 11	12 18	辛未	
8 14	7 15	辛丑	9 14	8 17	壬申	10 14	9 18	壬寅	11 14	10 19	癸酉	12 13	11 19	壬寅	1 12	12 19	壬申	
8 15	7 16	壬寅	9 15	8 18	癸酉	10 15	9 19	癸卯	11 15	10 20	甲戌	12 14	11 20	癸卯	1 13	12 20	癸酉	
8 16	7 17	癸卯	9 16	8 19	甲戌	10 16	9 20	甲辰	11 16	10 21	乙亥	12 15	11 21	甲辰	1 14	12 21	甲戌	
17	7 18	甲辰	9 17	8 20	乙亥	10 17	9 21	乙巳	11 17	10 22	丙子	12 16	11 22	乙巳	1 15	12 22	乙亥	
18	7 19	乙巳	9 18	8 21	丙子	10 18	9 22	丙午	11 18	10 23	丁丑	12 17	11 23	丙午	1 16	12 23	丙子	
19	7 20	丙午	9 19	8 22	丁丑	10 19	9 23	丁未	11 19	10 24	戊寅	12 18	11 24	丁未	1 17	12 24	丁丑	
20	7 21	丁未	9 20	8 23	戊寅	10 20	9 24	戊申	11 20	10 25	己卯	12 19	11 25	戊申	1 18	12 25	戊寅	
21	7 22	戊申	9 21	8 24	己卯	10 21	9 25	己酉	11 21	10 26	庚辰	12 20	11 26	己酉	1 19	12 26	己卯	
22	7 23	己酉	9 22	8 25	庚辰	10 22	9 26	庚戌	11 22	10 27	辛巳	12 21	11 27	庚戌	1 20	12 27	庚辰	氣
23	7 24	庚戌	9 23	8 26	辛巳	10 23	9 27	辛亥	11 23	10 28	壬午	12 22	11 28	辛亥	1 21	12 28	辛巳	
24	7 25	辛亥	9 24	8 27	壬午	10 24	9 28	壬子	11 24	10 29	癸未	12 23	11 29	壬子	1 22	12 29	壬午	
25	7 26	壬子	9 25	8 28	癸未	10 25	9 29	癸丑	11 25	11 1	甲申	12 24	11 30	癸丑	1 23	1 1	癸未	
26	7 27	癸丑	9 26	8 29	甲申	10 26	9 30	甲寅	11 26	11 2	乙酉	12 25	12 1	甲寅	1 24	1 2	甲申	
27	7 28	甲寅	9 27	9 1	乙酉	10 27	10 1	乙卯	11 27	11 3	丙戌	12 26	12 2	乙卯	1 25	1 3	乙酉	中
28	7 29	乙卯	9 28	9 2	丙戌	10 28	10 2	丙辰	11 28	11 4	丁亥	12 27	12 3	丙辰	1 26	1 4	丙戌	華
29	8 1	丙辰	9 29	9 3	丁亥	10 29	10 3	丁巳	11 29	11 5	戊子	12 28	12 4	丁巳	1 27	1 5	丁亥	民
30	8 2	丁巳	9 30	9 4	戊子	10 30	10 4	戊午	11 30	11 6	己丑	12 29	12 5	戊午	1 28	1 6	戊子	國
31	8 3	戊午	10 1	9 5	己丑	10 31	10 5	己未	12 1	11 7	庚寅	12 30	12 6	己未	1 29	1 7	己丑	一
1	8 4	己未	10 2	9 6	庚寅	11 1	10 6	庚申	12 2	11 8	辛卯	12 31	12 7	庚申	1 30	1 8	庚寅	百
2	8 5	庚申	10 3	9 7	辛卯	11 2	10 7	辛酉	12 3	11 9	壬辰	1 1	12 8	辛酉	1 31	1 9	辛卯	·
3	8 6	辛酉	10 4	9 8	壬辰	11 3	10 8	壬戌	12 4	11 10	癸巳	1 2	12 9	壬戌	2 1	1 10	壬辰	一
4	8 7	壬戌	10 5	9 9	癸巳	11 4	10 9	癸亥	12 5	11 11	甲午	1 3	12 10	癸亥	2 2	1 11	癸巳	百
5	8 8	癸亥	10 6	9 10	甲午	11 5	10 10	甲子	12 6	11 12	乙未	1 4	12 11	甲子	2 3	1 12	甲午	零
6	8 9	甲子	10 7	9 11	乙未	11 6	10 11	乙丑				1 5	12 12	乙丑				一
7	8 10	乙丑				11 7	10 12	丙寅										年
處暑			秋分			霜降			小雪			冬至			大寒			中
19時20分 戌時			9/23 17時4分 酉時			10/24 2時30分 丑時			11/23 0時7分 子時			12/22 13時29分 未時			1/21 0時9分 子時			氣

年：壬辰　（左欄：2012　龍　中華民國一百零一年）

月	壬寅			癸卯			甲辰			乙巳			丙午			丁未		
節氣	立春			驚蟄			清明			立夏			芒種			小暑		
	2/4 18時22分 酉時			3/5 12時20分 午時			4/4 17時5分 酉時			5/5 10時19分 巳時			6/5 14時25分 未時			7/7 0時40分 子時		
日	國曆	農曆	干支	國曆	農曆	干支	國曆	農曆	干支	國曆	農曆	干支	國曆	農曆	干支	國曆	農曆	干支
	2 4	1 13	乙未	3 5	2 13	乙丑	4 4	3 14	乙未	5 5	4 15	丙寅	6 5	閏4 16	丁酉	7 7	5 19	己巳
	2 5	1 14	丙申	3 6	2 14	丙寅	4 5	3 15	丙申	5 6	4 16	丁卯	6 6	閏4 17	戊戌	7 8	5 20	庚午
	2 6	1 15	丁酉	3 7	2 15	丁卯	4 6	3 16	丁酉	5 7	4 17	戊辰	6 7	閏4 18	己亥	7 9	5 21	辛未
	2 7	1 16	戊戌	3 8	2 16	戊辰	4 7	3 17	戊戌	5 8	4 18	己巳	6 8	閏4 19	庚子	7 10	5 22	壬申
	2 8	1 17	己亥	3 9	2 17	己巳	4 8	3 18	己亥	5 9	4 19	庚午	6 9	閏4 20	辛丑	7 11	5 23	癸酉
	2 9	1 18	庚子	3 10	2 18	庚午	4 9	3 19	庚子	5 10	4 20	辛未	6 10	閏4 21	壬寅	7 12	5 24	甲戌
	2 10	1 19	辛丑	3 11	2 19	辛未	4 10	3 20	辛丑	5 11	4 21	壬申	6 11	閏4 22	癸卯	7 13	5 25	乙亥
	2 11	1 20	壬寅	3 12	2 20	壬申	4 11	3 21	壬寅	5 12	4 22	癸酉	6 12	閏4 23	甲辰	7 14	5 26	丙子
	2 12	1 21	癸卯	3 13	2 21	癸酉	4 12	3 22	癸卯	5 13	4 23	甲戌	6 13	閏4 24	乙巳	7 15	5 27	丁丑
	2 13	1 22	甲辰	3 14	2 22	甲戌	4 13	3 23	甲辰	5 14	4 24	乙亥	6 14	閏4 25	丙午	7 16	5 28	戊寅
	2 14	1 23	乙巳	3 15	2 23	乙亥	4 14	3 24	乙巳	5 15	4 25	丙子	6 15	閏4 26	丁未	7 17	5 29	己卯
	2 15	1 24	丙午	3 16	2 24	丙子	4 15	3 25	丙午	5 16	4 26	丁丑	6 16	閏4 27	戊申	7 18	5 30	庚辰
	2 16	1 25	丁未	3 17	2 25	丁丑	4 16	3 26	丁未	5 17	4 27	戊寅	6 17	閏4 28	己酉	7 19	6 1	辛巳
	2 17	1 26	戊申	3 18	2 26	戊寅	4 17	3 27	戊申	5 18	4 28	己卯	6 18	閏4 29	庚戌	7 20	6 2	壬午
	2 18	1 27	己酉	3 19	2 27	己卯	4 18	3 28	己酉	5 19	4 29	庚辰	6 19	5 1	辛亥	7 21	6 3	癸未
	2 19	1 28	庚戌	3 20	2 28	庚辰	4 19	3 29	庚戌	5 20	4 30	辛巳	6 20	5 2	壬子	7 22	6 4	甲申
	2 20	1 29	辛亥	3 21	2 29	辛巳	4 20	3 30	辛亥	5 21	閏4 1	壬午	6 21	5 3	癸丑	7 23	6 5	乙酉
	2 21	1 30	壬子	3 22	3 1	壬午	4 21	4 1	壬子	5 22	閏4 2	癸未	6 22	5 4	甲寅	7 24	6 6	丙戌
	2 22	2 1	癸丑	3 23	3 2	癸未	4 22	4 2	癸丑	5 23	閏4 3	甲申	6 23	5 5	乙卯	7 25	6 7	丁亥
	2 23	2 2	甲寅	3 24	3 3	甲申	4 23	4 3	甲寅	5 24	閏4 4	乙酉	6 24	5 6	丙辰	7 26	6 8	戊子
	2 24	2 3	乙卯	3 25	3 4	乙酉	4 24	4 4	乙卯	5 25	閏4 5	丙戌	6 25	5 7	丁巳	7 27	6 9	己丑
	2 25	2 4	丙辰	3 26	3 5	丙戌	4 25	4 5	丙辰	5 26	閏4 6	丁亥	6 26	5 8	戊午	7 28	6 10	庚寅
	2 26	2 5	丁巳	3 27	3 6	丁亥	4 26	4 6	丁巳	5 27	閏4 7	戊子	6 27	5 9	己未	7 29	6 11	辛卯
	2 27	2 6	戊午	3 28	3 7	戊子	4 27	4 7	戊午	5 28	閏4 8	己丑	6 28	5 10	庚申	7 30	6 12	壬辰
	2 28	2 7	己未	3 29	3 8	己丑	4 28	4 8	己未	5 29	閏4 9	庚寅	6 29	5 11	辛酉	7 31	6 13	癸巳
	2 29	2 8	庚申	3 30	3 9	庚寅	4 29	4 9	庚申	5 30	閏4 10	辛卯	6 30	5 12	壬戌	8 1	6 14	甲午
	3 1	2 9	辛酉	3 31	3 10	辛卯	4 30	4 10	辛酉	5 31	閏4 11	壬辰	7 1	5 13	癸亥	8 2	6 15	乙未
	3 2	2 10	壬戌	4 1	3 11	壬辰	5 1	4 11	壬戌	6 1	閏4 12	癸巳	7 2	5 14	甲子	8 3	6 16	丙申
	3 3	2 11	癸亥	4 2	3 12	癸巳	5 2	4 12	癸亥	6 2	閏4 13	甲午	7 3	5 15	乙丑	8 4	6 17	丁酉
	3 4	2 12	甲子	4 3	3 13	甲午	5 3	4 13	甲子	6 3	閏4 14	乙未	7 4	5 16	丙寅	8 5	6 18	戊戌
							5 4	4 14	乙丑	6 4	閏4 15	丙申	7 5	5 17	丁卯	8 6	6 19	己亥
													7 6	5 18	戊辰			

中氣	雨水	春分	穀雨	小滿	夏至	大暑
	2/19 14時17分 未時	3/20 13時14分 未時	4/20 0時11分 子時	5/20 23時15分 子時	6/21 7時8分 辰時	7/22 18時0分 酉時

壬辰　（年）

月	戊申			己酉			庚戌			辛亥			壬子			癸丑		
節氣	立秋			白露			寒露			立冬			大雪			小寒		
日	8/7 10時30分 巳時			9/7 13時28分 未時			10/8 5時11分 卯時			11/7 8時25分 辰時			12/7 1時18分 丑時			1/5 12時33分 午時		
	國曆	農曆	干支	國曆	農曆	干支	國曆	農曆	干支	國曆	農曆	干支	國曆	農曆	干支	國曆	農曆	干支
	8 7	6 20	庚子	9 7	7 22	辛未	10 8	8 23	壬寅	11 7	9 24	壬申	12 7	10 24	壬寅	1 5	11 24	辛未
	8 8	6 21	辛丑	9 8	7 23	壬申	10 9	8 24	癸卯	11 8	9 25	癸酉	12 8	10 25	癸卯	1 6	11 25	壬申
	8 9	6 22	壬寅	9 9	7 24	癸酉	10 10	8 25	甲辰	11 9	9 26	甲戌	12 9	10 26	甲辰	1 7	11 26	癸酉
	8 10	6 23	癸卯	9 10	7 25	甲戌	10 11	8 26	乙巳	11 10	9 27	乙亥	12 10	10 27	乙巳	1 8	11 27	甲戌
	8 11	6 24	甲辰	9 11	7 26	乙亥	10 12	8 27	丙午	11 11	9 28	丙子	12 11	10 28	丙午	1 9	11 28	乙亥
	8 12	6 25	乙巳	9 12	7 27	丙子	10 13	8 28	丁未	11 12	9 29	丁丑	12 12	10 29	丁未	1 10	11 29	丙子
	8 13	6 26	丙午	9 13	7 28	丁丑	10 14	8 29	戊申	11 13	9 30	戊寅	12 13	11 1	戊申	1 11	11 30	丁丑
	8 14	6 27	丁未	9 14	7 29	戊寅	10 15	9 1	己酉	11 14	10 1	己卯	12 14	11 2	己酉	1 12	12 1	戊寅
	8 15	6 28	戊申	9 15	7 30	己卯	10 16	9 2	庚戌	11 15	10 2	庚辰	12 15	11 3	庚戌	1 13	12 2	己卯
	8 16	6 29	己酉	9 16	8 1	庚辰	10 17	9 3	辛亥	11 16	10 3	辛巳	12 16	11 4	辛亥	1 14	12 3	庚辰
	8 17	7 1	庚戌	9 17	8 2	辛巳	10 18	9 4	壬子	11 17	10 4	壬午	12 17	11 5	壬子	1 15	12 4	辛巳
	8 18	7 2	辛亥	9 18	8 3	壬午	10 19	9 5	癸丑	11 18	10 5	癸未	12 18	11 6	癸丑	1 16	12 5	壬午
	8 19	7 3	壬子	9 19	8 4	癸未	10 20	9 6	甲寅	11 19	10 6	甲申	12 19	11 7	甲寅	1 17	12 6	癸未
	8 20	7 4	癸丑	9 20	8 5	甲申	10 21	9 7	乙卯	11 20	10 7	乙酉	12 20	11 8	乙卯	1 18	12 7	甲申
	8 21	7 5	甲寅	9 21	8 6	乙酉	10 22	9 8	丙辰	11 21	10 8	丙戌	12 21	11 9	丙辰	1 19	12 8	乙酉
	8 22	7 6	乙卯	9 22	8 7	丙戌	10 23	9 9	丁巳	11 22	10 9	丁亥	12 22	11 10	丁巳	1 20	12 9	丙戌
	8 23	7 7	丙辰	9 23	8 8	丁亥	10 24	9 10	戊午	11 23	10 10	戊子	12 23	11 11	戊午	1 21	12 10	丁亥
	8 24	7 8	丁巳	9 24	8 9	戊子	10 25	9 11	己未	11 24	10 11	己丑	12 24	11 12	己未	1 22	12 11	戊子
	8 25	7 9	戊午	9 25	8 10	己丑	10 26	9 12	庚申	11 25	10 12	庚寅	12 25	11 13	庚申	1 23	12 12	己丑
	8 26	7 10	己未	9 26	8 11	庚寅	10 27	9 13	辛酉	11 26	10 13	辛卯	12 26	11 14	辛酉	1 24	12 13	庚寅
	8 27	7 11	庚申	9 27	8 12	辛卯	10 28	9 14	壬戌	11 27	10 14	壬辰	12 27	11 15	壬戌	1 25	12 14	辛卯
	8 28	7 12	辛酉	9 28	8 13	壬辰	10 29	9 15	癸亥	11 28	10 15	癸巳	12 28	11 16	癸亥	1 26	12 15	壬辰
	8 29	7 13	壬戌	9 29	8 14	癸巳	10 30	9 16	甲子	11 29	10 16	甲午	12 29	11 17	甲子	1 27	12 16	癸巳
	8 30	7 14	癸亥	9 30	8 15	甲午	10 31	9 17	乙丑	11 30	10 17	乙未	12 30	11 18	乙丑	1 28	12 17	甲午
	8 31	7 15	甲子	10 1	8 16	乙未	11 1	9 18	丙寅	12 1	10 18	丙申	12 31	11 19	丙寅	1 29	12 18	乙未
	9 1	7 16	乙丑	10 2	8 17	丙申	11 2	9 19	丁卯	12 2	10 19	丁酉	1 1	11 20	丁卯	1 30	12 19	丙申
	9 2	7 17	丙寅	10 3	8 18	丁酉	11 3	9 20	戊辰	12 3	10 20	戊戌	1 2	11 21	戊辰	1 31	12 20	丁酉
	9 3	7 18	丁卯	10 4	8 19	戊戌	11 4	9 21	己巳	12 4	10 21	己亥	1 3	11 22	己巳	2 1	12 21	戊戌
	9 4	7 19	戊辰	10 5	8 20	己亥	11 5	9 22	庚午	12 5	10 22	庚子	1 4	11 23	庚午	2 2	12 22	己亥
	9 5	7 20	己巳	10 6	8 21	庚子	11 6	9 23	辛未	12 6	10 23	辛丑				2 3	12 23	庚子
	9 6	7 21	庚午	10 7	8 22	辛丑												
中氣	處暑 3 1時6分 丑時			秋分 9/22 22時48分 亥時			霜降 10/23 8時13分 辰時			小雪 11/22 5時50分 卯時			冬至 12/21 19時11分 戌時			大寒 1/20 5時51分 卯時		

右欄：2012・2013　龍　中華民國一百零一・一百零二年

年	癸巳																	
月	甲寅			乙卯			丙辰			丁巳			戊午			己未		
節氣	立春			驚蟄			清明			立夏			芒種			小暑		
	2/4 0時13分 子時			3/5 18時14分 酉時			4/4 23時2分 子時			5/5 16時18分 申時			6/5 20時23分 戌時			7/7 6時34分 卯時		
日	國曆	農曆	干支	國曆	農曆	干支	國曆	農曆	干支	國曆	農曆	干支	國曆	農曆	干支	國曆	農曆	干支
	2 4	12 24	辛丑	3 5	1 24	庚午	4 4	2 24	庚子	5 5	3 26	辛未	6 5	4 27	壬寅	7 7	5 30	甲戌
	2 5	12 25	壬寅	3 6	1 25	辛未	4 5	2 25	辛丑	5 6	3 27	壬申	6 6	4 28	癸卯	7 8	6 1	乙亥
	2 6	12 26	癸卯	3 7	1 26	壬申	4 6	2 26	壬寅	5 7	3 28	癸酉	6 7	4 29	甲辰	7 9	6 2	丙子
	2 7	12 27	甲辰	3 8	1 27	癸酉	4 7	2 27	癸卯	5 8	3 29	甲戌	6 8	5 1	乙巳	7 10	6 3	丁丑
	2 8	12 28	乙巳	3 9	1 28	甲戌	4 8	2 28	甲辰	5 9	3 30	乙亥	6 9	5 2	丙午	7 11	6 4	戊寅
2	2 9	12 29	丙午	3 10	1 29	乙亥	4 9	2 29	乙巳	5 10	4 1	丙子	6 10	5 3	丁未	7 12	6 5	己卯
0	2 10	1 1	丁未	3 11	1 30	丙子	4 10	3 1	丙午	5 11	4 2	丁丑	6 11	5 4	戊申	7 13	6 6	庚辰
1	2 11	1 2	戊申	3 12	2 1	丁丑	4 11	3 2	丁未	5 12	4 3	戊寅	6 12	5 5	己酉	7 14	6 7	辛巳
3	2 12	1 3	己酉	3 13	2 2	戊寅	4 12	3 3	戊申	5 13	4 4	己卯	6 13	5 6	庚戌	7 15	6 8	壬午
	2 13	1 4	庚戌	3 14	2 3	己卯	4 13	3 4	己酉	5 14	4 5	庚辰	6 14	5 7	辛亥	7 16	6 9	癸未
	2 14	1 5	辛亥	3 15	2 4	庚辰	4 14	3 5	庚戌	5 15	4 6	辛巳	6 15	5 8	壬子	7 17	6 10	甲申
	2 15	1 6	壬子	3 16	2 5	辛巳	4 15	3 6	辛亥	5 16	4 7	壬午	6 16	5 9	癸丑	7 18	6 11	乙酉
	2 16	1 7	癸丑	3 17	2 6	壬午	4 16	3 7	壬子	5 17	4 8	癸未	6 17	5 10	甲寅	7 19	6 12	丙戌
	2 17	1 8	甲寅	3 18	2 7	癸未	4 17	3 8	癸丑	5 18	4 9	甲申	6 18	5 11	乙卯	7 20	6 13	丁亥
蛇	2 18	1 9	乙卯	3 19	2 8	甲申	4 18	3 9	甲寅	5 19	4 10	乙酉	6 19	5 12	丙辰	7 21	6 14	戊子
	2 19	1 10	丙辰	3 20	2 9	乙酉	4 19	3 10	乙卯	5 20	4 11	丙戌	6 20	5 13	丁巳	7 22	6 15	己丑
	2 20	1 11	丁巳	3 21	2 10	丙戌	4 20	3 11	丙辰	5 21	4 12	丁亥	6 21	5 14	戊午	7 23	6 16	庚寅
	2 21	1 12	戊午	3 22	2 11	丁亥	4 21	3 12	丁巳	5 22	4 13	戊子	6 22	5 15	己未	7 24	6 17	辛卯
	2 22	1 13	己未	3 23	2 12	戊子	4 22	3 13	戊午	5 23	4 14	己丑	6 23	5 16	庚申	7 25	6 18	壬辰
	2 23	1 14	庚申	3 24	2 13	己丑	4 23	3 14	己未	5 24	4 15	庚寅	6 24	5 17	辛酉	7 26	6 19	癸巳
	2 24	1 15	辛酉	3 25	2 14	庚寅	4 24	3 15	庚申	5 25	4 16	辛卯	6 25	5 18	壬戌	7 27	6 20	甲午
中	2 25	1 16	壬戌	3 26	2 15	辛卯	4 25	3 16	辛酉	5 26	4 17	壬辰	6 26	5 19	癸亥	7 28	6 21	乙未
華	2 26	1 17	癸亥	3 27	2 16	壬辰	4 26	3 17	壬戌	5 27	4 18	癸巳	6 27	5 20	甲子	7 29	6 22	丙申
民	2 27	1 18	甲子	3 28	2 17	癸巳	4 27	3 18	癸亥	5 28	4 19	甲午	6 28	5 21	乙丑	7 30	6 23	丁酉
國	2 28	1 19	乙丑	3 29	2 18	甲午	4 28	3 19	甲子	5 29	4 20	乙未	6 29	5 22	丙寅	7 31	6 24	戊戌
一	3 1	1 20	丙寅	3 30	2 19	乙未	4 29	3 20	乙丑	5 30	4 21	丙申	6 30	5 23	丁卯	8 1	6 25	己亥
百	3 2	1 21	丁卯	3 31	2 20	丙申	4 30	3 21	丙寅	5 31	4 22	丁酉	7 1	5 24	戊辰	8 2	6 26	庚子
零	3 3	1 22	戊辰	4 1	2 21	丁酉	5 1	3 22	丁卯	6 1	4 23	戊戌	7 2	5 25	己巳	8 3	6 27	辛丑
二	3 4	1 23	己巳	4 2	2 22	戊戌	5 2	3 23	戊辰	6 2	4 24	己亥	7 3	5 26	庚午	8 4	6 28	壬寅
年				4 3	2 23	己亥	5 3	3 24	己巳	6 3	4 25	庚子	7 4	5 27	辛未	8 5	6 29	癸卯
							5 4	3 25	庚午	6 4	4 26	辛丑	7 5	5 28	壬申	8 6	6 30	甲辰
													7 6	5 29	癸酉			
中氣	雨水			春分			穀雨			小滿			夏至			大暑		
	2/18 20時1分 戌時			3/20 19時1分 戌時			4/20 6時3分 卯時			5/21 5時9分 卯時			6/21 13時3分 未時			7/22 23時55分		

庚申			辛酉			壬戌			癸亥			甲子			乙丑			年：癸巳
立秋			白露			寒露			立冬			大雪			小寒			月
8/7 16時20分 申時			9/7 19時16分 戌時			10/8 10時58分 巳時			11/7 14時13分 未時			12/7 7時8分 辰時			1/5 18時24分 酉時			節氣
國曆	農曆	干支	國曆	農曆	干支	國曆	農曆	干支	國曆	農曆	干支	國曆	農曆	干支	國曆	農曆	干支	日
8 7	7 1	乙巳	9 7	8 3	丙子	10 8	9 4	丁未	11 7	10 5	丁丑	12 7	11 5	丁未	1 5	12 5	丙子	2013·2014
8 8	7 2	丙午	9 8	8 4	丁丑	10 9	9 5	戊申	11 8	10 6	戊寅	12 8	11 6	戊申	1 6	12 6	丁丑	
8 9	7 3	丁未	9 9	8 5	戊寅	10 10	9 6	己酉	11 9	10 7	己卯	12 9	11 7	己酉	1 7	12 7	戊寅	
8 10	7 4	戊申	9 10	8 6	己卯	10 11	9 7	庚戌	11 10	10 8	庚辰	12 10	11 8	庚戌	1 8	12 8	己卯	
8 11	7 5	己酉	9 11	8 7	庚辰	10 12	9 8	辛亥	11 11	10 9	辛巳	12 11	11 9	辛亥	1 9	12 9	庚辰	
8 12	7 6	庚戌	9 12	8 8	辛巳	10 13	9 9	壬子	11 12	10 10	壬午	12 12	11 10	壬子	1 10	12 10	辛巳	
8 13	7 7	辛亥	9 13	8 9	壬午	10 14	9 10	癸丑	11 13	10 11	癸未	12 13	11 11	癸丑	1 11	12 11	壬午	
8 14	7 8	壬子	9 14	8 10	癸未	10 15	9 11	甲寅	11 14	10 12	甲申	12 14	11 12	甲寅	1 12	12 12	癸未	
8 15	7 9	癸丑	9 15	8 11	甲申	10 16	9 12	乙卯	11 15	10 13	乙酉	12 15	11 13	乙卯	1 13	12 13	甲申	
8 16	7 10	甲寅	9 16	8 12	乙酉	10 17	9 13	丙辰	11 16	10 14	丙戌	12 16	11 14	丙辰	1 14	12 14	乙酉	
8 17	7 11	乙卯	9 17	8 13	丙戌	10 18	9 14	丁巳	11 17	10 15	丁亥	12 17	11 15	丁巳	1 15	12 15	丙戌	
8 18	7 12	丙辰	9 18	8 14	丁亥	10 19	9 15	戊午	11 18	10 16	戊子	12 18	11 16	戊午	1 16	12 16	丁亥	
8 19	7 13	丁巳	9 19	8 15	戊子	10 20	9 16	己未	11 19	10 17	己丑	12 19	11 17	己未	1 17	12 17	戊子	
8 20	7 14	戊午	9 20	8 16	己丑	10 21	9 17	庚申	11 20	10 18	庚寅	12 20	11 18	庚申	1 18	12 18	己丑	
8 21	7 15	己未	9 21	8 17	庚寅	10 22	9 18	辛酉	11 21	10 19	辛卯	12 21	11 19	辛酉	1 19	12 19	庚寅	
8 22	7 16	庚申	9 22	8 18	辛卯	10 23	9 19	壬戌	11 22	10 20	壬辰	12 22	11 20	壬戌	1 20	12 20	辛卯	
8 23	7 17	辛酉	9 23	8 19	壬辰	10 24	9 20	癸亥	11 23	10 21	癸巳	12 23	11 21	癸亥	1 21	12 21	壬辰	
8 24	7 18	壬戌	9 24	8 20	癸巳	10 25	9 21	甲子	11 24	10 22	甲午	12 24	11 22	甲子	1 22	12 22	癸巳	
8 25	7 19	癸亥	9 25	8 21	甲午	10 26	9 22	乙丑	11 25	10 23	乙未	12 25	11 23	乙丑	1 23	12 23	甲午	中華民國一百零二·一百零三年
8 26	7 20	甲子	9 26	8 22	乙未	10 27	9 23	丙寅	11 26	10 24	丙申	12 26	11 24	丙寅	1 24	12 24	乙未	
8 27	7 21	乙丑	9 27	8 23	丙申	10 28	9 24	丁卯	11 27	10 25	丁酉	12 27	11 25	丁卯	1 25	12 25	丙申	
8 28	7 22	丙寅	9 28	8 24	丁酉	10 29	9 25	戊辰	11 28	10 26	戊戌	12 28	11 26	戊辰	1 26	12 26	丁酉	
8 29	7 23	丁卯	9 29	8 25	戊戌	10 30	9 26	己巳	11 29	10 27	己亥	12 29	11 27	己巳	1 27	12 27	戊戌	
8 30	7 24	戊辰	9 30	8 26	己亥	10 31	9 27	庚午	11 30	10 28	庚子	12 30	11 28	庚午	1 28	12 28	己亥	
8 31	7 25	己巳	10 1	8 27	庚子	11 1	9 28	辛未	12 1	10 29	辛丑	12 31	11 29	辛未	1 29	12 29	庚子	
9 1	7 26	庚午	10 2	8 28	辛丑	11 2	9 29	壬申	12 2	10 30	壬寅	1 1	12 1	壬申	1 30	12 30	辛丑	
9 2	7 27	辛未	10 3	8 29	壬寅	11 3	10 1	癸酉	12 3	11 1	癸卯	1 2	12 2	癸酉	1 31	1 1	壬寅	
9 3	7 28	壬申	10 4	8 30	癸卯	11 4	10 2	甲戌	12 4	11 2	甲辰	1 3	12 3	甲戌	2 1	1 2	癸卯	
9 4	7 29	癸酉	10 5	9 1	甲辰	11 5	10 3	乙亥	12 5	11 3	乙巳	1 4	12 4	乙亥	2 2	1 3	甲辰	
9 5	8 1	甲戌	10 6	9 2	乙巳	11 6	10 4	丙子	12 6	11 4	丙午				2 3	1 4	乙巳	
9 6	8 2	乙亥	10 7	9 3	丙午													
處暑			秋分			霜降			小雪			冬至			大寒			中氣
23 7時1分 辰時			9/23 4時44分 寅時			10/23 14時9分 未時			11/22 11時48分 午時			12/22 1時10分 丑時			1/20 11時51分 午時			

年	甲午																	
月	丙寅			丁卯			戊辰			己巳			庚午			辛未		
節氣	立春			驚蟄			清明			立夏			芒種			小暑		
	2/4 6時3分 卯時			3/6 0時2分 子時			4/5 4時46分 寅時			5/5 21時59分 亥時			6/2 2時2分 丑時			7/7 12時14分 午時		
日	國曆	農曆	干支	國曆	農曆	干支	國曆	農曆	干支	國曆	農曆	干支	國曆	農曆	干支	國曆	農曆	干支
	2 4	1 5	丙午	3 6	2 6	丙子	4 5	3 6	丙午	5 5	4 7	丙子	6 6	5 9	戊申	7 7	6 11	己卯
	2 5	1 6	丁未	3 7	2 7	丁丑	4 6	3 7	丁未	5 6	4 8	丁丑	6 7	5 10	己酉	7 8	6 12	庚辰
	2 6	1 7	戊申	3 8	2 8	戊寅	4 7	3 8	戊申	5 7	4 9	戊寅	6 8	5 11	庚戌	7 9	6 13	辛巳
	2 7	1 8	己酉	3 9	2 9	己卯	4 8	3 9	己酉	5 8	4 10	己卯	6 9	5 12	辛亥	7 10	6 14	壬午
2	2 8	1 9	庚戌	3 10	2 10	庚辰	4 9	3 10	庚戌	5 9	4 11	庚辰	6 10	5 13	壬子	7 11	6 15	癸未
0	2 9	1 10	辛亥	3 11	2 11	辛巳	4 10	3 11	辛亥	5 10	4 12	辛巳	6 11	5 14	癸丑	7 12	6 16	甲申
1	2 10	1 11	壬子	3 12	2 12	壬午	4 11	3 12	壬子	5 11	4 13	壬午	6 12	5 15	甲寅	7 13	6 17	乙酉
4	2 11	1 12	癸丑	3 13	2 13	癸未	4 12	3 13	癸丑	5 12	4 14	癸未	6 13	5 16	乙卯	7 14	6 18	丙戌
	2 12	1 13	甲寅	3 14	2 14	甲申	4 13	3 14	甲寅	5 13	4 15	甲申	6 14	5 17	丙辰	7 15	6 19	丁亥
	2 13	1 14	乙卯	3 15	2 15	乙酉	4 14	3 15	乙卯	5 14	4 16	乙酉	6 15	5 18	丁巳	7 16	6 20	戊子
	2 14	1 15	丙辰	3 16	2 16	丙戌	4 15	3 16	丙辰	5 15	4 17	丙戌	6 16	5 19	戊午	7 17	6 21	己丑
	2 15	1 16	丁巳	3 17	2 17	丁亥	4 16	3 17	丁巳	5 16	4 18	丁亥	6 17	5 20	己未	7 18	6 22	庚寅
	2 16	1 17	戊午	3 18	2 18	戊子	4 17	3 18	戊午	5 17	4 19	戊子	6 18	5 21	庚申	7 19	6 23	辛卯
馬	2 17	1 18	己未	3 19	2 19	己丑	4 18	3 19	己未	5 18	4 20	己丑	6 19	5 22	辛酉	7 20	6 24	壬辰
	2 18	1 19	庚申	3 20	2 20	庚寅	4 19	3 20	庚申	5 19	4 21	庚寅	6 20	5 23	壬戌	7 21	6 25	癸巳
	2 19	1 20	辛酉	3 21	2 21	辛卯	4 20	3 21	辛酉	5 20	4 22	辛卯	6 21	5 24	癸亥	7 22	6 26	甲午
	2 20	1 21	壬戌	3 22	2 22	壬辰	4 21	3 22	壬戌	5 21	4 23	壬辰	6 22	5 25	甲子	7 23	6 27	乙未
	2 21	1 22	癸亥	3 23	2 23	癸巳	4 22	3 23	癸亥	5 22	4 24	癸巳	6 23	5 26	乙丑	7 24	6 28	丙申
	2 22	1 23	甲子	3 24	2 24	甲午	4 23	3 24	甲子	5 23	4 25	甲午	6 24	5 27	丙寅	7 25	6 29	丁酉
	2 23	1 24	乙丑	3 25	2 25	乙未	4 24	3 25	乙丑	5 24	4 26	乙未	6 25	5 28	丁卯	7 26	6 30	戊戌
	2 24	1 25	丙寅	3 26	2 26	丙申	4 25	3 26	丙寅	5 25	4 27	丙申	6 26	5 29	戊辰	7 27	7 1	己亥
中	2 25	1 26	丁卯	3 27	2 27	丁酉	4 26	3 27	丁卯	5 26	4 28	丁酉	6 27	6 1	己巳	7 28	7 2	庚子
華	2 26	1 27	戊辰	3 28	2 28	戊戌	4 27	3 28	戊辰	5 27	4 29	戊戌	6 28	6 2	庚午	7 29	7 3	辛丑
民	2 27	1 28	己巳	3 29	2 29	己亥	4 28	3 29	己巳	5 28	4 30	己亥	6 29	6 3	辛未	7 30	7 4	壬寅
國	2 28	1 29	庚午	3 30	2 30	庚子	4 29	4 1	庚午	5 29	5 1	庚子	6 30	6 4	壬申	7 31	7 5	癸卯
一	3 1	2 1	辛未	3 31	3 1	辛丑	4 30	4 2	辛未	5 30	5 2	辛丑	7 1	6 5	癸酉	8 1	7 6	甲辰
百	3 2	2 2	壬申	4 1	3 2	壬寅	5 1	4 3	壬申	5 31	5 3	壬寅	7 2	6 6	甲戌	8 2	7 7	乙巳
零	3 3	2 3	癸酉	4 2	3 3	癸卯	5 2	4 4	癸酉	6 1	5 4	癸卯	7 3	6 7	乙亥	8 3	7 8	丙午
三	3 4	2 4	甲戌	4 3	3 4	甲辰	5 3	4 5	甲戌	6 2	5 5	甲辰	7 4	6 8	丙子	8 4	7 9	丁未
年	3 5	2 5	乙亥	4 4	3 5	乙巳	5 4	4 6	乙亥	6 3	5 6	乙巳	7 5	6 9	丁丑	8 5	7 10	戊申
										6 4	5 7	丙午	7 6	6 10	戊寅	8 6	7 11	己酉
										6 5	5 8	丁未						
中氣	雨水			春分			穀雨			小滿			夏至			大暑		
	2/19 1時59分 丑時			3/21 0時56分 子時			4/20 11時55分 午時			5/21 10時58分 巳時			6/21 18時51分 酉時			7/23 5時41分 卯時		

																		年
							甲午											

月 / 節氣（時刻）

壬申 立秋 8/7 22時2分 亥時	癸酉 白露 9/8 1時1分 丑時	甲戌 寒露 10/8 16時47分 申時	乙亥 立冬 11/7 20時6分 戌時	丙子 大雪 12/7 13時3分 未時	丁丑 小寒 1/6 0時20分 子時

國曆	農曆	干支	國曆	農曆	干支	國曆	農曆	干支	國曆	農曆	干支	國曆	農曆	干支	國曆	農曆	干支	日
8/7	7/12	庚戌	9/8	8/15	壬午	10/8	9/15	壬子	11/7	閏9/15	壬午	12/7	10/16	壬子	1/6	11/16	壬午	
8/8	7/13	辛亥	9/9	8/16	癸未	10/9	9/16	癸丑	11/8	閏9/16	癸未	12/8	10/17	癸丑	1/7	11/17	癸未	
8/9	7/14	壬子	9/10	8/17	甲申	10/10	9/17	甲寅	11/9	閏9/17	甲申	12/9	10/18	甲寅	1/8	11/18	甲申	
8/10	7/15	癸丑	9/11	8/18	乙酉	10/11	9/18	乙卯	11/10	閏9/18	乙酉	12/10	10/19	乙卯	1/9	11/19	乙酉	2014・2015
8/11	7/16	甲寅	9/12	8/19	丙戌	10/12	9/19	丙辰	11/11	閏9/19	丙戌	12/11	10/20	丙辰	1/10	11/20	丙戌	
8/12	7/17	乙卯	9/13	8/20	丁亥	10/13	9/20	丁巳	11/12	閏9/20	丁亥	12/12	10/21	丁巳	1/11	11/21	丁亥	
8/13	7/18	丙辰	9/14	8/21	戊子	10/14	9/21	戊午	11/13	閏9/21	戊子	12/13	10/22	戊午	1/12	11/22	戊子	
8/14	7/19	丁巳	9/15	8/22	己丑	10/15	9/22	己未	11/14	閏9/22	己丑	12/14	10/23	己未	1/13	11/23	己丑	
8/15	7/20	戊午	9/16	8/23	庚寅	10/16	9/23	庚申	11/15	閏9/23	庚寅	12/15	10/24	庚申	1/14	11/24	庚寅	
8/16	7/21	己未	9/17	8/24	辛卯	10/17	9/24	辛酉	11/16	閏9/24	辛卯	12/16	10/25	辛酉	1/15	11/25	辛卯	
8/17	7/22	庚申	9/18	8/25	壬辰	10/18	9/25	壬戌	11/17	閏9/25	壬辰	12/17	10/26	壬戌	1/16	11/26	壬辰	
8/18	7/23	辛酉	9/19	8/26	癸巳	10/19	9/26	癸亥	11/18	閏9/26	癸巳	12/18	10/27	癸亥	1/17	11/27	癸巳	
8/19	7/24	壬戌	9/20	8/27	甲午	10/20	9/27	甲子	11/19	閏9/27	甲午	12/19	10/28	甲子	1/18	11/28	甲午	
8/20	7/25	癸亥	9/21	8/28	乙未	10/21	9/28	乙丑	11/20	閏9/28	乙未	12/20	10/29	乙丑	1/19	11/29	乙未	
8/21	7/26	甲子	9/22	8/29	丙申	10/22	9/29	丙寅	11/21	閏9/29	丙申	12/21	10/30	丙寅	1/20	12/1	丙申	馬
8/22	7/27	乙丑	9/23	8/30	丁酉	10/23	9/30	丁卯	11/22	10/1	丁酉	12/22	11/1	丁卯	1/21	12/2	丁酉	
8/23	7/28	丙寅	9/24	9/1	戊戌	10/24	閏9/1	戊辰	11/23	10/2	戊戌	12/23	11/2	戊辰	1/22	12/3	戊戌	
8/24	7/29	丁卯	9/25	9/2	己亥	10/25	閏9/2	己巳	11/24	10/3	己亥	12/24	11/3	己巳	1/23	12/4	己亥	
8/25	8/1	戊辰	9/26	9/3	庚子	10/26	閏9/3	庚午	11/25	10/4	庚子	12/25	11/4	庚午	1/24	12/5	庚子	中華民國
8/26	8/2	己巳	9/27	9/4	辛丑	10/27	閏9/4	辛未	11/26	10/5	辛丑	12/26	11/5	辛未	1/25	12/6	辛丑	一百零三
8/27	8/3	庚午	9/28	9/5	壬寅	10/28	閏9/5	壬申	11/27	10/6	壬寅	12/27	11/6	壬申	1/26	12/7	壬寅	・
8/28	8/4	辛未	9/29	9/6	癸卯	10/29	閏9/6	癸酉	11/28	10/7	癸卯	12/28	11/7	癸酉	1/27	12/8	癸卯	一百零四
8/29	8/5	壬申	9/30	9/7	甲辰	10/30	閏9/7	甲戌	11/29	10/8	甲辰	12/29	11/8	甲戌	1/28	12/9	甲辰	年
8/30	8/6	癸酉	10/1	9/8	乙巳	10/31	閏9/8	乙亥	11/30	10/9	乙巳	12/30	11/9	乙亥	1/29	12/10	乙巳	
8/31	8/7	甲戌	10/2	9/9	丙午	11/1	閏9/9	丙子	12/1	10/10	丙午	12/31	11/10	丙子	1/30	12/11	丙午	
9/1	8/8	乙亥	10/3	9/10	丁未	11/2	閏9/10	丁丑	12/2	10/11	丁未	1/1	11/11	丁丑	1/31	12/12	丁未	
9/2	8/9	丙子	10/4	9/11	戊申	11/3	閏9/11	戊寅	12/3	10/12	戊申	1/2	11/12	戊寅	2/1	12/13	戊申	
9/3	8/10	丁丑	10/5	9/12	己酉	11/4	閏9/12	己卯	12/4	10/13	己酉	1/3	11/13	己卯	2/2	12/14	己酉	
9/4	8/11	戊寅	10/6	9/13	庚戌	11/5	閏9/13	庚辰	12/5	10/14	庚戌	1/4	11/14	庚辰	2/3	12/15	庚戌	
9/5	8/12	己卯	10/7	9/14	辛亥	11/6	閏9/14	辛巳	12/6	10/15	辛亥	1/5	11/15	辛巳				
9/6	8/13	庚辰																
9/7	8/14	辛巳																

中氣（時刻）

處暑 8/23 12時45分 午時	秋分 9/23 10時28分 巳時	霜降 10/23 19時56分 戌時	小雪 11/22 17時38分 酉時	冬至 12/22 7時2分 辰時	大寒 1/20 17時43分 酉時	中氣

年	乙未																	
月	戊寅			己卯			庚辰			辛巳			壬午			癸未		
節氣	立春			驚蟄			清明			立夏			芒種			小暑		
節氣	2/4 11時58分 午時			3/6 5時55分 卯時			4/5 10時38分 巳時			5/3 3時52分 寅時			6/6 7時58分 辰時			7/7 18時12分 酉時		
日	國曆	農曆	干支	國曆	農曆	干支	國曆	農曆	干支	國曆	農曆	干支	國曆	農曆	干支	國曆	農曆	干支
2015 羊 中華民國一百零四年	2/4	12/16	辛亥	3/6	1/16	辛巳	4/5	2/17	辛亥	5/6	3/18	壬午	6/6	4/20	癸丑	7/7	5/22	甲申
	2/5	12/17	壬子	3/7	1/17	壬午	4/6	2/18	壬子	5/7	3/19	癸未	6/7	4/21	甲寅	7/8	5/23	乙酉
	2/6	12/18	癸丑	3/8	1/18	癸未	4/7	2/19	癸丑	5/8	3/20	甲申	6/8	4/22	乙卯	7/9	5/24	丙戌
	2/7	12/19	甲寅	3/9	1/19	甲申	4/8	2/20	甲寅	5/9	3/21	乙酉	6/9	4/23	丙辰	7/10	5/25	丁亥
	2/8	12/20	乙卯	3/10	1/20	乙酉	4/9	2/21	乙卯	5/10	3/22	丙戌	6/10	4/24	丁巳	7/11	5/26	戊子
	2/9	12/21	丙辰	3/11	1/21	丙戌	4/10	2/22	丙辰	5/11	3/23	丁亥	6/11	4/25	戊午	7/12	5/27	己丑
	2/10	12/22	丁巳	3/12	1/22	丁亥	4/11	2/23	丁巳	5/12	3/24	戊子	6/12	4/26	己未	7/13	5/28	庚寅
	2/11	12/23	戊午	3/13	1/23	戊子	4/12	2/24	戊午	5/13	3/25	己丑	6/13	4/27	庚申	7/14	5/29	辛卯
	2/12	12/24	己未	3/14	1/24	己丑	4/13	2/25	己未	5/14	3/26	庚寅	6/14	4/28	辛酉	7/15	5/30	壬辰
	2/13	12/25	庚申	3/15	1/25	庚寅	4/14	2/26	庚申	5/15	3/27	辛卯	6/15	4/29	壬戌	7/16	6/1	癸巳
	2/14	12/26	辛酉	3/16	1/26	辛卯	4/15	2/27	辛酉	5/16	3/28	壬辰	6/16	5/1	癸亥	7/17	6/2	甲午
	2/15	12/27	壬戌	3/17	1/27	壬辰	4/16	2/28	壬戌	5/17	3/29	癸巳	6/17	5/2	甲子	7/18	6/3	乙未
	2/16	12/28	癸亥	3/18	1/28	癸巳	4/17	2/29	癸亥	5/18	4/1	甲午	6/18	5/3	乙丑	7/19	6/4	丙申
	2/17	12/29	甲子	3/19	1/29	甲午	4/18	2/30	甲子	5/19	4/2	乙未	6/19	5/4	丙寅	7/20	6/5	丁酉
	2/18	12/30	乙丑	3/20	2/1	乙未	4/19	3/1	乙丑	5/20	4/3	丙申	6/20	5/5	丁卯	7/21	6/6	戊戌
	2/19	1/1	丙寅	3/21	2/2	丙申	4/20	3/2	丙寅	5/21	4/4	丁酉	6/21	5/6	戊辰	7/22	6/7	己亥
	2/20	1/2	丁卯	3/22	2/3	丁酉	4/21	3/3	丁卯	5/22	4/5	戊戌	6/22	5/7	己巳	7/23	6/8	庚子
	2/21	1/3	戊辰	3/23	2/4	戊戌	4/22	3/4	戊辰	5/23	4/6	己亥	6/23	5/8	庚午	7/24	6/9	辛丑
	2/22	1/4	己巳	3/24	2/5	己亥	4/23	3/5	己巳	5/24	4/7	庚子	6/24	5/9	辛未	7/25	6/10	壬寅
	2/23	1/5	庚午	3/25	2/6	庚子	4/24	3/6	庚午	5/25	4/8	辛丑	6/25	5/10	壬申	7/26	6/11	癸卯
	2/24	1/6	辛未	3/26	2/7	辛丑	4/25	3/7	辛未	5/26	4/9	壬寅	6/26	5/11	癸酉	7/27	6/12	甲辰
	2/25	1/7	壬申	3/27	2/8	壬寅	4/26	3/8	壬申	5/27	4/10	癸卯	6/27	5/12	甲戌	7/28	6/13	乙巳
	2/26	1/8	癸酉	3/28	2/9	癸卯	4/27	3/9	癸酉	5/28	4/11	甲辰	6/28	5/13	乙亥	7/29	6/14	丙午
	2/27	1/9	甲戌	3/29	2/10	甲辰	4/28	3/10	甲戌	5/29	4/12	乙巳	6/29	5/14	丙子	7/30	6/15	丁未
	2/28	1/10	乙亥	3/30	2/11	乙巳	4/29	3/11	乙亥	5/30	4/13	丙午	6/30	5/15	丁丑	7/31	6/16	戊申
	3/1	1/11	丙子	3/31	2/12	丙午	4/30	3/12	丙子	5/31	4/14	丁未	7/1	5/16	戊寅	8/1	6/17	己酉
	3/2	1/12	丁丑	4/1	2/13	丁未	5/1	3/13	丁丑	6/1	4/15	戊申	7/2	5/17	己卯	8/2	6/18	庚戌
	3/3	1/13	戊寅	4/2	2/14	戊申	5/2	3/14	戊寅	6/2	4/16	己酉	7/3	5/18	庚辰	8/3	6/19	辛亥
	3/4	1/14	己卯	4/3	2/15	己酉	5/3	3/15	己卯	6/3	4/17	庚戌	7/4	5/19	辛巳	8/4	6/20	壬子
	3/5	1/15	庚辰	4/4	2/16	庚戌	5/4	3/16	庚辰	6/4	4/18	辛亥	7/5	5/20	壬午	8/5	6/21	癸丑
							5/5	3/17	辛巳	6/5	4/19	壬子	7/6	5/21	癸未	8/6	6/22	甲寅
																8/7	6/23	乙卯
中氣	雨水			春分			穀雨			小滿			夏至			大暑		
中氣	2/19 7時49分 辰時			3/21 6時45分 卯時			4/20 17時41分 酉時			5/21 16時44分 申時			6/22 0時37分 子時			7/23 11時30分 午時		

乙未																		年
甲申			乙酉			丙戌			丁亥			戊子			己丑			月
立秋			白露			寒露			立冬			大雪			小寒			節氣
8/8 4時1分 寅時			9/8 6時59分 卯時			10/8 22時42分 亥時			11/8 1時58分 丑時			12/7 18時53分 酉時			1/6 6時8分 卯時			
國曆	農曆	干支	國曆	農曆	干支	國曆	農曆	干支	國曆	農曆	干支	國曆	農曆	干支	國曆	農曆	干支	日
8 8	6 24	丙辰	9 8	7 26	丁亥	10 8	8 26	丁巳	11 8	9 27	戊子	12 7	10 26	丁巳	1 6	11 27	丁亥	2 0 1 5 · 2 0 1 6 羊 中華民國一百零四·一百零五年
8 9	6 25	丁巳	9 9	7 27	戊子	10 9	8 27	戊午	11 9	9 28	己丑	12 8	10 27	戊午	1 7	11 28	戊子	
8 10	6 26	戊午	9 10	7 28	己丑	10 10	8 28	己未	11 10	9 29	庚寅	12 9	10 28	己未	1 8	11 29	己丑	
8 11	6 27	己未	9 11	7 29	庚寅	10 11	8 29	庚申	11 11	9 30	辛卯	12 10	10 29	庚申	1 9	11 30	庚寅	
8 12	6 28	庚申	9 12	7 30	辛卯	10 12	8 30	辛酉	11 12	10 1	壬辰	12 11	11 1	辛酉	1 10	12 1	辛卯	
8 13	6 29	辛酉	9 13	8 1	壬辰	10 13	9 1	壬戌	11 13	10 2	癸巳	12 12	11 2	壬戌	1 11	12 2	壬辰	
8 14	7 1	壬戌	9 14	8 2	癸巳	10 14	9 2	癸亥	11 14	10 3	甲午	12 13	11 3	癸亥	1 12	12 3	癸巳	
8 15	7 2	癸亥	9 15	8 3	甲午	10 15	9 3	甲子	11 15	10 4	乙未	12 14	11 4	甲子	1 13	12 4	甲午	
8 16	7 3	甲子	9 16	8 4	乙未	10 16	9 4	乙丑	11 16	10 5	丙申	12 15	11 5	乙丑	1 14	12 5	乙未	
8 17	7 4	乙丑	9 17	8 5	丙申	10 17	9 5	丙寅	11 17	10 6	丁酉	12 16	11 6	丙寅	1 15	12 6	丙申	
8 18	7 5	丙寅	9 18	8 6	丁酉	10 18	9 6	丁卯	11 18	10 7	戊戌	12 17	11 7	丁卯	1 16	12 7	丁酉	
8 19	7 6	丁卯	9 19	8 7	戊戌	10 19	9 7	戊辰	11 19	10 8	己亥	12 18	11 8	戊辰	1 17	12 8	戊戌	
8 20	7 7	戊辰	9 20	8 8	己亥	10 20	9 8	己巳	11 20	10 9	庚子	12 19	11 9	己巳	1 18	12 9	己亥	
8 21	7 8	己巳	9 21	8 9	庚子	10 21	9 9	庚午	11 21	10 10	辛丑	12 20	11 10	庚午	1 19	12 10	庚子	
8 22	7 9	庚午	9 22	8 10	辛丑	10 22	9 10	辛未	11 22	10 11	壬寅	12 21	11 11	辛未	1 20	12 11	辛丑	
8 23	7 10	辛未	9 23	8 11	壬寅	10 23	9 11	壬申	11 23	10 12	癸卯	12 22	11 12	壬申	1 21	12 12	壬寅	
8 24	7 11	壬申	9 24	8 12	癸卯	10 24	9 12	癸酉	11 24	10 13	甲辰	12 23	11 13	癸酉	1 22	12 13	癸卯	
8 25	7 12	癸酉	9 25	8 13	甲辰	10 25	9 13	甲戌	11 25	10 14	乙巳	12 24	11 14	甲戌	1 23	12 14	甲辰	
8 26	7 13	甲戌	9 26	8 14	乙巳	10 26	9 14	乙亥	11 26	10 15	丙午	12 25	11 15	乙亥	1 24	12 15	乙巳	
8 27	7 14	乙亥	9 27	8 15	丙午	10 27	9 15	丙子	11 27	10 16	丁未	12 26	11 16	丙子	1 25	12 16	丙午	
8 28	7 15	丙子	9 28	8 16	丁未	10 28	9 16	丁丑	11 28	10 17	戊申	12 27	11 17	丁丑	1 26	12 17	丁未	
8 29	7 16	丁丑	9 29	8 17	戊申	10 29	9 17	戊寅	11 29	10 18	己酉	12 28	11 18	戊寅	1 27	12 18	戊申	
8 30	7 17	戊寅	9 30	8 18	己酉	10 30	9 18	己卯	11 30	10 19	庚戌	12 29	11 19	己卯	1 28	12 19	己酉	
8 31	7 18	己卯	10 1	8 19	庚戌	10 31	9 19	庚辰	12 1	10 20	辛亥	12 30	11 20	庚辰	1 29	12 20	庚戌	
1	7 19	庚辰	10 2	8 20	辛亥	11 1	9 20	辛巳	12 2	10 21	壬子	12 31	11 21	辛巳	1 30	12 21	辛亥	
2	7 20	辛巳	10 3	8 21	壬子	11 2	9 21	壬午	12 3	10 22	癸丑	1 1	11 22	壬午	1 31	12 22	壬子	
3	7 21	壬午	10 4	8 22	癸丑	11 3	9 22	癸未	12 4	10 23	甲寅	1 2	11 23	癸未	2 1	12 23	癸丑	
4	7 22	癸未	10 5	8 23	甲寅	11 4	9 23	甲申	12 5	10 24	乙卯	1 3	11 24	甲申	2 2	12 24	甲寅	
5	7 23	甲申	10 6	8 24	乙卯	11 5	9 24	乙酉	12 6	10 25	丙辰	1 4	11 25	乙酉	2 3	12 25	乙卯	
6	7 24	乙酉	10 7	8 25	丙辰	11 6	9 25	丙戌				1 5	11 26	丙戌				
7	7 25	丙戌				11 7	9 26	丁亥										
處暑			秋分			霜降			小雪			冬至			大寒			中氣
23 18時37分 酉時			9/23 16時20分 申時			10/24 1時46分 丑時			11/22 23時25分 子時			12/22 12時47分 午時			1/20 23時26分 子時			

年	丙申																
月	庚寅			辛卯			壬辰			癸巳			甲午			乙未		
節氣	立春			驚蟄			清明			立夏			芒種			小暑		
	2/4 17時45分 酉時			3/5 11時43分 午時			4/4 16時27分 申時			5/5 9時41分 巳時			6/5 13時48分 未時			7/7 0時3分 子時		
日	國曆	農曆	干支	國曆	農曆	干支	國曆	農曆	干支	國曆	農曆	干支	國曆	農曆	干支	國曆	農曆	干支
	2 4	12 26	丙辰	3 5	1 27	丙戌	4 4	2 27	丙辰	5 5	3 29	丁亥	6 5	5 1	戊午	7 7	6 4	庚寅
	2 5	12 27	丁巳	3 6	1 28	丁亥	4 5	2 28	丁巳	5 6	3 30	戊子	6 6	5 2	己未	7 8	6 5	辛卯
	2 6	12 28	戊午	3 7	1 29	戊子	4 6	2 29	戊午	5 7	4 1	己丑	6 7	5 3	庚申	7 9	6 6	壬辰
	2 7	12 29	己未	3 8	1 30	己丑	4 7	3 1	己未	5 8	4 2	庚寅	6 8	5 4	辛酉	7 10	6 7	癸巳
2	2 8	1 1	庚申	3 9	2 1	庚寅	4 8	3 2	庚申	5 9	4 3	辛卯	6 9	5 5	壬戌	7 11	6 8	甲午
0	2 9	1 2	辛酉	3 10	2 2	辛卯	4 9	3 3	辛酉	5 10	4 4	壬辰	6 10	5 6	癸亥	7 12	6 9	乙未
1	2 10	1 3	壬戌	3 11	2 3	壬辰	4 10	3 4	壬戌	5 11	4 5	癸巳	6 11	5 7	甲子	7 13	6 10	丙申
6	2 11	1 4	癸亥	3 12	2 4	癸巳	4 11	3 5	癸亥	5 12	4 6	甲午	6 12	5 8	乙丑	7 14	6 11	丁酉
	2 12	1 5	甲子	3 13	2 5	甲午	4 12	3 6	甲子	5 13	4 7	乙未	6 13	5 9	丙寅	7 15	6 12	戊戌
	2 13	1 6	乙丑	3 14	2 6	乙未	4 13	3 7	乙丑	5 14	4 8	丙申	6 14	5 10	丁卯	7 16	6 13	己亥
	2 14	1 7	丙寅	3 15	2 7	丙申	4 14	3 8	丙寅	5 15	4 9	丁酉	6 15	5 11	戊辰	7 17	6 14	庚子
	2 15	1 8	丁卯	3 16	2 8	丁酉	4 15	3 9	丁卯	5 16	4 10	戊戌	6 16	5 12	己巳	7 18	6 15	辛丑
	2 16	1 9	戊辰	3 17	2 9	戊戌	4 16	3 10	戊辰	5 17	4 11	己亥	6 17	5 13	庚午	7 19	6 16	壬寅
猴	2 17	1 10	己巳	3 18	2 10	己亥	4 17	3 11	己巳	5 18	4 12	庚子	6 18	5 14	辛未	7 20	6 17	癸卯
	2 18	1 11	庚午	3 19	2 11	庚子	4 18	3 12	庚午	5 19	4 13	辛丑	6 19	5 15	壬申	7 21	6 18	甲辰
	2 19	1 12	辛未	3 20	2 12	辛丑	4 19	3 13	辛未	5 20	4 14	壬寅	6 20	5 16	癸酉	7 22	6 19	乙巳
	2 20	1 13	壬申	3 21	2 13	壬寅	4 20	3 14	壬申	5 21	4 15	癸卯	6 21	5 17	甲戌	7 23	6 20	丙午
	2 21	1 14	癸酉	3 22	2 14	癸卯	4 21	3 15	癸酉	5 22	4 16	甲辰	6 22	5 18	乙亥	7 24	6 21	丁未
	2 22	1 15	甲戌	3 23	2 15	甲辰	4 22	3 16	甲戌	5 23	4 17	乙巳	6 23	5 19	丙子	7 25	6 22	戊申
	2 23	1 16	乙亥	3 24	2 16	乙巳	4 23	3 17	乙亥	5 24	4 18	丙午	6 24	5 20	丁丑	7 26	6 23	己酉
中	2 24	1 17	丙子	3 25	2 17	丙午	4 24	3 18	丙子	5 25	4 19	丁未	6 25	5 21	戊寅	7 27	6 24	庚戌
華	2 25	1 18	丁丑	3 26	2 18	丁未	4 25	3 19	丁丑	5 26	4 20	戊申	6 26	5 22	己卯	7 28	6 25	辛亥
民	2 26	1 19	戊寅	3 27	2 19	戊申	4 26	3 20	戊寅	5 27	4 21	己酉	6 27	5 23	庚辰	7 29	6 26	壬子
國	2 27	1 20	己卯	3 28	2 20	己酉	4 27	3 21	己卯	5 28	4 22	庚戌	6 28	5 24	辛巳	7 30	6 27	癸丑
一	2 28	1 21	庚辰	3 29	2 21	庚戌	4 28	3 22	庚辰	5 29	4 23	辛亥	6 29	5 25	壬午	7 31	6 28	甲寅
百	2 29	1 22	辛巳	3 30	2 22	辛亥	4 29	3 23	辛巳	5 30	4 24	壬子	6 30	5 26	癸未	8 1	6 29	乙卯
零	3 1	1 23	壬午	3 31	2 23	壬子	4 30	3 24	壬午	5 31	4 25	癸丑	7 1	5 27	甲申	8 2	6 30	丙辰
五	3 2	1 24	癸未	4 1	2 24	癸丑	5 1	3 25	癸未	6 1	4 26	甲寅	7 2	5 28	乙酉	8 3	7 1	丁巳
年	3 3	1 25	甲申	4 2	2 25	甲寅	5 2	3 26	甲申	6 2	4 27	乙卯	7 3	5 29	丙戌	8 4	7 2	戊午
	3 4	1 26	乙酉	4 3	2 26	乙卯	5 3	3 27	乙酉	6 3	4 28	丙辰	7 4	6 1	丁亥	8 5	7 3	己未
							5 4	3 28	丙戌	6 4	4 29	丁巳	7 5	6 2	戊子	8 6	7 4	庚申
													7 6	6 3	己丑			
中氣	雨水			春分			穀雨			小滿			夏至			大暑		
	2/19 13時33分 未時			3/20 12時30分 午時			4/19 23時29分 子時			5/20 22時36分 亥時			6/21 6時34分 卯時			7/22 17時30分 酉時		

丙申（年）

丙申			丁酉			戊戌			己亥			庚子			辛丑			月
立秋			白露			寒露			立冬			大雪			小寒			節氣
8/7 9時52分 巳時			9/7 12時50分 午時			10/8 4時33分 寅時			11/7 7時47分 辰時			12/7 0時40分 子時			1/5 11時55分 午時			
國曆	農曆	干支	國曆	農曆	干支	國曆	農曆	干支	國曆	農曆	干支	國曆	農曆	干支	國曆	農曆	干支	日
8 7	7 5	辛酉	9 7	8 7	壬辰	10 8	9 8	癸亥	11 7	10 8	癸巳	12 7	11 9	癸亥	1 5	12 8	壬辰	
8 8	7 6	壬戌	9 8	8 8	癸巳	10 9	9 9	甲子	11 8	10 9	甲午	12 8	11 10	甲子	1 6	12 9	癸巳	
8 9	7 7	癸亥	9 9	8 9	甲午	10 10	9 10	乙丑	11 9	10 10	乙未	12 9	11 11	乙丑	1 7	12 10	甲午	2
8 10	7 8	甲子	9 10	8 10	乙未	10 11	9 11	丙寅	11 10	10 11	丙申	12 10	11 12	丙寅	1 8	12 11	乙未	0
8 11	7 9	乙丑	9 11	8 11	丙申	10 12	9 12	丁卯	11 11	10 12	丁酉	12 11	11 13	丁卯	1 9	12 12	丙申	1
8 12	7 10	丙寅	9 12	8 12	丁酉	10 13	9 13	戊辰	11 12	10 13	戊戌	12 12	11 14	戊辰	1 10	12 13	丁酉	6
8 13	7 11	丁卯	9 13	8 13	戊戌	10 14	9 14	己巳	11 13	10 14	己亥	12 13	11 15	己巳	1 11	12 14	戊戌	·
8 14	7 12	戊辰	9 14	8 14	己亥	10 15	9 15	庚午	11 14	10 15	庚子	12 14	11 16	庚午	1 12	12 15	己亥	2
8 15	7 13	己巳	9 15	8 15	庚子	10 16	9 16	辛未	11 15	10 16	辛丑	12 15	11 17	辛未	1 13	12 16	庚子	0
8 16	7 14	庚午	9 16	8 16	辛丑	10 17	9 17	壬申	11 16	10 17	壬寅	12 16	11 18	壬申	1 14	12 17	辛丑	1
8 17	7 15	辛未	9 17	8 17	壬寅	10 18	9 18	癸酉	11 17	10 18	癸卯	12 17	11 19	癸酉	1 15	12 18	壬寅	7
8 18	7 16	壬申	9 18	8 18	癸卯	10 19	9 19	甲戌	11 18	10 19	甲辰	12 18	11 20	甲戌	1 16	12 19	癸卯	
8 19	7 17	癸酉	9 19	8 19	甲辰	10 20	9 20	乙亥	11 19	10 20	乙巳	12 19	11 21	乙亥	1 17	12 20	甲辰	
8 20	7 18	甲戌	9 20	8 20	乙巳	10 21	9 21	丙子	11 20	10 21	丙午	12 20	11 22	丙子	1 18	12 21	乙巳	獅
8 21	7 19	乙亥	9 21	8 21	丙午	10 22	9 22	丁丑	11 21	10 22	丁未	12 21	11 23	丁丑	1 19	12 22	丙午	
8 22	7 20	丙子	9 22	8 22	丁未	10 23	9 23	戊寅	11 22	10 23	戊申	12 22	11 24	戊寅	1 20	12 23	丁未	
8 23	7 21	丁丑	9 23	8 23	戊申	10 24	9 24	己卯	11 23	10 24	己酉	12 23	11 25	己卯	1 21	12 24	戊申	
8 24	7 22	戊寅	9 24	8 24	己酉	10 25	9 25	庚辰	11 24	10 25	庚戌	12 24	11 26	庚辰	1 22	12 25	己酉	
8 25	7 23	己卯	9 25	8 25	庚戌	10 26	9 26	辛巳	11 25	10 26	辛亥	12 25	11 27	辛巳	1 23	12 26	庚戌	
8 26	7 24	庚辰	9 26	8 26	辛亥	10 27	9 27	壬午	11 26	10 27	壬子	12 26	11 28	壬午	1 24	12 27	辛亥	中
8 27	7 25	辛巳	9 27	8 27	壬子	10 28	9 28	癸未	11 27	10 28	癸丑	12 27	11 29	癸未	1 25	12 28	壬子	華
8 28	7 26	壬午	9 28	8 28	癸丑	10 29	9 29	甲申	11 28	10 29	甲寅	12 28	11 30	甲申	1 26	12 29	癸丑	民
8 29	7 27	癸未	9 29	8 29	甲寅	10 30	9 30	乙酉	11 29	11 1	乙卯	12 29	12 1	乙酉	1 27	12 30	甲寅	國
8 30	7 28	甲申	9 30	8 30	乙卯	10 31	10 1	丙戌	11 30	11 2	丙辰	12 30	12 2	丙戌	1 28	1 1	乙卯	·
8 31	7 29	乙酉	10 1	9 1	丙辰	11 1	10 2	丁亥	12 1	11 3	丁巳	12 31	12 3	丁亥	1 29	1 2	丙辰	百
9 1	8 1	丙戌	10 2	9 2	丁巳	11 2	10 3	戊子	12 2	11 4	戊午	1 1	12 4	戊子	1 30	1 3	丁巳	零
9 2	8 2	丁亥	10 3	9 3	戊午	11 3	10 4	己丑	12 3	11 5	己未	1 2	12 5	己丑	1 31	1 4	戊午	五
9 3	8 3	戊子	10 4	9 4	己未	11 4	10 5	庚寅	12 4	11 6	庚申	1 3	12 6	庚寅	2 1	1 5	己未	·
9 4	8 4	己丑	10 5	9 5	庚申	11 5	10 6	辛卯	12 5	11 7	辛酉	1 4	12 7	辛卯	2 2	1 6	庚申	一
9 5	8 5	庚寅	10 6	9 6	辛酉	11 6	10 7	壬辰	12 6	11 8	壬戌							百
9 6	8 6	辛卯	10 7	9 7	壬戌													零
																		六
																		年
處暑			秋分			霜降			小雪			冬至			大寒			中氣
8/23 0時38分 子時			9/22 22時20分 亥時			10/23 7時45分 辰時			11/22 5時22分 卯時			12/21 18時44分 酉時			1/20 5時23分 卯時			

年	丁酉																	
月	壬寅			癸卯			甲辰			乙巳			丙午			丁未		
節氣	立春			驚蟄			清明			立夏			芒種			小暑		
	2/3 23時33分 子時			3/5 17時32分 酉時			4/4 22時17分 亥時			5/5 15時30分 申時			6/5 19時36分 戌時			7/7 5時50分 卯時		
日	國曆	農曆	干支	國曆	農曆	干支	國曆	農曆	干支	國曆	農曆	干支	國曆	農曆	干支	國曆	農曆	干支
	2 3	1 7	辛酉	3 5	2 8	辛卯	4 4	3 8	辛酉	5 5	4 10	壬辰	6 5	5 11	癸亥	7 7	6 14	乙未
	2 4	1 8	壬戌	3 6	2 9	壬辰	4 5	3 9	壬戌	5 6	4 11	癸巳	6 6	5 12	甲子	7 8	6 15	丙申
	2 5	1 9	癸亥	3 7	2 10	癸巳	4 6	3 10	癸亥	5 7	4 12	甲午	6 7	5 13	乙丑	7 9	6 16	丁酉
	2 6	1 10	甲子	3 8	2 11	甲午	4 7	3 11	甲子	5 8	4 13	乙未	6 8	5 14	丙寅	7 10	6 17	戊戌
	2 7	1 11	乙丑	3 9	2 12	乙未	4 8	3 12	乙丑	5 9	4 14	丙申	6 9	5 15	丁卯	7 11	6 18	己亥
	2 8	1 12	丙寅	3 10	2 13	丙申	4 9	3 13	丙寅	5 10	4 15	丁酉	6 10	5 16	戊辰	7 12	6 19	庚子
	2 9	1 13	丁卯	3 11	2 14	丁酉	4 10	3 14	丁卯	5 11	4 16	戊戌	6 11	5 17	己巳	7 13	6 20	辛丑
	2 10	1 14	戊辰	3 12	2 15	戊戌	4 11	3 15	戊辰	5 12	4 17	己亥	6 12	5 18	庚午	7 14	6 21	壬寅
	2 11	1 15	己巳	3 13	2 16	己亥	4 12	3 16	己巳	5 13	4 18	庚子	6 13	5 19	辛未	7 15	6 22	癸卯
2 0 1 7	2 12	1 16	庚午	3 14	2 17	庚子	4 13	3 17	庚午	5 14	4 19	辛丑	6 14	5 20	壬申	7 16	6 23	甲辰
	2 13	1 17	辛未	3 15	2 18	辛丑	4 14	3 18	辛未	5 15	4 20	壬寅	6 15	5 21	癸酉	7 17	6 24	乙巳
	2 14	1 18	壬申	3 16	2 19	壬寅	4 15	3 19	壬申	5 16	4 21	癸卯	6 16	5 22	甲戌	7 18	6 25	丙午
	2 15	1 19	癸酉	3 17	2 20	癸卯	4 16	3 20	癸酉	5 17	4 22	甲辰	6 17	5 23	乙亥	7 19	6 26	丁未
	2 16	1 20	甲戌	3 18	2 21	甲辰	4 17	3 21	甲戌	5 18	4 23	乙巳	6 18	5 24	丙子	7 20	6 27	戊申
	2 17	1 21	乙亥	3 19	2 22	乙巳	4 18	3 22	乙亥	5 19	4 24	丙午	6 19	5 25	丁丑	7 21	6 28	己酉
雞	2 18	1 22	丙子	3 20	2 23	丙午	4 19	3 23	丙子	5 20	4 25	丁未	6 20	5 26	戊寅	7 22	6 29	庚戌
	2 19	1 23	丁丑	3 21	2 24	丁未	4 20	3 24	丁丑	5 21	4 26	戊申	6 21	5 27	己卯	7 23	閏6 1	辛亥
	2 20	1 24	戊寅	3 22	2 25	戊申	4 21	3 25	戊寅	5 22	4 27	己酉	6 22	5 28	庚辰	7 24	6 2	壬子
	2 21	1 25	己卯	3 23	2 26	己酉	4 22	3 26	己卯	5 23	4 28	庚戌	6 23	5 29	辛巳	7 25	6 3	癸丑
	2 22	1 26	庚辰	3 24	2 27	庚戌	4 23	3 27	庚辰	5 24	4 29	辛亥	6 24	6 1	壬午	7 26	6 4	甲寅
	2 23	1 27	辛巳	3 25	2 28	辛亥	4 24	3 28	辛巳	5 25	4 30	壬子	6 25	6 2	癸未	7 27	6 5	乙卯
中 華 民 國 一 百 零 六 年	2 24	1 28	壬午	3 26	2 29	壬子	4 25	3 29	壬午	5 26	5 1	癸丑	6 26	6 3	甲申	7 28	6 6	丙辰
	2 25	1 29	癸未	3 27	2 30	癸丑	4 26	4 1	癸未	5 27	5 2	甲寅	6 27	6 4	乙酉	7 29	6 7	丁巳
	2 26	2 1	甲申	3 28	3 1	甲寅	4 27	4 2	甲申	5 28	5 3	乙卯	6 28	6 5	丙戌	7 30	6 8	戊午
	2 27	2 2	乙酉	3 29	3 2	乙卯	4 28	4 3	乙酉	5 29	5 4	丙辰	6 29	6 6	丁亥	7 31	6 9	己未
	2 28	2 3	丙戌	3 30	3 3	丙辰	4 29	4 4	丙戌	5 30	5 5	丁巳	6 30	6 7	戊子	8 1	6 10	庚申
	3 1	2 4	丁亥	3 31	3 4	丁巳	4 30	4 5	丁亥	5 31	5 6	戊午	7 1	6 8	己丑	8 2	6 11	辛酉
	3 2	2 5	戊子	4 1	3 5	戊午	5 1	4 6	戊子	6 1	5 7	己未	7 2	6 9	庚寅	8 3	6 12	壬戌
	3 3	2 6	己丑	4 2	3 6	己未	5 2	4 7	己丑	6 2	5 8	庚申	7 3	6 10	辛卯	8 4	6 13	癸亥
	3 4	2 7	庚寅	4 3	3 7	庚申	5 3	4 8	庚寅	6 3	5 9	辛酉	7 4	6 11	壬辰	8 5	6 14	甲子
							5 4	4 9	辛卯	6 4	5 10	壬戌	7 5	6 12	癸巳	8 6	6 15	乙丑
													7 6	6 13	甲午			
中 氣	雨水			春分			穀雨			小滿			夏至			大暑		
	2/18 19時31分 戌時			3/20 18時28分 酉時			4/20 5時26分 卯時			5/21 4時30分 寅時			6/21 12時23分 午時			7/22 23時15分 子時		

丁酉																								年
戊申				己酉				庚戌				辛亥				壬子				癸丑				月
立秋				白露				寒露				立冬				大雪				小寒				節氣
8/7 15時39分 申時				9/7 18時38分 酉時				10/8 10時21分 巳時				11/7 13時37分 未時				12/7 6時32分 卯時				1/5 17時48分 酉時				
國曆	農曆	干支		國曆	農曆	干支		國曆	農曆	干支		國曆	農曆	干支		國曆	農曆	干支		國曆	農曆	干支		日
8 7	6 16	丙寅		9 7	7 17	丁酉		10 8	8 19	戊辰		11 7	9 19	戊戌		12 7	10 20	戊辰		1 5	11 19	丁酉		
8 8	6 17	丁卯		9 8	7 18	戊戌		10 9	8 20	己巳		11 8	9 20	己亥		12 8	10 21	己巳		1 6	11 20	戊戌		
8 9	6 18	戊辰		9 9	7 19	己亥		10 10	8 21	庚午		11 9	9 21	庚子		12 9	10 22	庚午		1 7	11 21	己亥		
8 10	6 19	己巳		9 10	7 20	庚子		10 11	8 22	辛未		11 10	9 22	辛丑		12 10	10 23	辛未		1 8	11 22	庚子		2
8 11	6 20	庚午		9 11	7 21	辛丑		10 12	8 23	壬申		11 11	9 23	壬寅		12 11	10 24	壬申		1 9	11 23	辛丑		0
8 12	6 21	辛未		9 12	7 22	壬寅		10 13	8 24	癸酉		11 12	9 24	癸卯		12 12	10 25	癸酉		1 10	11 24	壬寅		1
8 13	6 22	壬申		9 13	7 23	癸卯		10 14	8 25	甲戌		11 13	9 25	甲辰		12 13	10 26	甲戌		1 11	11 25	癸卯		7
8 14	6 23	癸酉		9 14	7 24	甲辰		10 15	8 26	乙亥		11 14	9 26	乙巳		12 14	10 27	乙亥		1 12	11 26	甲辰		·
8 15	6 24	甲戌		9 15	7 25	乙巳		10 16	8 27	丙子		11 15	9 27	丙午		12 15	10 28	丙子		1 13	11 27	乙巳		2
8 16	6 25	乙亥		9 16	7 26	丙午		10 17	8 28	丁丑		11 16	9 28	丁未		12 16	10 29	丁丑		1 14	11 28	丙午		0
8 17	6 26	丙子		9 17	7 27	丁未		10 18	8 29	戊寅		11 17	9 29	戊申		12 17	10 30	戊寅		1 15	11 29	丁未		1
8 18	6 27	丁丑		9 18	7 28	戊申		10 19	8 30	己卯		11 18	10 1	己酉		12 18	11 1	己卯		1 16	11 30	戊申		8
8 19	6 28	戊寅		9 19	7 29	己酉		10 20	9 1	庚辰		11 19	10 2	庚戌		12 19	11 2	庚辰		1 17	12 1	己酉		
8 20	6 29	己卯		9 20	8 1	庚戌		10 21	9 2	辛巳		11 20	10 3	辛亥		12 20	11 3	辛巳		1 18	12 2	庚戌		
8 21	6 30	庚辰		9 21	8 2	辛亥		10 22	9 3	壬午		11 21	10 4	壬子		12 21	11 4	壬午		1 19	12 3	辛亥		
8 22	7 1	辛巳		9 22	8 3	壬子		10 23	9 4	癸未		11 22	10 5	癸丑		12 22	11 5	癸未		1 20	12 4	壬子		
8 23	7 2	壬午		9 23	8 4	癸丑		10 24	9 5	甲申		11 23	10 6	甲寅		12 23	11 6	甲申		1 21	12 5	癸丑		
8 24	7 3	癸未		9 24	8 5	甲寅		10 25	9 6	乙酉		11 24	10 7	乙卯		12 24	11 7	乙酉		1 22	12 6	甲寅		中
8 25	7 4	甲申		9 25	8 6	乙卯		10 26	9 7	丙戌		11 25	10 8	丙辰		12 25	11 8	丙戌		1 23	12 7	乙卯		華
8 26	7 5	乙酉		9 26	8 7	丙辰		10 27	9 8	丁亥		11 26	10 9	丁巳		12 26	11 9	丁亥		1 24	12 8	丙辰		民
8 27	7 6	丙戌		9 27	8 8	丁巳		10 28	9 9	戊子		11 27	10 10	戊午		12 27	11 10	戊子		1 25	12 9	丁巳		國
8 28	7 7	丁亥		9 28	8 9	戊午		10 29	9 10	己丑		11 28	10 11	己未		12 28	11 11	己丑		1 26	12 10	戊午		一
8 29	7 8	戊子		9 29	8 10	己未		10 30	9 11	庚寅		11 29	10 12	庚申		12 29	11 12	庚寅		1 27	12 11	己未		百
8 30	7 9	己丑		9 30	8 11	庚申		10 31	9 12	辛卯		11 30	10 13	辛酉		12 30	11 13	辛卯		1 28	12 12	庚申		零
8 31	7 10	庚寅		10 1	8 12	辛酉		11 1	9 13	壬辰		12 1	10 14	壬戌		12 31	11 14	壬辰		1 29	12 13	辛酉		六
9 1	7 11	辛卯		10 2	8 13	壬戌		11 2	9 14	癸巳		12 2	10 15	癸亥		1 1	11 15	癸巳		1 30	12 14	壬戌		·
9 2	7 12	壬辰		10 3	8 14	癸亥		11 3	9 15	甲午		12 3	10 16	甲子		1 2	11 16	甲午		1 31	12 15	癸亥		一
9 3	7 13	癸巳		10 4	8 15	甲子		11 4	9 16	乙未		12 4	10 17	乙丑		1 3	11 17	乙未		2 1	12 16	甲子		百
9 4	7 14	甲午		10 5	8 16	乙丑		11 5	9 17	丙申		12 5	10 18	丙寅		1 4	11 18	丙申		2 2	12 17	乙丑		零
9 5	7 15	乙未		10 6	8 17	丙寅		11 6	9 18	丁酉		12 6	10 19	丁卯						2 3	12 18	丙寅		七
9 6	7 16	丙申		10 7	8 18	丁卯																		年
處暑				秋分				霜降				小雪				冬至				大寒				中
8/23 6時20分 卯時				9/23 4時1分 寅時				10/23 13時26分 未時				11/22 11時4分 午時				12/22 0時27分 子時				1/20 11時8分 午時				氣

年	戊戌																	
月	甲寅			乙卯			丙辰			丁巳			戊午			己未		
節氣	立春			驚蟄			清明			立夏			芒種			小暑		
	2/4 5時28分 卯時			3/5 23時27分 子時			4/5 4時12分 寅時			5/5 21時25分 亥時			6/6 1時28分 丑時			7/7 11時41分 午時		
日	國曆	農曆	干支	國曆	農曆	干支	國曆	農曆	干支	國曆	農曆	干支	國曆	農曆	干支	國曆	農曆	干支
2018	2 4	12 19	丁卯	3 5	1 18	丙申	4 5	2 20	丁卯	5 5	3 20	丁酉	6 6	4 23	己巳	7 7	5 24	庚寅
	2 5	12 20	戊辰	3 6	1 19	丁酉	4 6	2 21	戊辰	5 6	3 21	戊戌	6 7	4 24	庚午	7 8	5 25	辛未
	2 6	12 21	己巳	3 7	1 20	戊戌	4 7	2 22	己巳	5 7	3 22	己亥	6 8	4 25	辛未	7 9	5 26	壬寅
	2 7	12 22	庚午	3 8	1 21	己亥	4 8	2 23	庚午	5 8	3 23	庚子	6 9	4 26	壬申	7 10	5 27	癸卯
	2 8	12 23	辛未	3 9	1 22	庚子	4 9	2 24	辛未	5 9	3 24	辛丑	6 10	4 27	癸酉	7 11	5 28	甲辰
	2 9	12 24	壬申	3 10	1 23	辛丑	4 10	2 25	壬申	5 10	3 25	壬寅	6 11	4 28	甲戌	7 12	5 29	乙巳
	2 10	12 25	癸酉	3 11	1 24	壬寅	4 11	2 26	癸酉	5 11	3 26	癸卯	6 12	4 29	乙亥	7 13	6 1	丙午
	2 11	12 26	甲戌	3 12	1 25	癸卯	4 12	2 27	甲戌	5 12	3 27	甲辰	6 13	4 30	丙子	7 14	6 2	丁未
	2 12	12 27	乙亥	3 13	1 26	甲辰	4 13	2 28	乙亥	5 13	3 28	乙巳	6 14	5 1	丁丑	7 15	6 3	戊申
	2 13	12 28	丙子	3 14	1 27	乙巳	4 14	2 29	丙子	5 14	3 29	丙午	6 15	5 2	戊寅	7 16	6 4	己酉
	2 14	12 29	丁丑	3 15	1 28	丙午	4 15	2 30	丁丑	5 15	4 1	丁未	6 16	5 3	己卯	7 17	6 5	庚戌
	2 15	12 30	戊寅	3 16	1 29	丁未	4 16	3 1	戊寅	5 16	4 2	戊申	6 17	5 4	庚辰	7 18	6 6	辛亥
	2 16	1 1	己卯	3 17	2 1	戊申	4 17	3 2	己卯	5 17	4 3	己酉	6 18	5 5	辛巳	7 19	6 7	壬子
狗	2 17	1 2	庚辰	3 18	2 2	己酉	4 18	3 3	庚辰	5 18	4 4	庚戌	6 19	5 6	壬午	7 20	6 8	癸丑
	2 18	1 3	辛巳	3 19	2 3	庚戌	4 19	3 4	辛巳	5 19	4 5	辛亥	6 20	5 7	癸未	7 21	6 9	甲寅
	2 19	1 4	壬午	3 20	2 4	辛亥	4 20	3 5	壬午	5 20	4 6	壬子	6 21	5 8	甲申	7 22	6 10	乙卯
	2 20	1 5	癸未	3 21	2 5	壬子	4 21	3 6	癸未	5 21	4 7	癸丑	6 22	5 9	乙酉	7 23	6 11	丙辰
	2 21	1 6	甲申	3 22	2 6	癸丑	4 22	3 7	甲申	5 22	4 8	甲寅	6 23	5 10	丙戌	7 24	6 12	丁巳
	2 22	1 7	乙酉	3 23	2 7	甲寅	4 23	3 8	乙酉	5 23	4 9	乙卯	6 24	5 11	丁亥	7 25	6 13	戊午
	2 23	1 8	丙戌	3 24	2 8	乙卯	4 24	3 9	丙戌	5 24	4 10	丙辰	6 25	5 12	戊子	7 26	6 14	己未
	2 24	1 9	丁亥	3 25	2 9	丙辰	4 25	3 10	丁亥	5 25	4 11	丁巳	6 26	5 13	己丑	7 27	6 15	庚申
中華民國一百零七年	2 25	1 10	戊子	3 26	2 10	丁巳	4 26	3 11	戊子	5 26	4 12	戊午	6 27	5 14	庚寅	7 28	6 16	辛酉
	2 26	1 11	己丑	3 27	2 11	戊午	4 27	3 12	己丑	5 27	4 13	己未	6 28	5 15	辛卯	7 29	6 17	壬戌
	2 27	1 12	庚寅	3 28	2 12	己未	4 28	3 13	庚寅	5 28	4 14	庚申	6 29	5 16	壬辰	7 30	6 18	癸亥
	2 28	1 13	辛卯	3 29	2 13	庚申	4 29	3 14	辛卯	5 29	4 15	辛酉	6 30	5 17	癸巳	7 31	6 19	甲子
	3 1	1 14	壬辰	3 30	2 14	辛酉	4 30	3 15	壬辰	5 30	4 16	壬戌	7 1	5 18	甲午	8 1	6 20	乙丑
	3 2	1 15	癸巳	3 31	2 15	壬戌	5 1	3 16	癸巳	5 31	4 17	癸亥	7 2	5 19	乙未	8 2	6 21	丙寅
	3 3	1 16	甲午	4 1	2 16	癸亥	5 2	3 17	甲午	6 1	4 18	甲子	7 3	5 20	丙申	8 3	6 22	丁卯
	3 4	1 17	乙未	4 2	2 17	甲子	5 3	3 18	乙未	6 2	4 19	乙丑	7 4	5 21	丁酉	8 4	6 23	戊辰
				4 3	2 18	乙丑	5 4	3 19	丙申	6 3	4 20	丙寅	7 5	5 22	戊戌	8 5	6 24	己巳
				4 4	2 19	丙寅				6 4	4 21	丁卯	7 6	5 23	己亥	8 6	6 25	庚午
										6 5	4 22	戊辰						
中氣	雨水			春分			穀雨			小滿			夏至			大暑		
	2/19 1時17分 丑時			3/21 0時15分 子時			4/20 11時12分 午時			5/21 10時14分 巳時			6/21 18時7分 酉時			7/23 5時0分 卯時		

戊戌																		年
庚申			辛酉			壬戌			癸亥			甲子			乙丑			月
立秋			白露			寒露			立冬			大雪			小寒			節氣
8/7 21時30分 亥時			9/8 0時29分 子時			10/8 16時14分 申時			11/7 19時31分 戌時			12/7 12時25分 午時			1/5 23時38分 子時			
國曆	農曆	干支	國曆	農曆	干支	國曆	農曆	干支	國曆	農曆	干支	國曆	農曆	干支	國曆	農曆	干支	日
8 7	6 26	辛未	9 8	7 29	癸卯	10 8	8 29	癸酉	11 7	9 30	癸卯	12 7	11 1	癸酉	1 5	11 30	壬寅	
8 8	6 27	壬申	9 9	7 30	甲辰	10 9	9 1	甲戌	11 8	10 1	甲辰	12 8	11 2	甲戌	1 6	12 1	癸卯	
8 9	6 28	癸酉	9 10	8 1	乙巳	10 10	9 2	乙亥	11 9	10 2	乙巳	12 9	11 3	乙亥	1 7	12 2	甲辰	2
8 10	6 29	甲戌	9 11	8 2	丙午	10 11	9 3	丙子	11 10	10 3	丙午	12 10	11 4	丙子	1 8	12 3	乙巳	0
8 11	7 1	乙亥	9 12	8 3	丁未	10 12	9 4	丁丑	11 11	10 4	丁未	12 11	11 5	丁丑	1 9	12 4	丙午	1
8 12	7 2	丙子	9 13	8 4	戊申	10 13	9 5	戊寅	11 12	10 5	戊申	12 12	11 6	戊寅	1 10	12 5	丁未	8
8 13	7 3	丁丑	9 14	8 5	己酉	10 14	9 6	己卯	11 13	10 6	己酉	12 13	11 7	己卯	1 11	12 6	戊申	·
8 14	7 4	戊寅	9 15	8 6	庚戌	10 15	9 7	庚辰	11 14	10 7	庚戌	12 14	11 8	庚辰	1 12	12 7	己酉	2
8 15	7 5	己卯	9 16	8 7	辛亥	10 16	9 8	辛巳	11 15	10 8	辛亥	12 15	11 9	辛巳	1 13	12 8	庚戌	0
8 16	7 6	庚辰	9 17	8 8	壬子	10 17	9 9	壬午	11 16	10 9	壬子	12 16	11 10	壬午	1 14	12 9	辛亥	1
8 17	7 7	辛巳	9 18	8 9	癸丑	10 18	9 10	癸未	11 17	10 10	癸丑	12 17	11 11	癸未	1 15	12 10	壬子	9
8 18	7 8	壬午	9 19	8 10	甲寅	10 19	9 11	甲申	11 18	10 11	甲寅	12 18	11 12	甲申	1 16	12 11	癸丑	
8 19	7 9	癸未	9 20	8 11	乙卯	10 20	9 12	乙酉	11 19	10 12	乙卯	12 19	11 13	乙酉	1 17	12 12	甲寅	
8 20	7 10	甲申	9 21	8 12	丙辰	10 21	9 13	丙戌	11 20	10 13	丙辰	12 20	11 14	丙戌	1 18	12 13	乙卯	狗
8 21	7 11	乙酉	9 22	8 13	丁巳	10 22	9 14	丁亥	11 21	10 14	丁巳	12 21	11 15	丁亥	1 19	12 14	丙辰	
8 22	7 12	丙戌	9 23	8 14	戊午	10 23	9 15	戊子	11 22	10 15	戊午	12 22	11 16	戊子	1 20	12 15	丁巳	
8 23	7 13	丁亥	9 24	8 15	己未	10 24	9 16	己丑	11 23	10 16	己未	12 23	11 17	己丑	1 21	12 16	戊午	
8 24	7 14	戊子	9 25	8 16	庚申	10 25	9 17	庚寅	11 24	10 17	庚申	12 24	11 18	庚寅	1 22	12 17	己未	
8 25	7 15	己丑	9 26	8 17	辛酉	10 26	9 18	辛卯	11 25	10 18	辛酉	12 25	11 19	辛卯	1 23	12 18	庚申	中
8 26	7 16	庚寅	9 27	8 18	壬戌	10 27	9 19	壬辰	11 26	10 19	壬戌	12 26	11 20	壬辰	1 24	12 19	辛酉	華
8 27	7 17	辛卯	9 28	8 19	癸亥	10 28	9 20	癸巳	11 27	10 20	癸亥	12 27	11 21	癸巳	1 25	12 20	壬戌	民
8 28	7 18	壬辰	9 29	8 20	甲子	10 29	9 21	甲午	11 28	10 21	甲子	12 28	11 22	甲午	1 26	12 21	癸亥	國
8 29	7 19	癸巳	9 30	8 21	乙丑	10 30	9 22	乙未	11 29	10 22	乙丑	12 29	11 23	乙未	1 27	12 22	甲子	一
8 30	7 20	甲午	10 1	8 22	丙寅	10 31	9 23	丙申	11 30	10 23	丙寅	12 30	11 24	丙申	1 28	12 23	乙丑	百
8 31	7 21	乙未	10 2	8 23	丁卯	11 1	9 24	丁酉	12 1	10 24	丁卯	12 31	11 25	丁酉	1 29	12 24	丙寅	零
9 1	7 22	丙申	10 3	8 24	戊辰	11 2	9 25	戊戌	12 2	10 25	戊辰	1 1	11 26	戊戌	1 30	12 25	丁卯	七
9 2	7 23	丁酉	10 4	8 25	己巳	11 3	9 26	己亥	12 3	10 26	己巳	1 2	11 27	己亥	1 31	12 26	戊辰	·
9 3	7 24	戊戌	10 5	8 26	庚午	11 4	9 27	庚子	12 4	10 27	庚午	1 3	11 28	庚子	2 1	12 27	己巳	一
9 4	7 25	己亥	10 6	8 27	辛未	11 5	9 28	辛丑	12 5	10 28	辛未	1 4	11 29	辛丑	2 2	12 28	庚午	百
9 5	7 26	庚子	10 7	8 28	壬申	11 6	9 29	壬寅	12 6	10 29	壬申				2 3	12 29	辛未	零
9 6	7 27	辛丑																八
9 7	7 28	壬寅																年
處暑			秋分			霜降			小雪			冬至			大寒			中
8/23 12時8分 午時			9/23 9時53分 巳時			10/23 19時22分 戌時			11/22 17時1分 酉時			12/22 6時22分 卯時			1/20 16時59分 申時			氣

年	己亥																	
月	丙寅			丁卯			戊辰			己巳			庚午			辛未		
節氣	立春			驚蟄			清明			立夏			芒種			小暑		
	2/4 11時14分 午時			3/6 5時9分 卯時			4/5 9時51分 巳時			5/6 3時2分 寅時			6/7 7時6分 辰時			7/7 17時20分 酉時		
日	國曆	農曆	干支	國曆	農曆	干支	國曆	農曆	干支	國曆	農曆	干支	國曆	農曆	干支	國曆	農曆	干支
	2 4	12 30	壬申	3 6	1 30	壬寅	4 5	3 1	壬申	5 6	4 2	癸卯	6 6	5 4	甲戌	7 7	6 5	乙巳
	2 5	1 1	癸酉	3 7	2 1	癸卯	4 6	3 2	癸酉	5 7	4 3	甲辰	6 7	5 5	乙亥	7 8	6 6	丙午
	2 6	1 2	甲戌	3 8	2 2	甲辰	4 7	3 3	甲戌	5 8	4 4	乙巳	6 8	5 6	丙子	7 9	6 7	丁未
	2 7	1 3	乙亥	3 9	2 3	乙巳	4 8	3 4	乙亥	5 9	4 5	丙午	6 9	5 7	丁丑	7 10	6 8	戊申
2	2 8	1 4	丙子	3 10	2 4	丙午	4 9	3 5	丙子	5 10	4 6	丁未	6 10	5 8	戊寅	7 11	6 9	己酉
0	2 9	1 5	丁丑	3 11	2 5	丁未	4 10	3 6	丁丑	5 11	4 7	戊申	6 11	5 9	己卯	7 12	6 10	庚戌
1	2 10	1 6	戊寅	3 12	2 6	戊申	4 11	3 7	戊寅	5 12	4 8	己酉	6 12	5 10	庚辰	7 13	6 11	辛亥
9	2 11	1 7	己卯	3 13	2 7	己酉	4 12	3 8	己卯	5 13	4 9	庚戌	6 13	5 11	辛巳	7 14	6 12	壬子
	2 12	1 8	庚辰	3 14	2 8	庚戌	4 13	3 9	庚辰	5 14	4 10	辛亥	6 14	5 12	壬午	7 15	6 13	癸丑
	2 13	1 9	辛巳	3 15	2 9	辛亥	4 14	3 10	辛巳	5 15	4 11	壬子	6 15	5 13	癸未	7 16	6 14	甲寅
	2 14	1 10	壬午	3 16	2 10	壬子	4 15	3 11	壬午	5 16	4 12	癸丑	6 16	5 14	甲申	7 17	6 15	乙卯
	2 15	1 11	癸未	3 17	2 11	癸丑	4 16	3 12	癸未	5 17	4 13	甲寅	6 17	5 15	乙酉	7 18	6 16	丙辰
	2 16	1 12	甲申	3 18	2 12	甲寅	4 17	3 13	甲申	5 18	4 14	乙卯	6 18	5 16	丙戌	7 19	6 17	丁巳
豬	2 17	1 13	乙酉	3 19	2 13	乙卯	4 18	3 14	乙酉	5 19	4 15	丙辰	6 19	5 17	丁亥	7 20	6 18	戊午
	2 18	1 14	丙戌	3 20	2 14	丙辰	4 19	3 15	丙戌	5 20	4 16	丁巳	6 20	5 18	戊子	7 21	6 19	己未
	2 19	1 15	丁亥	3 21	2 15	丁巳	4 20	3 16	丁亥	5 21	4 17	戊午	6 21	5 19	己丑	7 22	6 20	庚申
	2 20	1 16	戊子	3 22	2 16	戊午	4 21	3 17	戊子	5 22	4 18	己未	6 22	5 20	庚寅	7 23	6 21	辛酉
	2 21	1 17	己丑	3 23	2 17	己未	4 22	3 18	己丑	5 23	4 19	庚申	6 23	5 21	辛卯	7 24	6 22	壬戌
	2 22	1 18	庚寅	3 24	2 18	庚申	4 23	3 19	庚寅	5 24	4 20	辛酉	6 24	5 22	壬辰	7 25	6 23	癸亥
	2 23	1 19	辛卯	3 25	2 19	辛酉	4 24	3 20	辛卯	5 25	4 21	壬戌	6 25	5 23	癸巳	7 26	6 24	甲子
中	2 24	1 20	壬辰	3 26	2 20	壬戌	4 25	3 21	壬辰	5 26	4 22	癸亥	6 26	5 24	甲午	7 27	6 25	乙丑
華	2 25	1 21	癸巳	3 27	2 21	癸亥	4 26	3 22	癸巳	5 27	4 23	甲子	6 27	5 25	乙未	7 28	6 26	丙寅
民	2 26	1 22	甲午	3 28	2 22	甲子	4 27	3 23	甲午	5 28	4 24	乙丑	6 28	5 26	丙申	7 29	6 27	丁卯
國	2 27	1 23	乙未	3 29	2 23	乙丑	4 28	3 24	乙未	5 29	4 25	丙寅	6 29	5 27	丁酉	7 30	6 28	戊辰
一	2 28	1 24	丙申	3 30	2 24	丙寅	4 29	3 25	丙申	5 30	4 26	丁卯	6 30	5 28	戊戌	7 31	6 29	己巳
百	3 1	1 25	丁酉	3 31	2 25	丁卯	4 30	3 26	丁酉	5 31	4 27	戊辰	7 1	5 29	己亥	8 1	7 1	庚午
零	3 2	1 26	戊戌	4 1	2 26	戊辰	5 1	3 27	戊戌	6 1	4 28	己巳	7 2	5 30	庚子	8 2	7 2	辛未
八	3 3	1 27	己亥	4 2	2 27	己巳	5 2	3 28	己亥	6 2	4 29	庚午	7 3	6 1	辛丑	8 3	7 3	壬申
年	3 4	1 28	庚子	4 3	2 28	庚午	5 3	3 29	庚子	6 3	5 1	辛未	7 4	6 2	壬寅	8 4	7 4	癸酉
	3 5	1 29	辛丑	4 4	2 29	辛未	5 4	3 30	辛丑	6 4	5 2	壬申	7 5	6 3	癸卯	8 5	7 5	甲戌
							5 5	4 1	壬寅	6 5	5 3	癸酉	7 6	6 4	甲辰	8 6	7 6	乙亥
																8 7	7 7	丙子
中氣	雨水			春分			穀雨			小滿			夏至			大暑		
	2/19 7時3分 辰時			3/21 5時58分 卯時			4/20 16時55分 申時			5/21 15時58分 申時			6/21 23時54分 子時			7/23 10時50分 巳時		

己亥																		年
壬申			癸酉			甲戌			乙亥			丙子			丁丑			月
立秋			白露			寒露			立冬			大雪			小寒			節氣
8/8 3時12分 寅時			9/8 6時16分 卯時			10/8 22時5分 亥時			11/8 1時24分 丑時			12/7 18時18分 酉時			1/6 5時29分 卯時			
國曆	農曆	干支	國曆	農曆	干支	國曆	農曆	干支	國曆	農曆	干支	國曆	農曆	干支	國曆	農曆	干支	日
8 8	7 8	丁丑	9 8	8 10	戊申	10 8	9 10	戊寅	11 8	10 12	己酉	12 7	11 12	戊寅	1 6	12 12	戊申	
8 9	7 9	戊寅	9 9	8 11	己酉	10 9	9 11	己卯	11 9	10 13	庚戌	12 8	11 13	己卯	1 7	12 13	己酉	
8 10	7 10	己卯	9 10	8 12	庚戌	10 10	9 12	庚辰	11 10	10 14	辛亥	12 9	11 14	庚辰	1 8	12 14	庚戌	
8 11	7 11	庚辰	9 11	8 13	辛亥	10 11	9 13	辛巳	11 11	10 15	壬子	12 10	11 15	辛巳	1 9	12 15	辛亥	2
8 12	7 12	辛巳	9 12	8 14	壬子	10 12	9 14	壬午	11 12	10 16	癸丑	12 11	11 16	壬午	1 10	12 16	壬子	0
8 13	7 13	壬午	9 13	8 15	癸丑	10 13	9 15	癸未	11 13	10 17	甲寅	12 12	11 17	癸未	1 11	12 17	癸丑	1
8 14	7 14	癸未	9 14	8 16	甲寅	10 14	9 16	甲申	11 14	10 18	乙卯	12 13	11 18	甲申	1 12	12 18	甲寅	9
8 15	7 15	甲申	9 15	8 17	乙卯	10 15	9 17	乙酉	11 15	10 19	丙辰	12 14	11 19	乙酉	1 13	12 19	乙卯	·
8 16	7 16	乙酉	9 16	8 18	丙辰	10 16	9 18	丙戌	11 16	10 20	丁巳	12 15	11 20	丙戌	1 14	12 20	丙辰	2
8 17	7 17	丙戌	9 17	8 19	丁巳	10 17	9 19	丁亥	11 17	10 21	戊午	12 16	11 21	丁亥	1 15	12 21	丁巳	0
8 18	7 18	丁亥	9 18	8 20	戊午	10 18	9 20	戊子	11 18	10 22	己未	12 17	11 22	戊子	1 16	12 22	戊午	2
8 19	7 19	戊子	9 19	8 21	己未	10 19	9 21	己丑	11 19	10 23	庚申	12 18	11 23	己丑	1 17	12 23	己未	0
8 20	7 20	己丑	9 20	8 22	庚申	10 20	9 22	庚寅	11 20	10 24	辛酉	12 19	11 24	庚寅	1 18	12 24	庚申	
8 21	7 21	庚寅	9 21	8 23	辛酉	10 21	9 23	辛卯	11 21	10 25	壬戌	12 20	11 25	辛卯	1 19	12 25	辛酉	
8 22	7 22	辛卯	9 22	8 24	壬戌	10 22	9 24	壬辰	11 22	10 26	癸亥	12 21	11 26	壬辰	1 20	12 26	壬戌	
8 23	7 23	壬辰	9 23	8 25	癸亥	10 23	9 25	癸巳	11 23	10 27	甲子	12 22	11 27	癸巳	1 21	12 27	癸亥	
8 24	7 24	癸巳	9 24	8 26	甲子	10 24	9 26	甲午	11 24	10 28	乙丑	12 23	11 28	甲午	1 22	12 28	甲子	豬
8 25	7 25	甲午	9 25	8 27	乙丑	10 25	9 27	乙未	11 25	10 29	丙寅	12 24	11 29	乙未	1 23	12 29	乙丑	
8 26	7 26	乙未	9 26	8 28	丙寅	10 26	9 28	丙申	11 26	11 1	丁卯	12 25	11 30	丙申	1 24	12 30	丙寅	
8 27	7 27	丙申	9 27	8 29	丁卯	10 27	9 29	丁酉	11 27	11 2	戊辰	12 26	12 1	丁酉	1 25	1 1	丁卯	
8 28	7 28	丁酉	9 28	8 30	戊辰	10 28	10 1	戊戌	11 28	11 3	己巳	12 27	12 2	戊戌	1 26	1 2	戊辰	中
8 29	7 29	戊戌	9 29	9 1	己巳	10 29	10 2	己亥	11 29	11 4	庚午	12 28	12 3	己亥	1 27	1 3	己巳	華
8 30	8 1	己亥	9 30	9 2	庚午	10 30	10 3	庚子	11 30	11 5	辛未	12 29	12 4	庚子	1 28	1 4	庚午	民
8 31	8 2	庚子	10 1	9 3	辛未	10 31	10 4	辛丑	12 1	11 6	壬申	12 30	12 5	辛丑	1 29	1 5	辛未	國
9 1	8 3	辛丑	10 2	9 4	壬申	11 1	10 5	壬寅	12 2	11 7	癸酉	12 31	12 6	壬寅	1 30	1 6	壬申	一
9 2	8 4	壬寅	10 3	9 5	癸酉	11 2	10 6	癸卯	12 3	11 8	甲戌	1 1	12 7	癸卯	1 31	1 7	癸酉	百
9 3	8 5	癸卯	10 4	9 6	甲戌	11 3	10 7	甲辰	12 4	11 9	乙亥	1 2	12 8	甲辰	2 1	1 8	甲戌	零
9 4	8 6	甲辰	10 5	9 7	乙亥	11 4	10 8	乙巳	12 5	11 10	丙子	1 3	12 9	乙巳	2 2	1 9	乙亥	八
9 5	8 7	乙巳	10 6	9 8	丙子	11 5	10 9	丙午	12 6	11 11	丁丑	1 4	12 10	丙午	2 3	1 10	丙子	·
9 6	8 8	丙午	10 7	9 9	丁丑	11 6	10 10	丁未				1 5	12 11	丁未				一
9 7	8 9	丁未				11 7	10 11	戊申										百
處暑			秋分			霜降			小雪			冬至			大寒			中氣
3 18時1分 酉時			9/23 15時49分 申時			10/24 1時19分 丑時			11/22 22時58分 亥時			12/22 12時19分 午時			1/20 22時54分 亥時			

年	庚子																
月	戊寅			己卯			庚辰			辛巳			壬午			癸未		
節氣	立春			驚蛰			清明			立夏			芒種			小暑		
	2/4 17時3分 酉時			3/5 10時56分 巳時			4/4 15時37分 申時			5/5 8時51分 辰時			6/5 12時58分 午時			7/6 23時14分 子時		
日	國曆	農曆	干支	國曆	農曆	干支	國曆	農曆	干支	國曆	農曆	干支	國曆	農曆	干支	國曆	農曆	干支
	2 4	1 11	丁丑	3 5	2 12	丁未	4 4	3 12	丁丑	5 5	4 13	戊申	6 5	4 14	己卯	7 6	5 16	庚戌
	2 5	1 12	戊寅	3 6	2 13	戊申	4 5	3 13	戊寅	5 6	4 14	己酉	6 6	4 15	庚辰	7 7	5 17	辛亥
	2 6	1 13	己卯	3 7	2 14	己酉	4 6	3 14	己卯	5 7	4 15	庚戌	6 7	4 16	辛巳	7 8	5 18	壬子
	2 7	1 14	庚辰	3 8	2 15	庚戌	4 7	3 15	庚辰	5 8	4 16	辛亥	6 8	4 17	壬午	7 9	5 19	癸丑
2	2 8	1 15	辛巳	3 9	2 16	辛亥	4 8	3 16	辛巳	5 9	4 17	壬子	6 9	4 18	癸未	7 10	5 20	甲寅
0	2 9	1 16	壬午	3 10	2 17	壬子	4 9	3 17	壬午	5 10	4 18	癸丑	6 10	4 19	甲申	7 11	5 21	乙卯
2	2 10	1 17	癸未	3 11	2 18	癸丑	4 10	3 18	癸未	5 11	4 19	甲寅	6 11	4 20	乙酉	7 12	5 22	丙辰
0	2 11	1 18	甲申	3 12	2 19	甲寅	4 11	3 19	甲申	5 12	4 20	乙卯	6 12	4 21	丙戌	7 13	5 23	丁巳
	2 12	1 19	乙酉	3 13	2 20	乙卯	4 12	3 20	乙酉	5 13	4 21	丙辰	6 13	4 22	丁亥	7 14	5 24	戊午
	2 13	1 20	丙戌	3 14	2 21	丙辰	4 13	3 21	丙戌	5 14	4 22	丁巳	6 14	4 23	戊子	7 15	5 25	己未
	2 14	1 21	丁亥	3 15	2 22	丁巳	4 14	3 22	丁亥	5 15	4 23	戊午	6 15	4 24	己丑	7 16	5 26	庚申
	2 15	1 22	戊子	3 16	2 23	戊午	4 15	3 23	戊子	5 16	4 24	己未	6 16	4 25	庚寅	7 17	5 27	辛酉
	2 16	1 23	己丑	3 17	2 24	己未	4 16	3 24	己丑	5 17	4 25	庚申	6 17	4 26	辛卯	7 18	5 28	壬戌
	2 17	1 24	庚寅	3 18	2 25	庚申	4 17	3 25	庚寅	5 18	4 26	辛酉	6 18	4 27	壬辰	7 19	5 29	癸亥
	2 18	1 25	辛卯	3 19	2 26	辛酉	4 18	3 26	辛卯	5 19	4 27	壬戌	6 19	4 28	癸巳	7 20	5 30	甲子
	2 19	1 26	壬辰	3 20	2 27	壬戌	4 19	3 27	壬辰	5 20	4 28	癸亥	6 20	4 29	甲午	7 21	6 1	乙丑
鼠	2 20	1 27	癸巳	3 21	2 28	癸亥	4 20	3 28	癸巳	5 21	4 29	甲子	6 21	5 1	乙未	7 22	6 2	丙寅
	2 21	1 28	甲午	3 22	2 29	甲子	4 21	3 29	甲午	5 22	4 30	乙丑	6 22	5 2	丙申	7 23	6 3	丁卯
	2 22	1 29	乙未	3 23	2 30	乙丑	4 22	3 30	乙未	5 23	閏4 1	丙寅	6 23	5 3	丁酉	7 24	6 4	戊辰
	2 23	2 1	丙申	3 24	3 1	丙寅	4 23	4 1	丙申	5 24	閏4 2	丁卯	6 24	5 4	戊戌	7 25	6 5	己巳
	2 24	2 2	丁酉	3 25	3 2	丁卯	4 24	4 2	丁酉	5 25	閏4 3	戊辰	6 25	5 5	己亥	7 26	6 6	庚午
中	2 25	2 3	戊戌	3 26	3 3	戊辰	4 25	4 3	戊戌	5 26	閏4 4	己巳	6 26	5 6	庚子	7 27	6 7	辛未
華	2 26	2 4	己亥	3 27	3 4	己巳	4 26	4 4	己亥	5 27	閏4 5	庚午	6 27	5 7	辛丑	7 28	6 8	壬申
民	2 27	2 5	庚子	3 28	3 5	庚午	4 27	4 5	庚子	5 28	閏4 6	辛未	6 28	5 8	壬寅	7 29	6 9	癸酉
國	2 28	2 6	辛丑	3 29	3 6	辛未	4 28	4 6	辛丑	5 29	閏4 7	壬申	6 29	5 9	癸卯	7 30	6 10	甲戌
一	2 29	2 7	壬寅	3 30	3 7	壬申	4 29	4 7	壬寅	5 30	閏4 8	癸酉	6 30	5 10	甲辰	7 31	6 11	乙亥
百	3 1	2 8	癸卯	3 31	3 8	癸酉	4 30	4 8	癸卯	5 31	閏4 9	甲戌	7 1	5 11	乙巳	8 1	6 12	丙子
零	3 2	2 9	甲辰	4 1	3 9	甲戌	5 1	4 9	甲辰	6 1	閏4 10	乙亥	7 2	5 12	丙午	8 2	6 13	丁丑
九	3 3	2 10	乙巳	4 2	3 10	乙亥	5 2	4 10	乙巳	6 2	閏4 11	丙子	7 3	5 13	丁未	8 3	6 14	戊寅
年	3 4	2 11	丙午	4 3	3 11	丙子	5 3	4 11	丙午	6 3	閏4 12	丁丑	7 4	5 14	戊申	8 4	6 15	己卯
							5 4	4 12	丁未	6 4	閏4 13	戊寅	7 5	5 15	己酉	8 5	6 16	庚辰
																8 6	6 17	辛巳
中氣	雨水			春分			穀雨			小滿			夏至			大暑		
	2/19 12時56分 午時			3/20 11時49分 午時			4/19 22時45分 亥時			5/20 21時49分 亥時			6/21 5時43分 卯時			7/22 16時36分		

年
庚子

甲申			乙酉			丙戌			丁亥			戊子			己丑			月
立秋			白露			寒露			立冬			大雪			小寒			節氣
8/7 9時5分 巳時			9/7 12時7分 午時			10/8 3時55分 寅時			11/7 7時13分 辰時			12/7 0時9分 子時			1/5 11時23分 午時			
國曆	農曆	干支	國曆	農曆	干支	國曆	農曆	干支	國曆	農曆	干支	國曆	農曆	干支	國曆	農曆	干支	日
8 7	6 18	壬午	9 7	7 20	癸丑	10 8	8 22	甲申	11 7	9 22	甲寅	12 7	10 23	甲申	1 5	11 22	癸丑	2020·2021
8 8	6 19	癸未	9 8	7 21	甲寅	10 9	8 23	乙酉	11 8	9 23	乙卯	12 8	10 24	乙酉	1 6	11 23	甲寅	
8 9	6 20	甲申	9 9	7 22	乙卯	10 10	8 24	丙戌	11 9	9 24	丙辰	12 9	10 25	丙戌	1 7	11 24	乙卯	
8 10	6 21	乙酉	9 10	7 23	丙辰	10 11	8 25	丁亥	11 10	9 25	丁巳	12 10	10 26	丁亥	1 8	11 25	丙辰	
8 11	6 22	丙戌	9 11	7 24	丁巳	10 12	8 26	戊子	11 11	9 26	戊午	12 11	10 27	戊子	1 9	11 26	丁巳	
8 12	6 23	丁亥	9 12	7 25	戊午	10 13	8 27	己丑	11 12	9 27	己未	12 12	10 28	己丑	1 10	11 27	戊午	
8 13	6 24	戊子	9 13	7 26	己未	10 14	8 28	庚寅	11 13	9 28	庚申	12 13	10 29	庚寅	1 11	11 28	己未	
8 14	6 25	己丑	9 14	7 27	庚申	10 15	8 29	辛卯	11 14	9 29	辛酉	12 14	10 30	辛卯	1 12	11 29	庚申	
8 15	6 26	庚寅	9 15	7 28	辛酉	10 16	8 30	壬辰	11 15	10 1	壬戌	12 15	11 1	壬辰	1 13	12 1	辛酉	
8 16	6 27	辛卯	9 16	7 29	壬戌	10 17	9 1	癸巳	11 16	10 2	癸亥	12 16	11 2	癸巳	1 14	12 2	壬戌	
8 17	6 28	壬辰	9 17	8 1	癸亥	10 18	9 2	甲午	11 17	10 3	甲子	12 17	11 3	甲午	1 15	12 3	癸亥	
8 18	6 29	癸巳	9 18	8 2	甲子	10 19	9 3	乙未	11 18	10 4	乙丑	12 18	11 4	乙未	1 16	12 4	甲子	
8 19	7 1	甲午	9 19	8 3	乙丑	10 20	9 4	丙申	11 19	10 5	丙寅	12 19	11 5	丙申	1 17	12 5	乙丑	
8 20	7 2	乙未	9 20	8 4	丙寅	10 21	9 5	丁酉	11 20	10 6	丁卯	12 20	11 6	丁酉	1 18	12 6	丙寅	鼠
8 21	7 3	丙申	9 21	8 5	丁卯	10 22	9 6	戊戌	11 21	10 7	戊辰	12 21	11 7	戊戌	1 19	12 7	丁卯	
8 22	7 4	丁酉	9 22	8 6	戊辰	10 23	9 7	己亥	11 22	10 8	己巳	12 22	11 8	己亥	1 20	12 8	戊辰	
8 23	7 5	戊戌	9 23	8 7	己巳	10 24	9 8	庚子	11 23	10 9	庚午	12 23	11 9	庚子	1 21	12 9	己巳	
8 24	7 6	己亥	9 24	8 8	庚午	10 25	9 9	辛丑	11 24	10 10	辛未	12 24	11 10	辛丑	1 22	12 10	庚午	
8 25	7 7	庚子	9 25	8 9	辛未	10 26	9 10	壬寅	11 25	10 11	壬申	12 25	11 11	壬寅	1 23	12 11	辛未	
8 26	7 8	辛丑	9 26	8 10	壬申	10 27	9 11	癸卯	11 26	10 12	癸酉	12 26	11 12	癸卯	1 24	12 12	壬申	
8 27	7 9	壬寅	9 27	8 11	癸酉	10 28	9 12	甲辰	11 27	10 13	甲戌	12 27	11 13	甲辰	1 25	12 13	癸酉	中華民國一百零九·一百一十年
8 28	7 10	癸卯	9 28	8 12	甲戌	10 29	9 13	乙巳	11 28	10 14	乙亥	12 28	11 14	乙巳	1 26	12 14	甲戌	
8 29	7 11	甲辰	9 29	8 13	乙亥	10 30	9 14	丙午	11 29	10 15	丙子	12 29	11 15	丙午	1 27	12 15	乙亥	
8 30	7 12	乙巳	9 30	8 14	丙子	10 31	9 15	丁未	11 30	10 16	丁丑	12 30	11 16	丁未	1 28	12 16	丙子	
8 31	7 13	丙午	10 1	8 15	丁丑	11 1	9 16	戊申	12 1	10 17	戊寅	12 31	11 17	戊申	1 29	12 17	丁丑	
9 1	7 14	丁未	10 2	8 16	戊寅	11 2	9 17	己酉	12 2	10 18	己卯	1 1	11 18	己酉	1 30	12 18	戊寅	
9 2	7 15	戊申	10 3	8 17	己卯	11 3	9 18	庚戌	12 3	10 19	庚辰	1 2	11 19	庚戌	1 31	12 19	己卯	
9 3	7 16	己酉	10 4	8 18	庚辰	11 4	9 19	辛亥	12 4	10 20	辛巳	1 3	11 20	辛亥	2 1	12 20	庚辰	
9 4	7 17	庚戌	10 5	8 19	辛巳	11 5	9 20	壬子	12 5	10 21	壬午	1 4	11 21	壬子	2 2	12 21	辛巳	
9 5	7 18	辛亥	10 6	8 20	壬午	11 6	9 21	癸丑	12 6	10 22	癸未							
9 6	7 19	壬子	10 7	8 21	癸未													

處暑			秋分			霜降			小雪			冬至			大寒			中氣
22 23時44分 子時			9/22 21時30分 亥時			10/23 6時59分 卯時			11/22 4時39分 寅時			12/21 18時2分 酉時			1/20 4時39分 寅時			

農曆閏月年表

西　元	中華民國	閏　月	西　元	中華民國	閏　月
1900	前 12	8	2001	90	4
1903	前 9	5	2004	93	2
1906	前 6	4	2006	95	7
1909	前 3	2	2009	98	5
1911	前 1	6	2012	101	4
1914	3	5	2014	103	9
1917	6	2	2017	106	6
1919	8	7	2020	109	4
1922	11	5	2023	112	2
1925	14	4	2025	114	6
1928	17	2	2028	117	5
1930	19	6	2031	120	3
1933	22	5	2033	122	11
1936	25	3	2036	125	6
1938	27	7	2039	128	5
1941	30	6	2042	131	2
1944	33	4	2044	133	7
1947	36	2	2047	136	5
1949	38	7	2050	139	3
1952	41	5	2052	141	8
1955	44	3	2055	144	6
1957	46	8	2058	147	4
1960	49	6	2061	150	3
1963	52	4	2063	152	7
1966	55	3	2066	155	5
1968	57	7	2069	158	4
1971	60	5	2071	160	8
1974	63	4	2074	163	6
1976	65	8	2077	166	4
1979	68	6	2080	169	3
1982	71	4	2082	171	7
1984	73	10	2085	174	5
1987	76	6	2088	177	4
1990	79	5	2090	179	8
1993	82	3	2093	182	6
1995	84	8	2096	185	4
1998	87	5	2099	188	2

國家圖書館出版品預行編目資料

看圖學八字-史上最好學的八字書／施賀日著.
－－第一版－－臺北市：知青頻道出版；
紅螞蟻圖書發行，2016.05
面 ； 公分－－（Easy Quick；148）
ISBN 978-986-5699-75-8

1.命書 2.生辰八字

293.12　　　　　　　　　　　　　105005082

Easy Quick 148

看圖學八字-史上最好學的八字書

作　　　者／施賀日
發 行 人／賴秀珍
總 編 輯／何南輝
校　　　對／鍾佳穎、施賀日
美術構成／Chris' office
出　　　版／知青頻道出版有限公司
發　　　行／紅螞蟻圖書有限公司
地　　　址／台北市內湖區舊宗路二段121巷19號（紅螞蟻資訊大樓）
網　　　站／www.e-redant.com
郵撥帳號／1604621-1　紅螞蟻圖書有限公司
電　　　話／(02)2795-3656（代表號）
傳　　　真／(02)2795-4100
登 記 證／局版北市業字第796號
法律顧問／許晏賓律師
印 刷 廠／卡樂彩色製版印刷有限公司
出版日期／2016年 5 月　第一版第一刷

定價 300 元　　港幣 100 元

ISBN　978-986-5699-75-8　　　　　　　Printed in Taiwan